AF557431

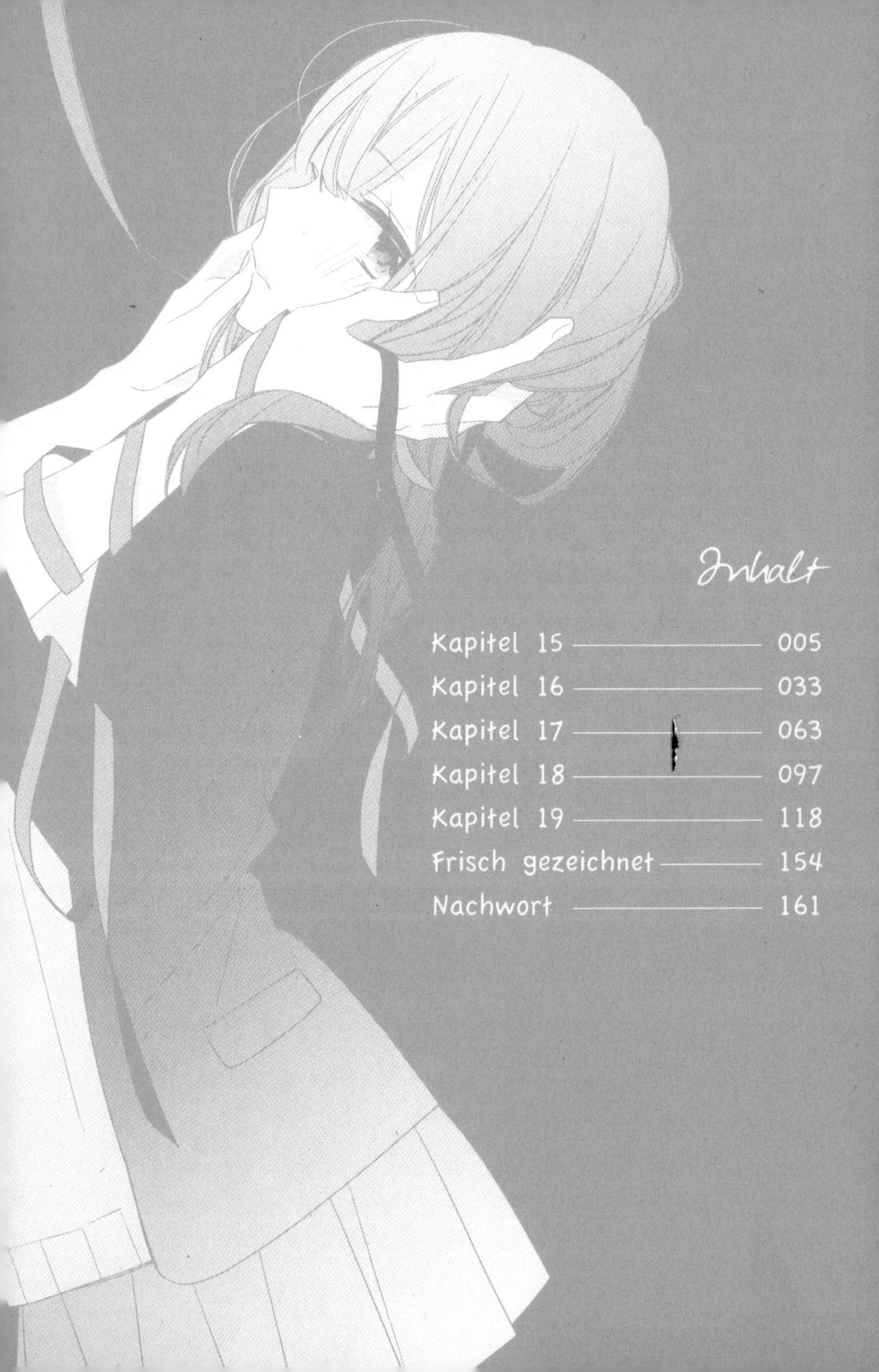

Inhalt

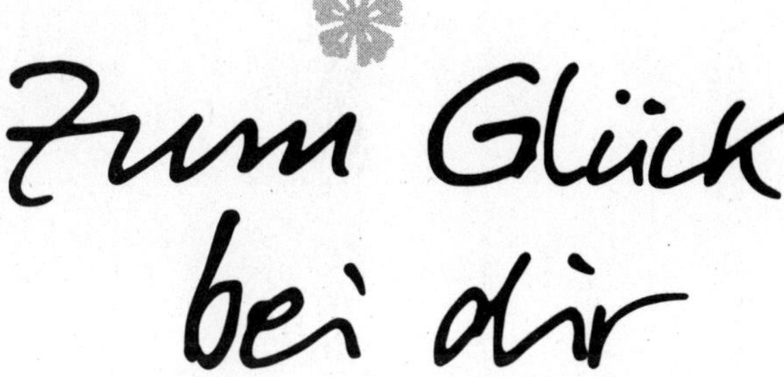

4

Rika Enoki

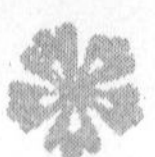

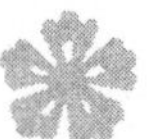

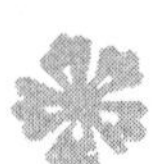

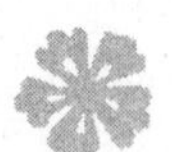

If I was given a second chance ...

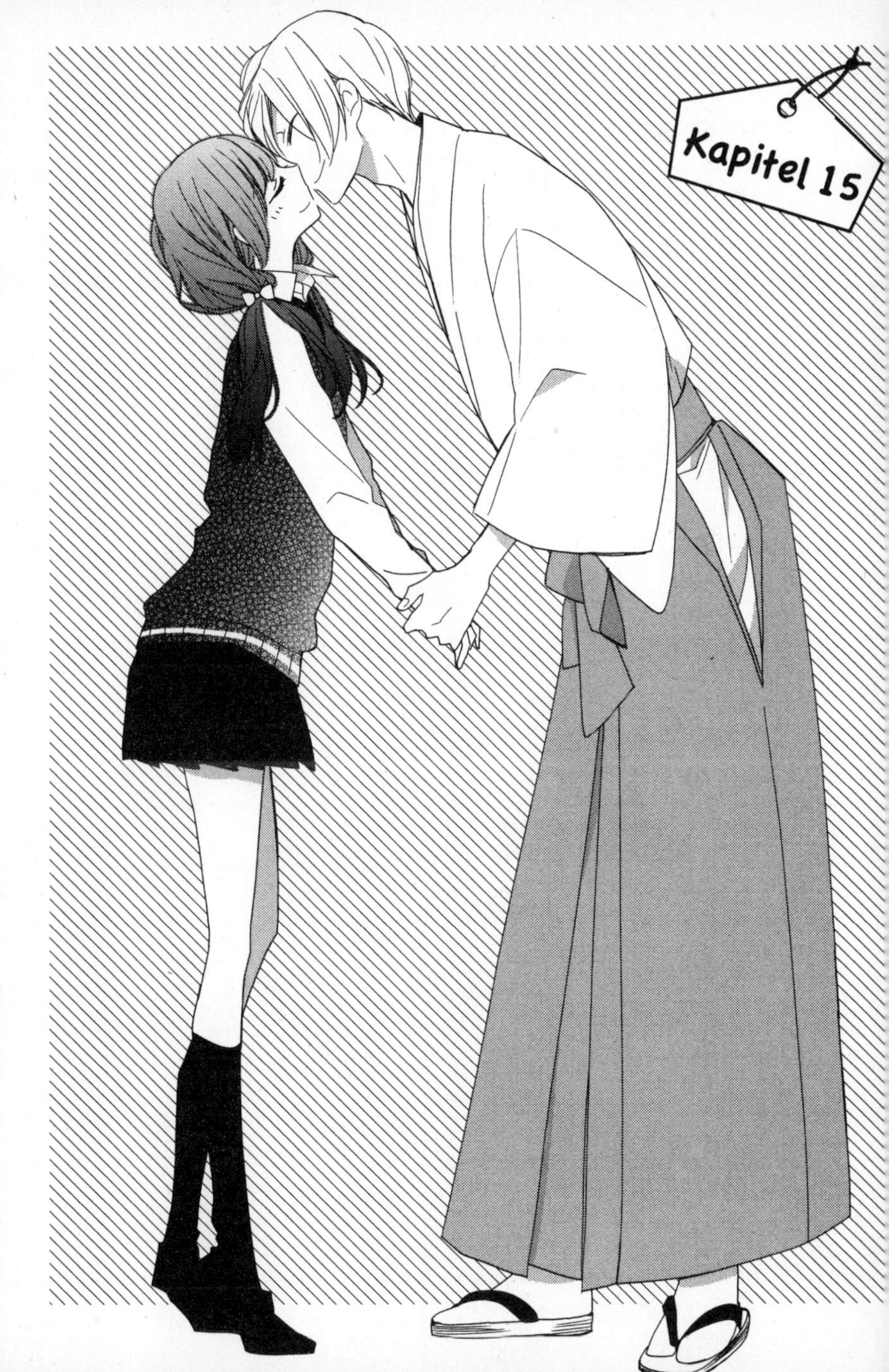
Kapitel 15

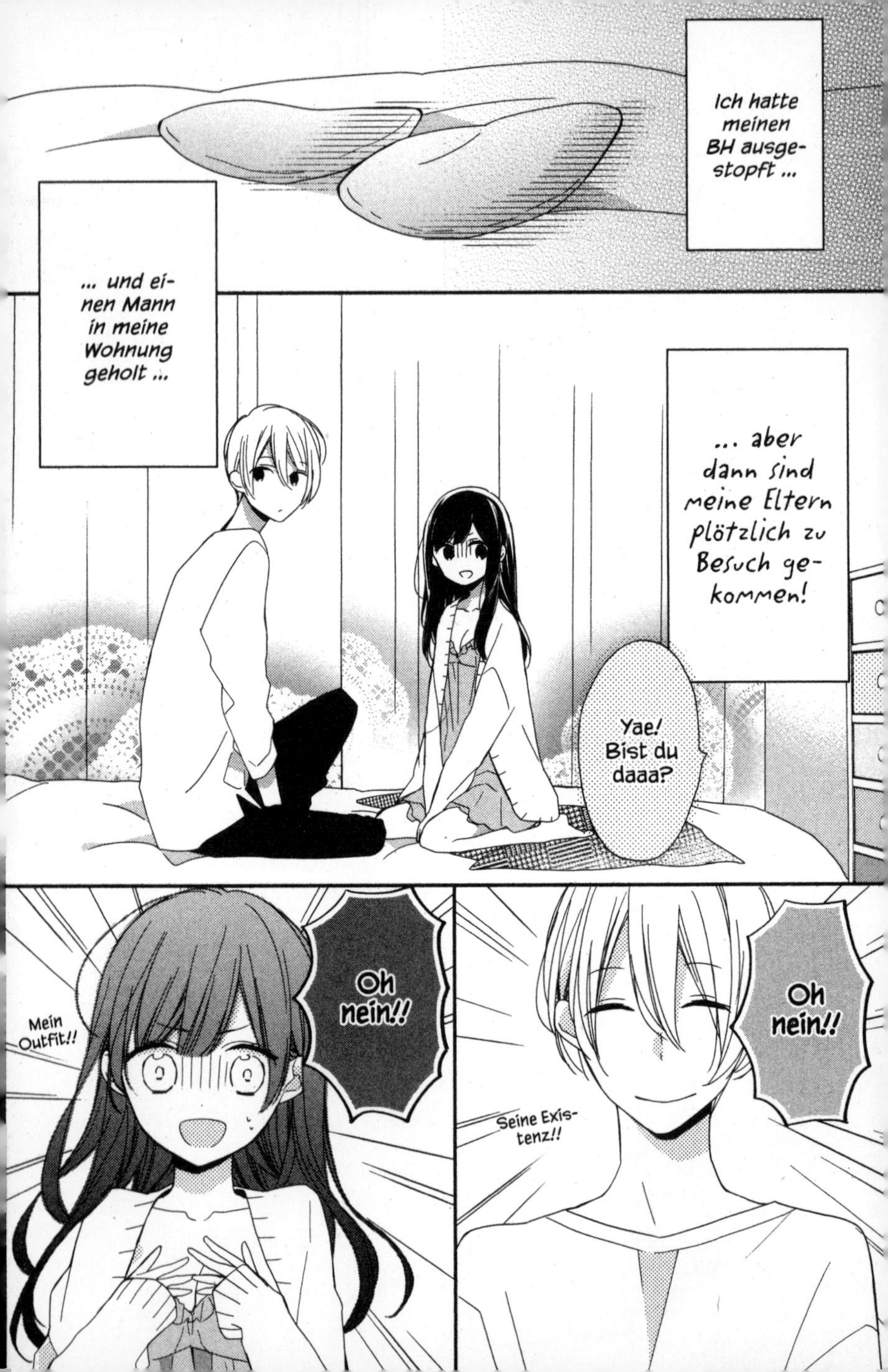
Ich hatte meinen BH ausgestopft ...
... und einen Mann in meine Wohnung geholt ...
... aber dann sind meine Eltern plötzlich zu Besuch gekommen!
Yae! Bist du daaa?
Oh nein!!
Seine Existenz!!
Oh nein!!
Mein Outfit!!

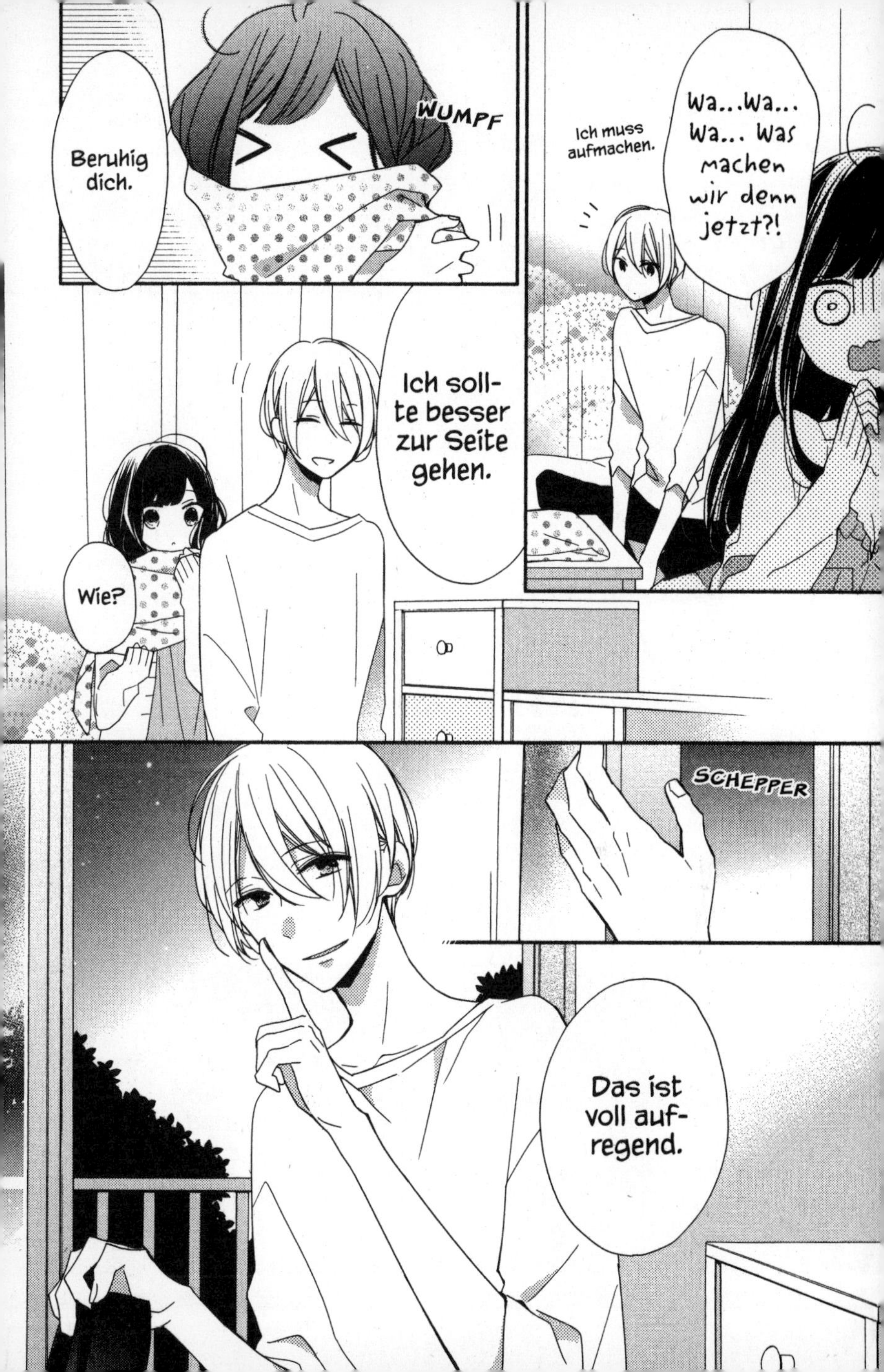
Wa...Wa...
Wa... Was
machen
wir denn
jetzt?!
Ich muss
aufmachen.
WUMPF
Beruhig
dich.
Ich soll-
te besser
zur Seite
gehen.
Wie?
SCHEPPER
Das ist
voll auf-
regend.

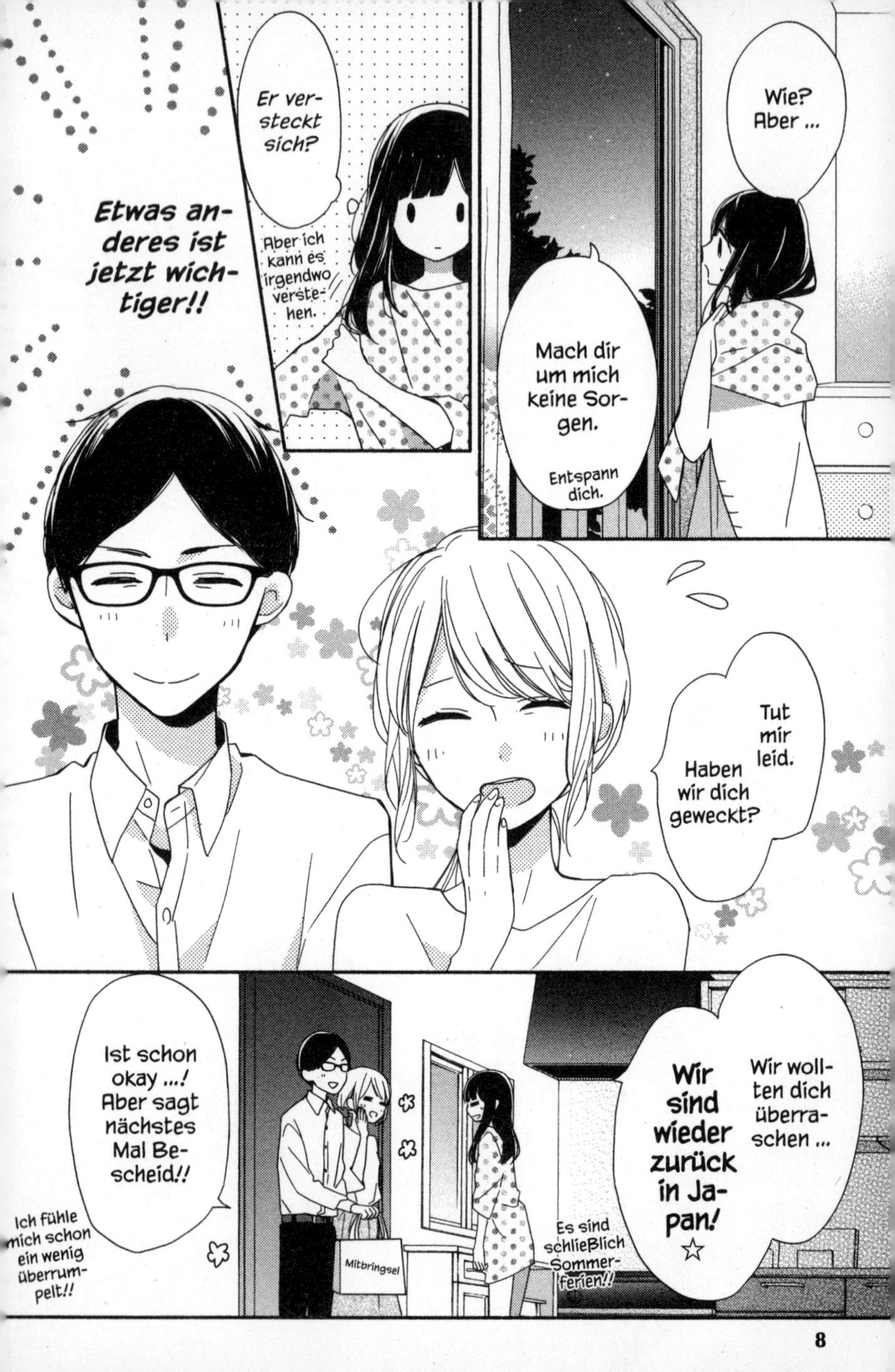
Wie? Aber ...
Mach dir um mich keine Sorgen.
Entspann dich.
Er versteckt sich?
Aber ich kann es irgendwo verstehen.
Etwas anderes ist jetzt wichtiger!!
Tut mir leid.
Haben wir dich geweckt?
Wir wollten dich überraschen ...
Wir sind wieder zurück in Japan! ☆
Es sind schließlich Sommerferien!!
Mitbringsel
Ist schon okay ...! Aber sagt nächstes Mal Bescheid!!
Ich fühle mich schon ein wenig überrumpelt!!

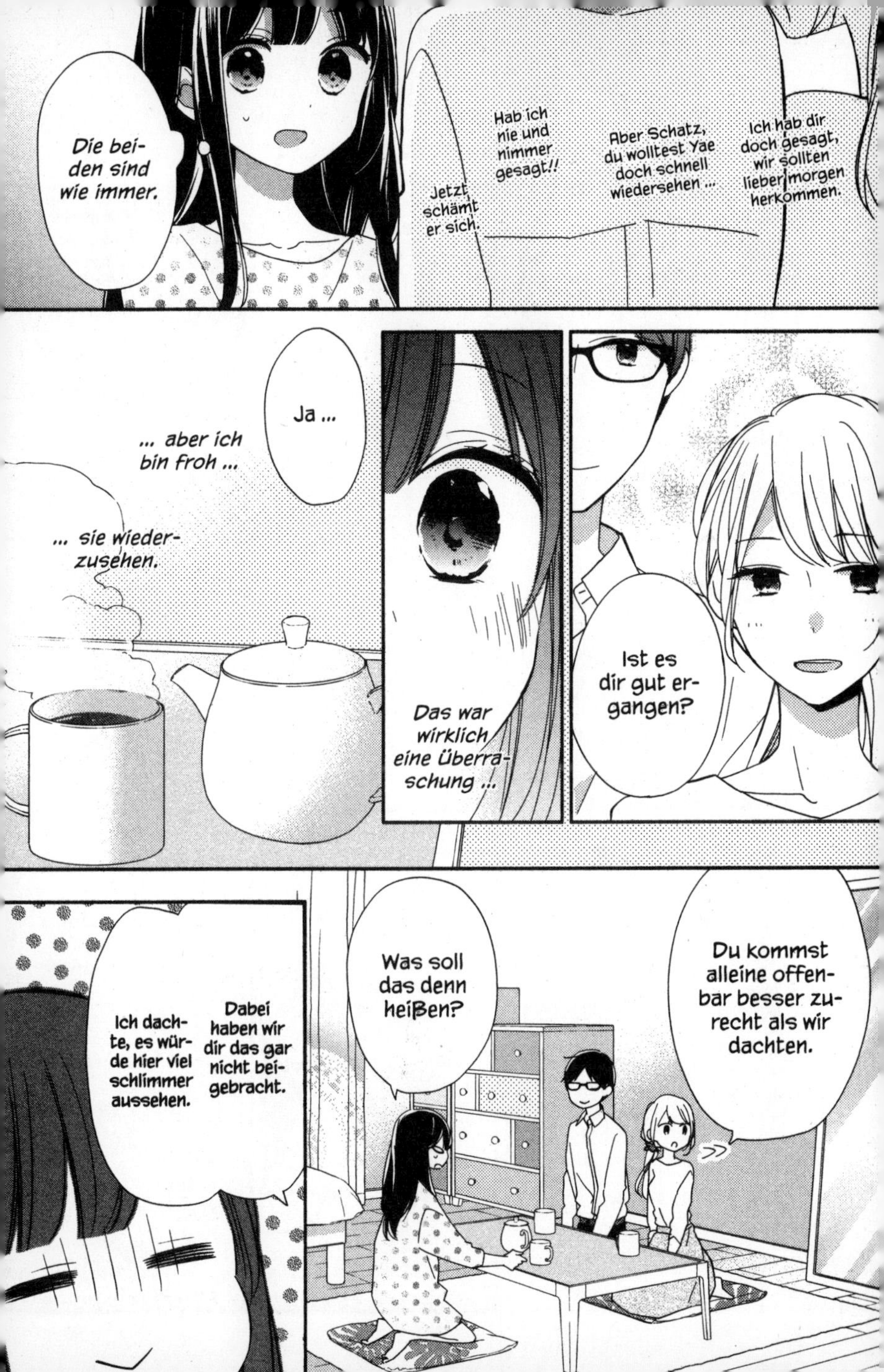
Ich hab dir doch gesagt, wir sollten lieber morgen herkommen.
Aber Schatz, du wolltest Yae doch schnell wiedersehen ...
Hab ich nie und nimmer gesagt!!
Jetzt schämt er sich.
Die beiden sind wie immer.
Ist es dir gut ergangen?
Das war wirklich eine Überraschung ...
Ja ...
... aber ich bin froh ...
... sie wiederzusehen.
Du kommst alleine offenbar besser zurecht als wir dachten.
Was soll das denn heißen?
Dabei haben wir dir das gar nicht beigebracht.
Ich dachte, es würde hier viel schlimmer aussehen.

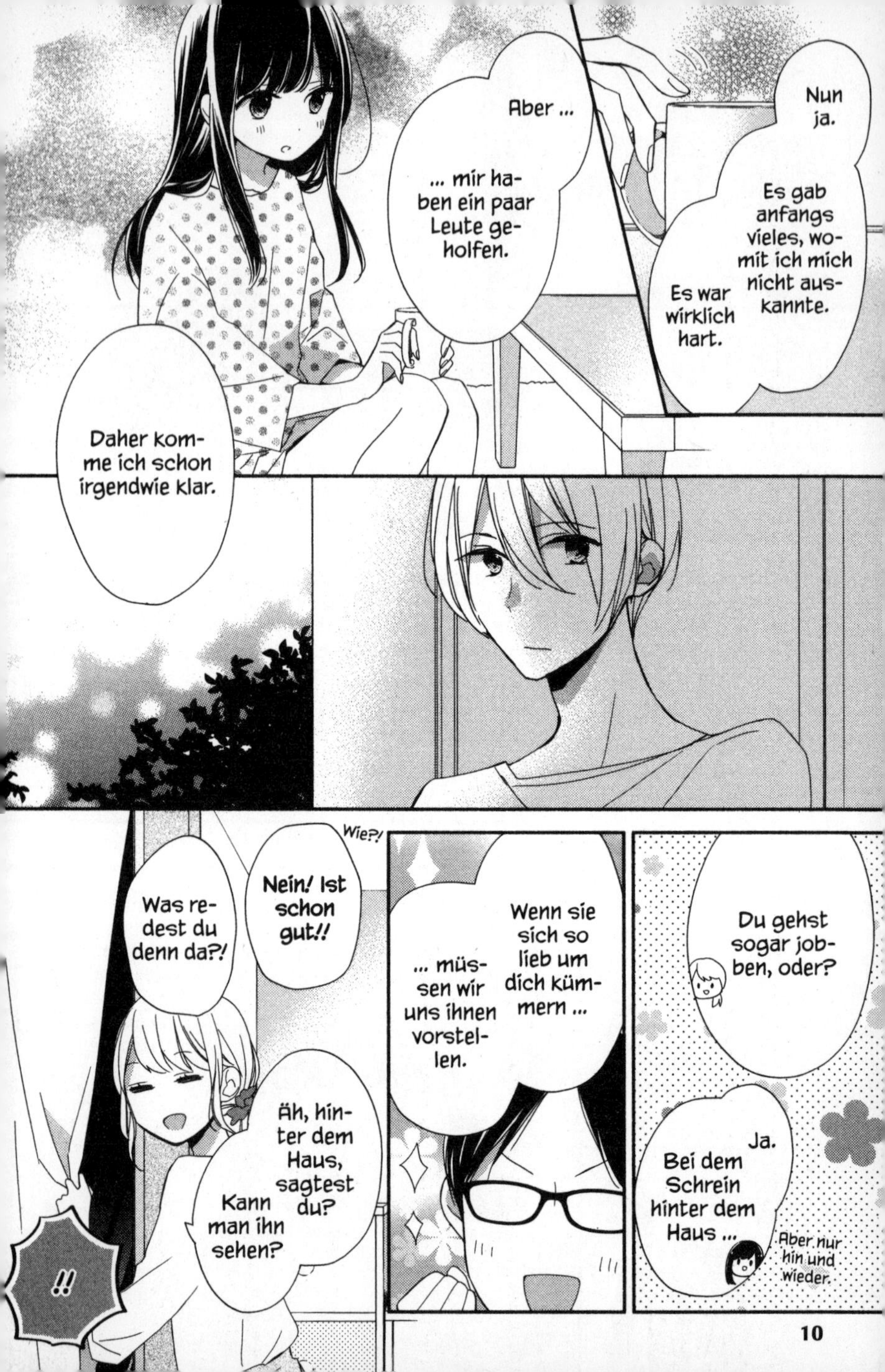

Nun ja.
Es gab anfangs vieles, womit ich mich nicht auskannte.
Es war wirklich hart.
Aber ...
... mir haben ein paar Leute geholfen.
Daher komme ich schon irgendwie klar.
Du gehst sogar jobben, oder?
Ja.
Bei dem Schrein hinter dem Haus ...
Aber nur hin und wieder.
Wenn sie sich so lieb um dich kümmern ...
... müssen wir uns ihnen vorstellen.
Äh, hinter dem Haus, sagtest du?
Kann man ihn sehen?
Nein! Ist schon gut!!
Wie?!
Was redest du denn da?!
!!

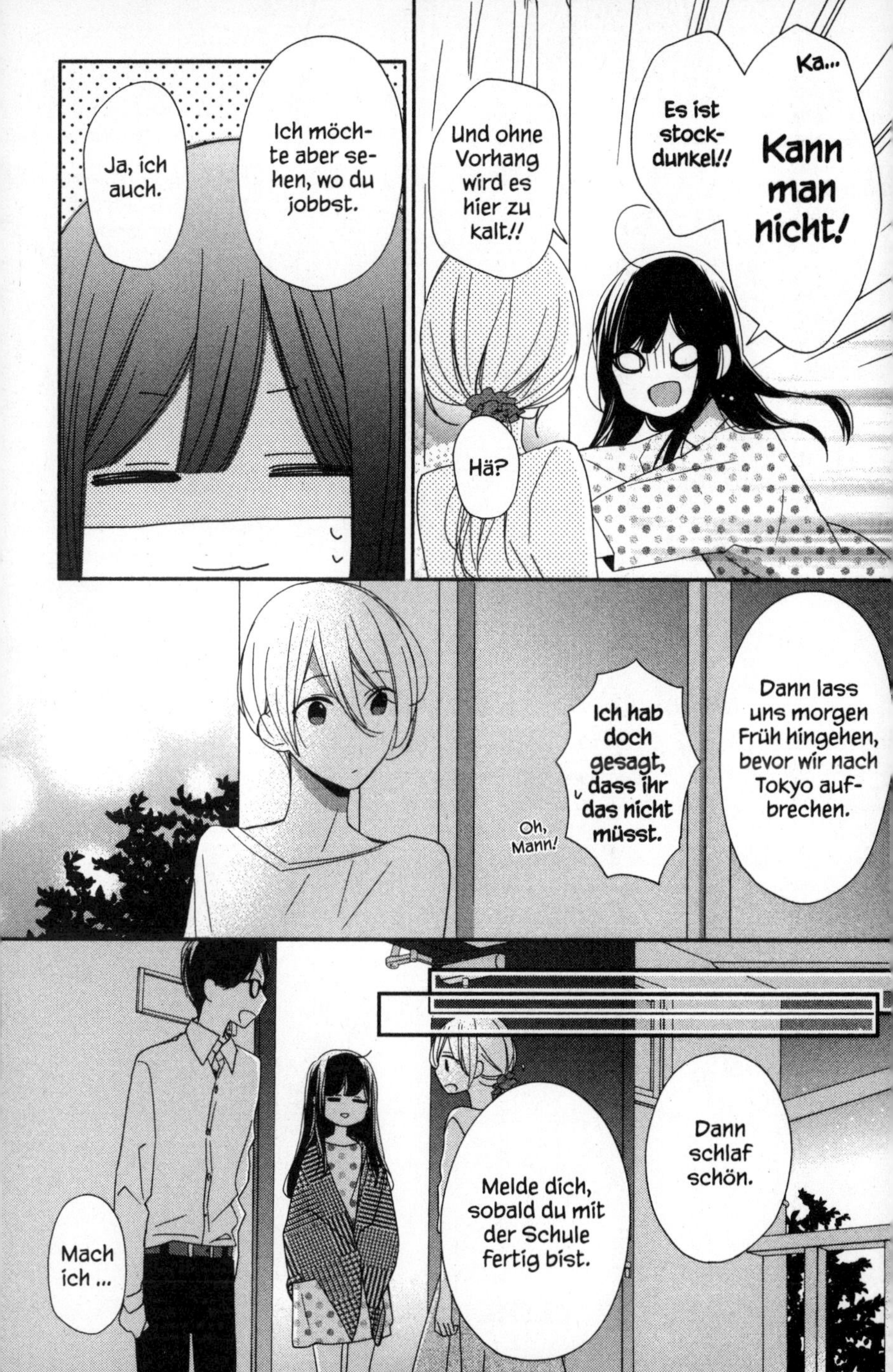
Ka...
Kann man nicht!
Es ist stockdunkel!!
Und ohne Vorhang wird es hier zu kalt!!
Hä?
Ich möchte aber sehen, wo du jobbst.
Ja, ich auch.
Dann lass uns morgen Früh hingehen, bevor wir nach Tokyo aufbrechen.
Ich hab doch gesagt, dass ihr das nicht müsst.
Oh, Mann!
Dann schlaf schön.
Melde dich, sobald du mit der Schule fertig bist.
Mach ich ...

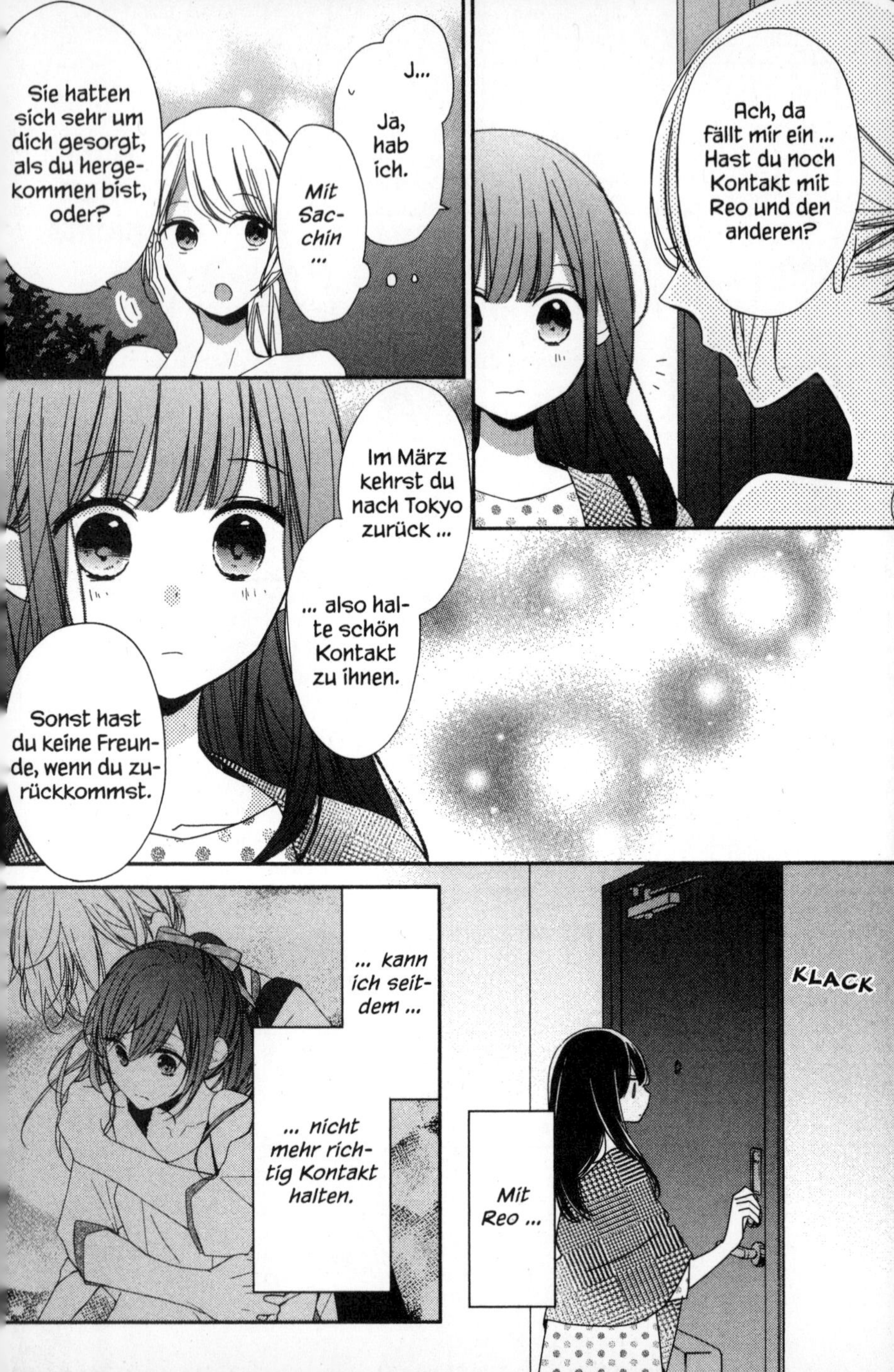

Ach, da fällt mir ein ... Hast du noch Kontakt mit Reo und den anderen?
J...
Ja, hab ich.
Mit Sacchin ...
Sie hatten sich sehr um dich gesorgt, als du hergekommen bist, oder?
Im März kehrst du nach Tokyo zurück ...
... also halte schön Kontakt zu ihnen.
Sonst hast du keine Freunde, wenn du zurückkommst.
KLACK
Mit Reo ...
... kann ich seitdem ...
... nicht mehr richtig Kontakt halten.

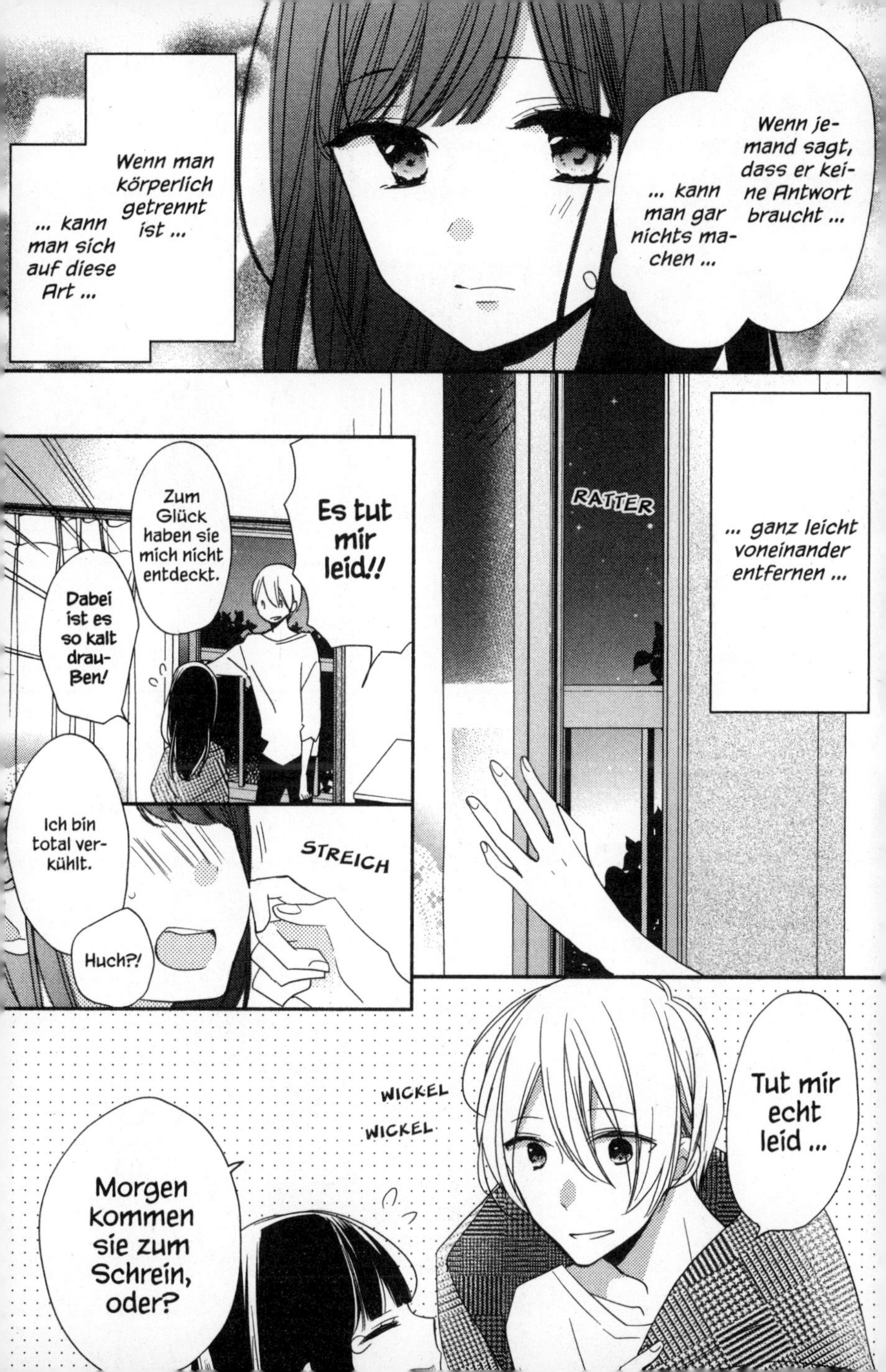
Wenn jemand sagt, dass er keine Antwort braucht ...
... kann man gar nichts machen ...
Wenn man körperlich getrennt ist ...
... kann man sich auf diese Art ...
... ganz leicht voneinander entfernen ...
RATTER
Es tut mir leid!!
Zum Glück haben sie mich nicht entdeckt.
Dabei ist es so kalt draußen!
STREICH
Ich bin total verkühlt.
Huch?!
Tut mir echt leid ...
WICKEL
WICKEL
Morgen kommen sie zum Schrein, oder?

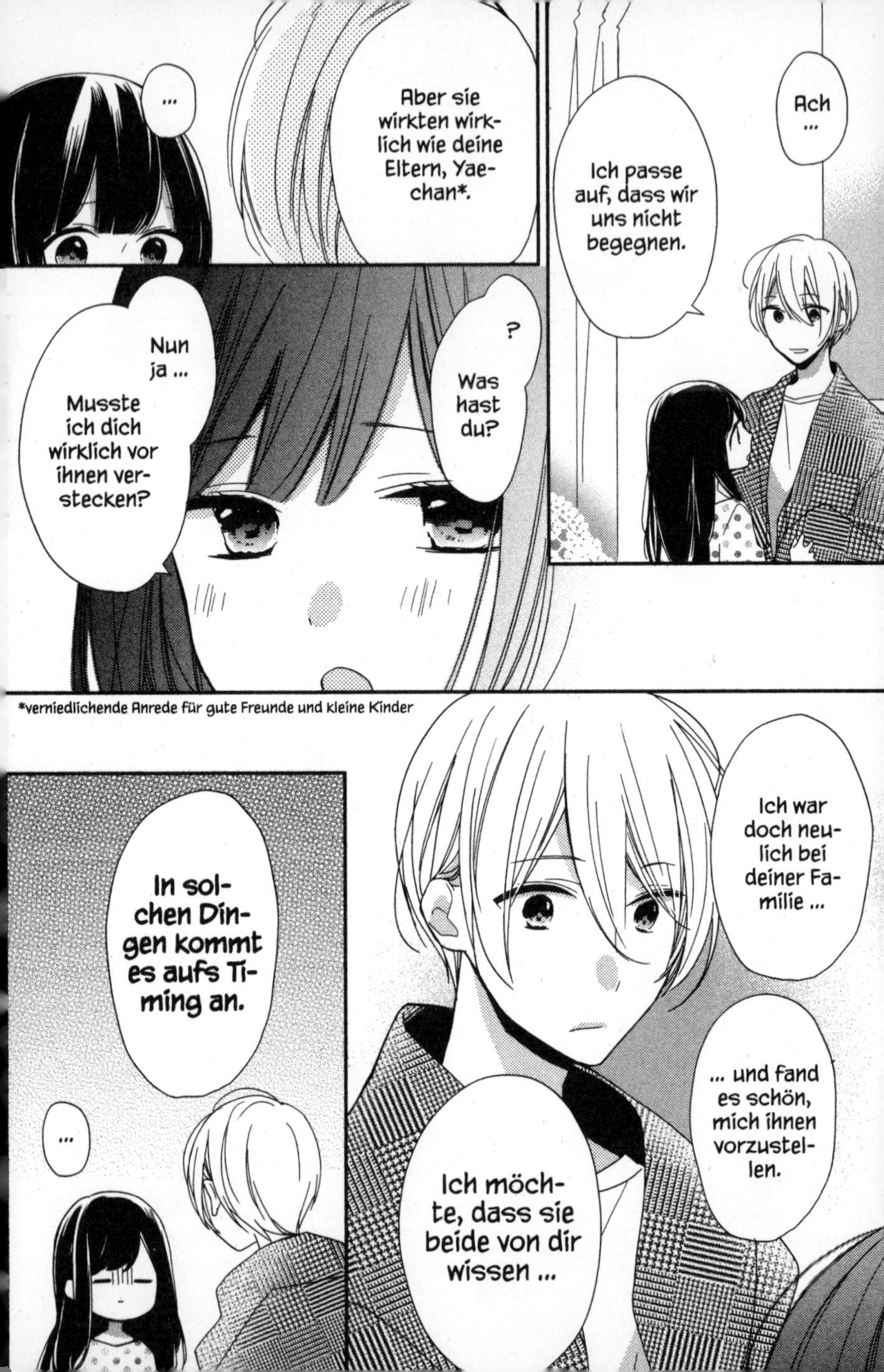

*verniedlichende Anrede für gute Freunde und kleine Kinder

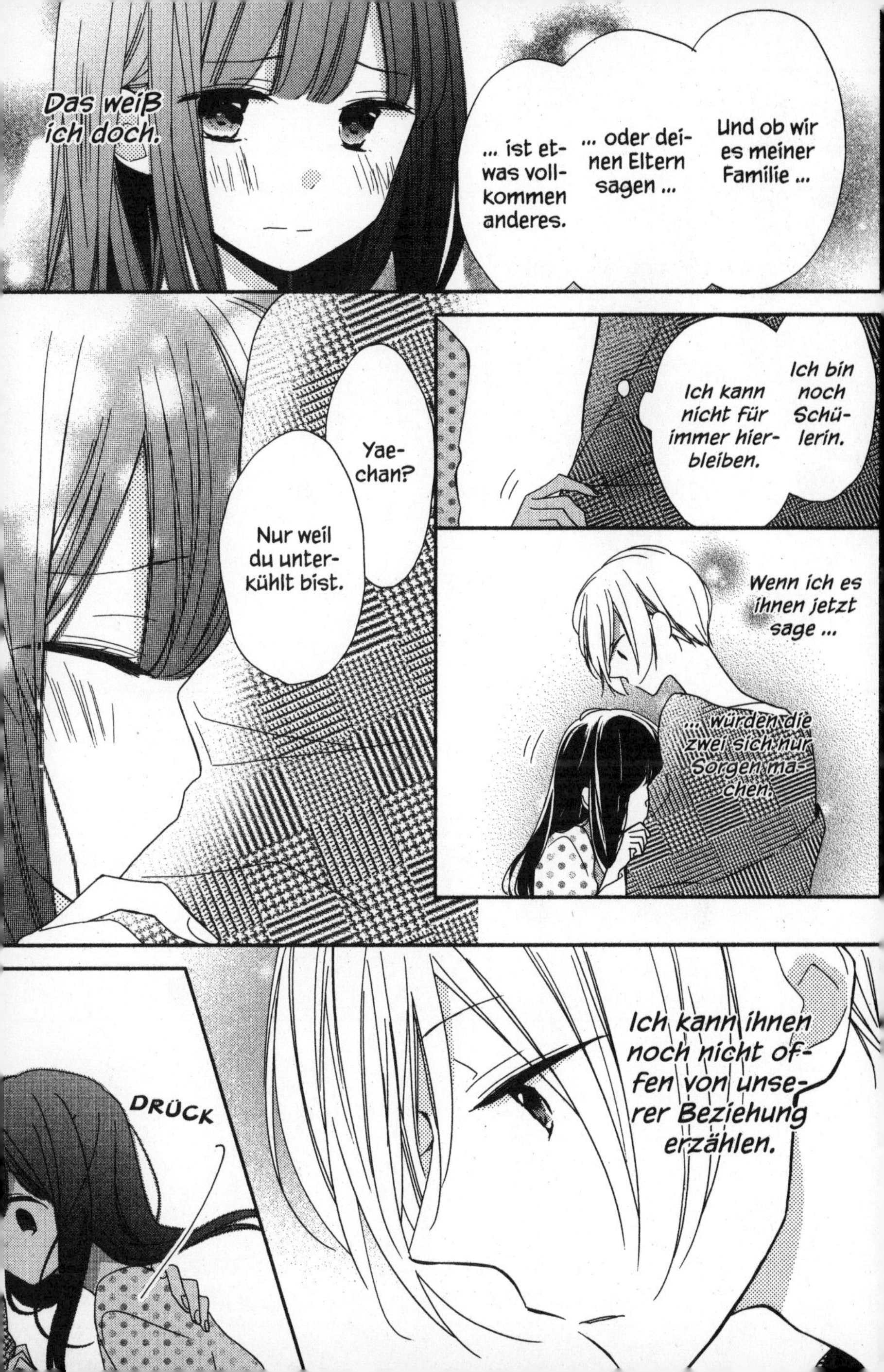
Und ob wir es meiner Familie ...
... oder deinen Eltern sagen ...
... ist etwas vollkommen anderes.
Das weiß ich doch.
Ich bin noch Schülerin.
Ich kann nicht für immer hierbleiben.
Wenn ich es ihnen jetzt sage ...
... würden die zwei sich nur Sorgen machen.
Yaechan?
Nur weil du unterkühlt bist.
Ich kann ihnen noch nicht offen von unserer Beziehung erzählen.
DRÜCK

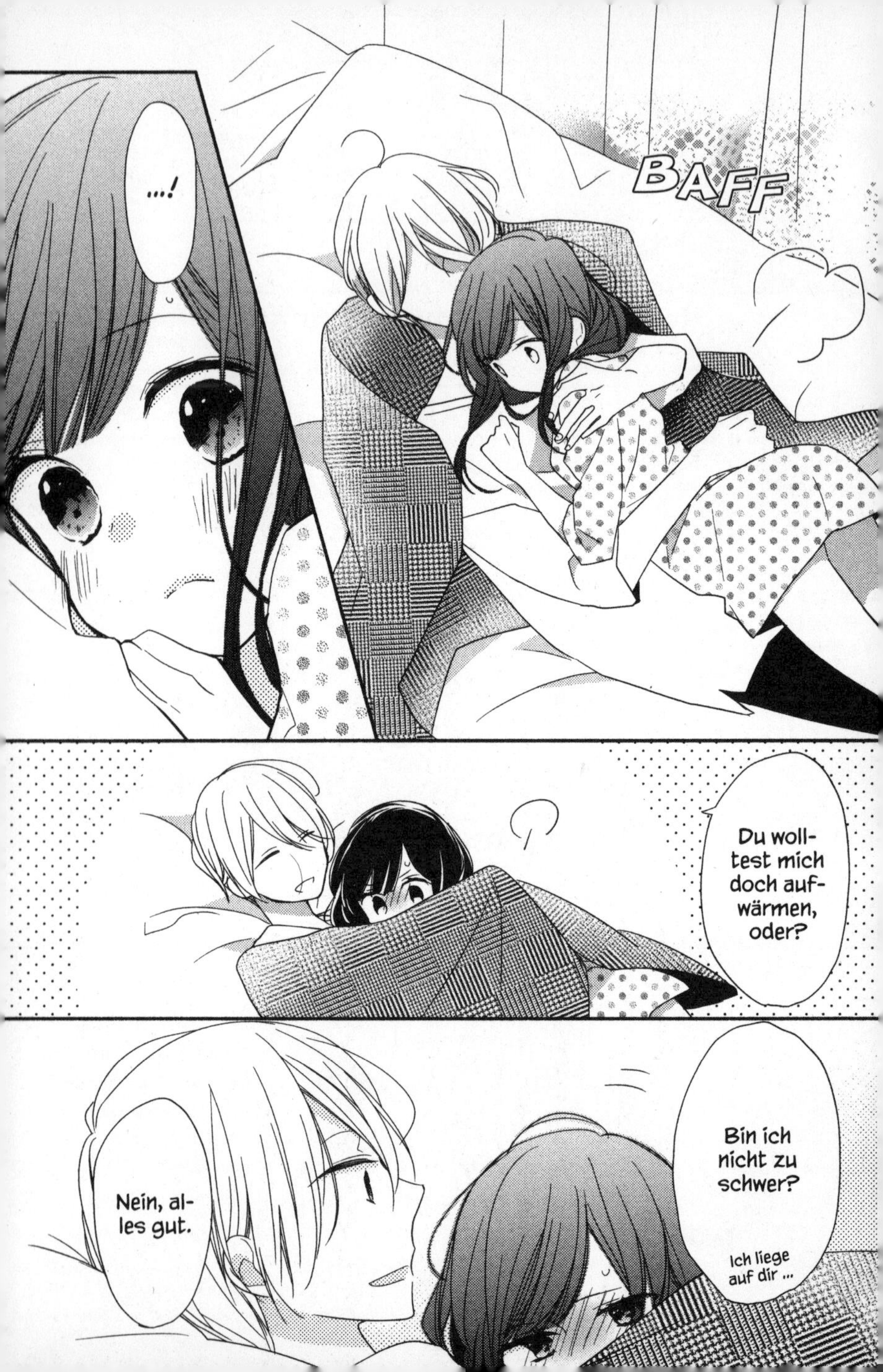
BAFF
...!
Du woll-test mich doch auf-wärmen, oder?
Bin ich nicht zu schwer?
Ich liege auf dir ...
Nein, al-les gut.

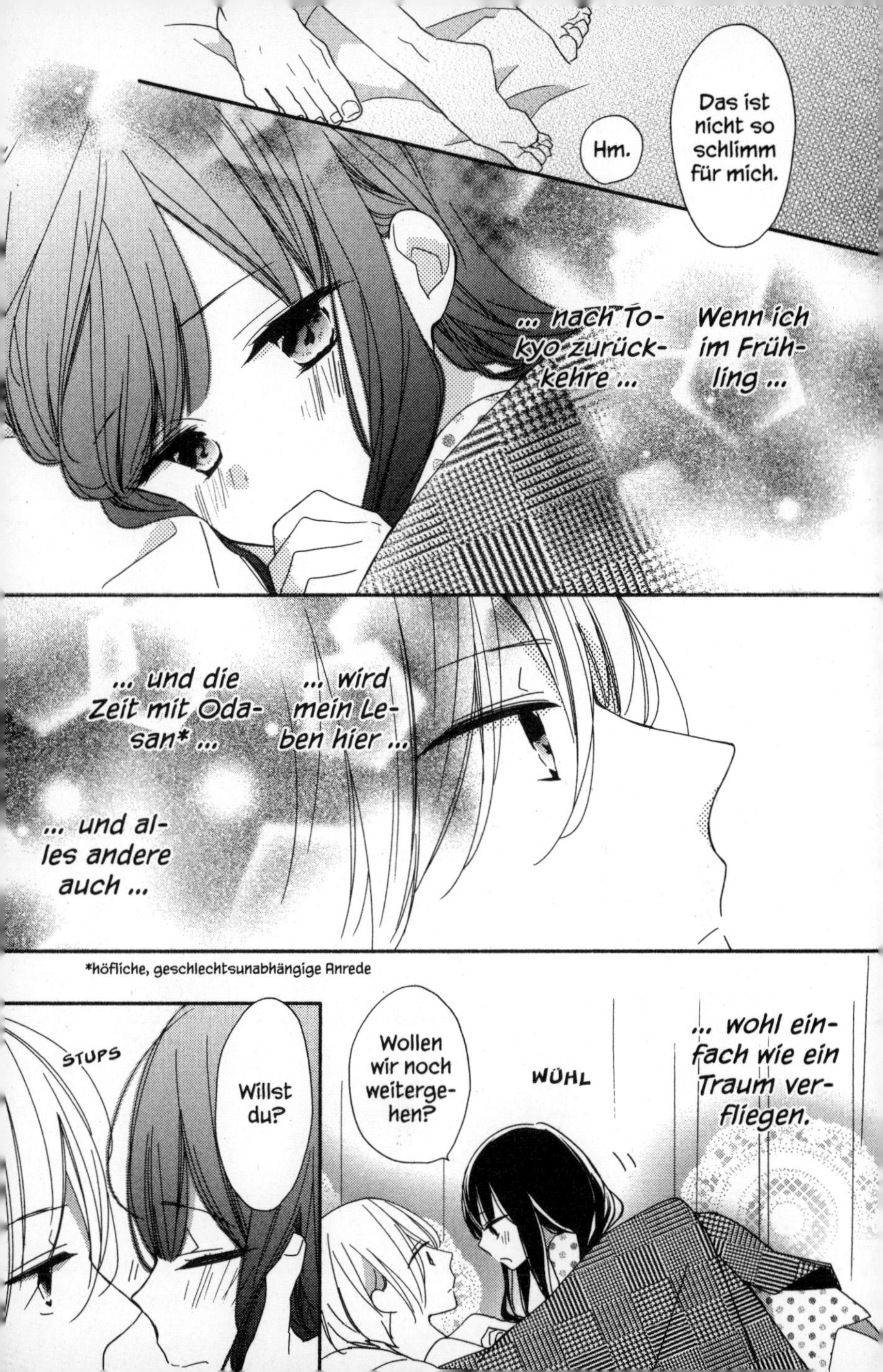

*höfliche, geschlechtsunabhängige Anrede

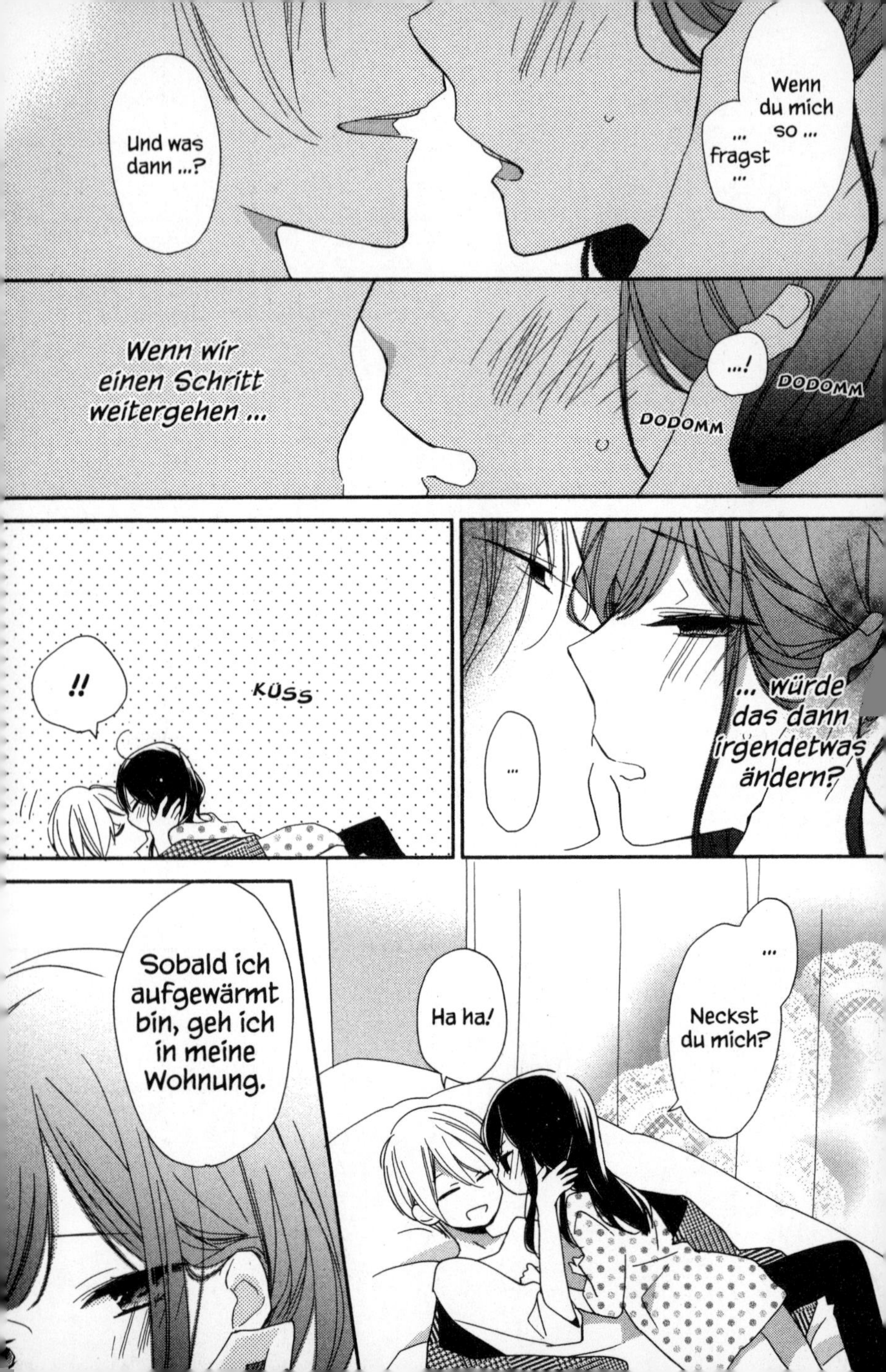

Wenn du mich so ... ... fragst ...
Und was dann ...?
...!
DODOMM
DODOMM
Wenn wir einen Schritt weitergehen ...
... würde das dann irgendetwas ändern?
...
KÜSS
!!
... Neckst du mich?
Ha ha!
Sobald ich aufgewärmt bin, geh ich in meine Wohnung.

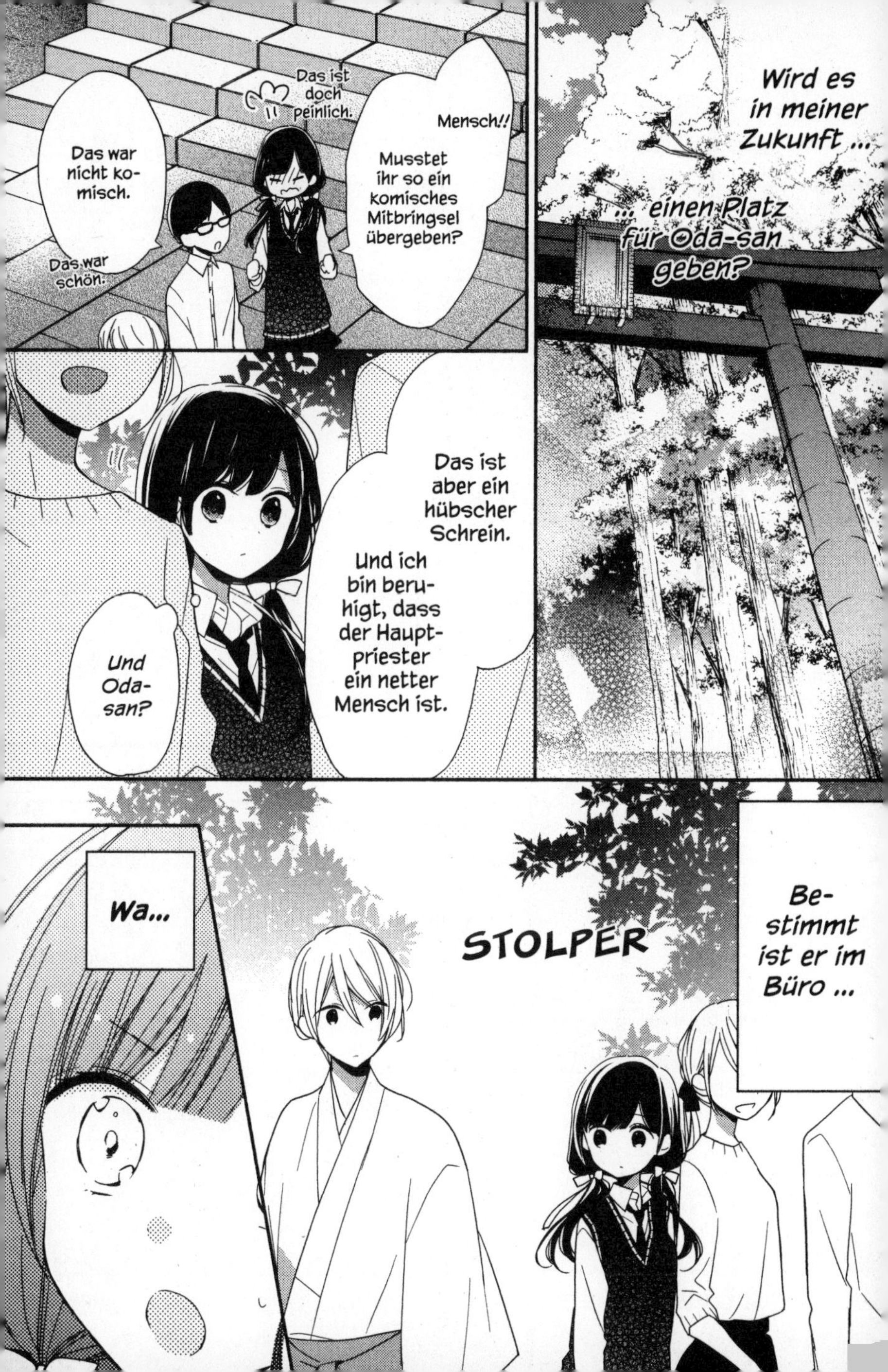

Wird es in meiner Zukunft ...
... einen Platz für Oda-san geben?
Mensch!!
Musstet ihr so ein komisches Mitbringsel übergeben?
Das ist doch peinlich.
Das war nicht komisch.
Das war schön.
Das ist aber ein hübscher Schrein.
Und ich bin beruhigt, dass der Hauptpriester ein netter Mensch ist.
Und Oda-san?
Bestimmt ist er im Büro ...
STOLPER
Wa...

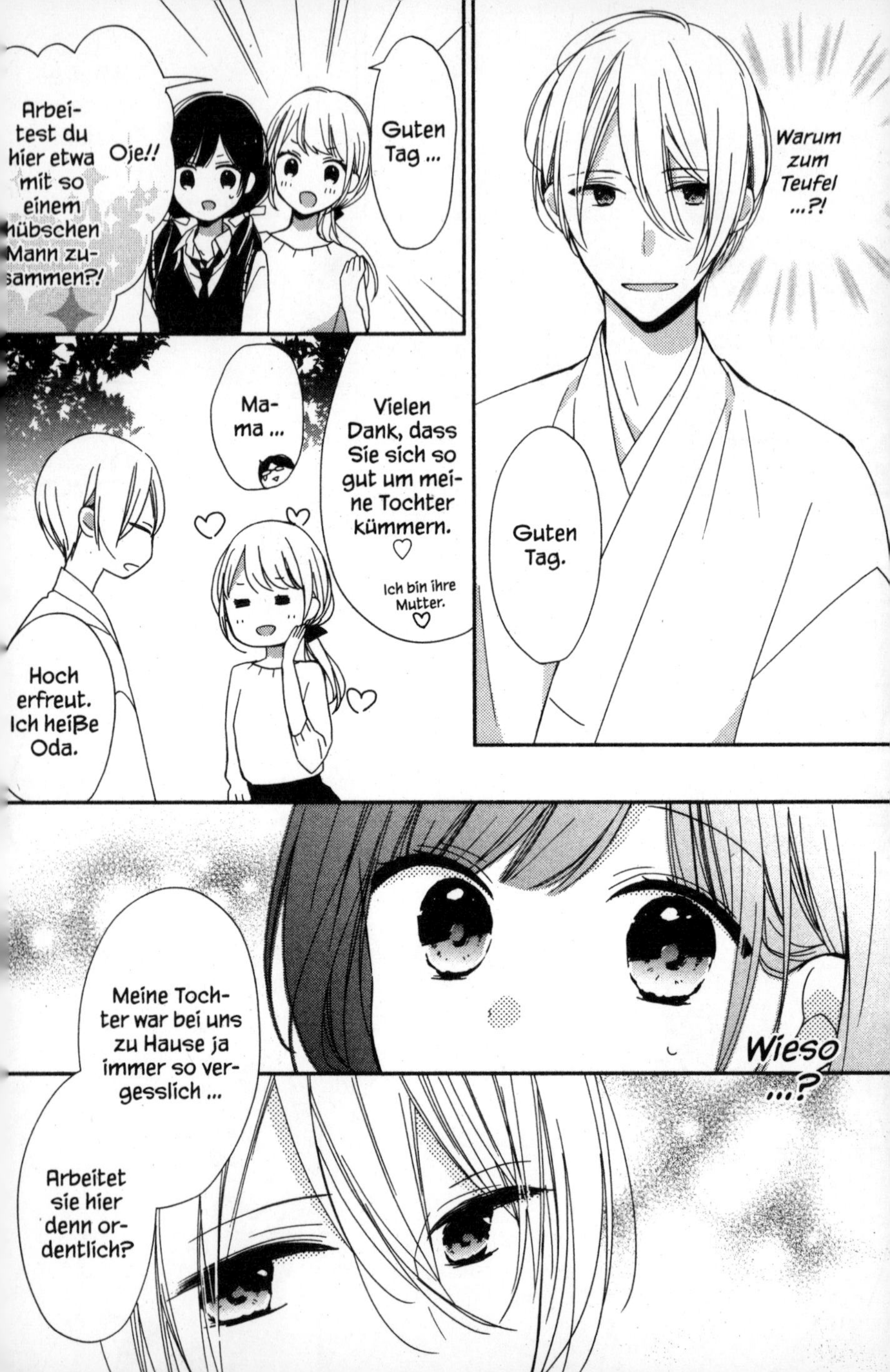
Warum zum Teufel ...?!
Guten Tag ...
Oje!!
Arbeitest du hier etwa mit so einem hübschen Mann zusammen?!
Guten Tag.
Vielen Dank, dass Sie sich so gut um meine Tochter kümmern.
Ich bin ihre Mutter.
Mama ...
Hoch erfreut. Ich heiße Oda.
Wieso ...?
Meine Tochter war bei uns zu Hause ja immer so vergesslich ...
Arbeitet sie hier denn ordentlich?

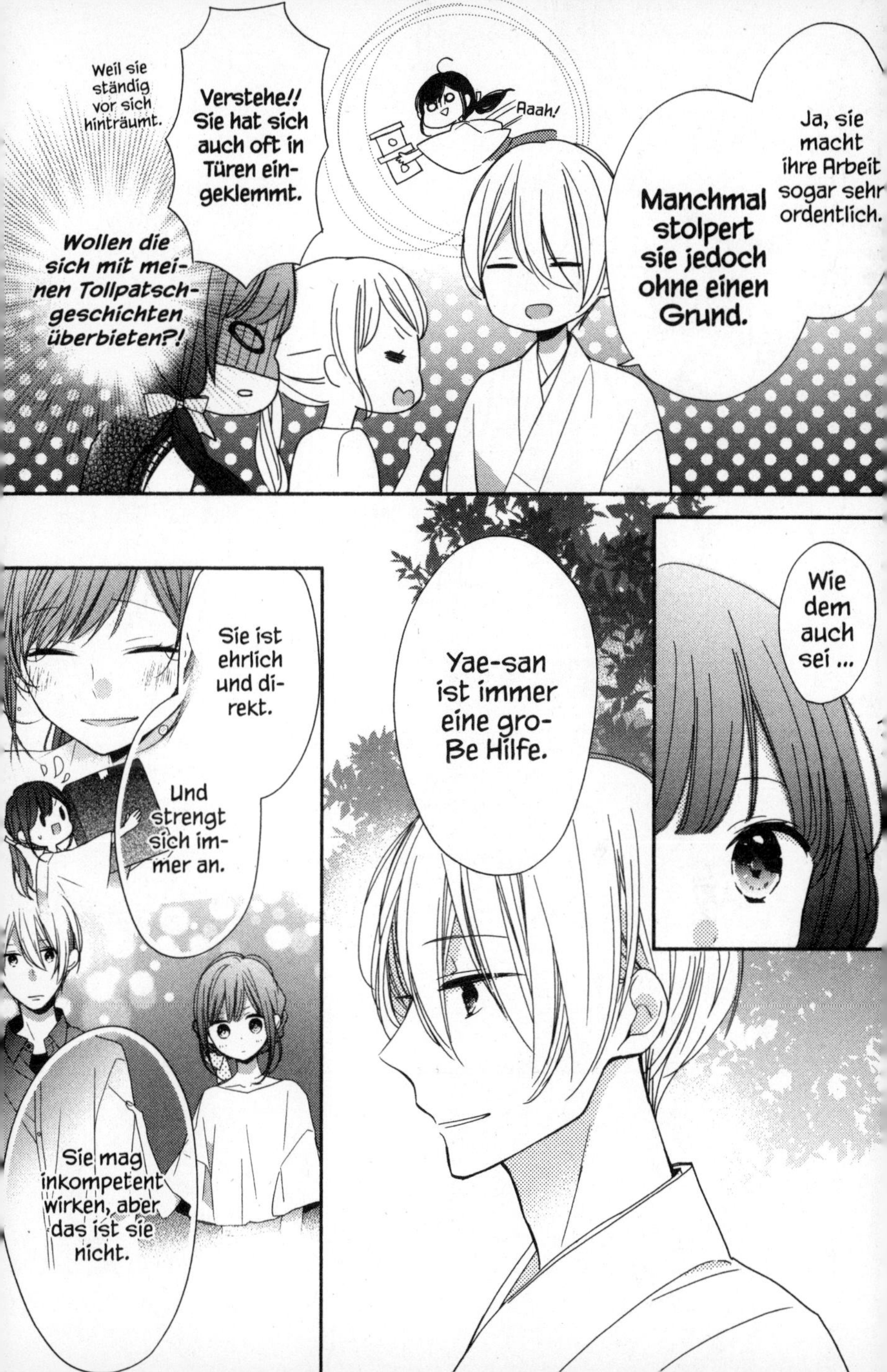

Ja, sie macht ihre Arbeit sogar sehr ordentlich.
Manchmal stolpert sie jedoch ohne einen Grund.
Aaah!
Verstehe!! Sie hat sich auch oft in Türen eingeklemmt.
Weil sie ständig vor sich hinträumt.
Wollen die sich mit meinen Tollpatschgeschichten überbieten?!
Wie dem auch sei ...
Yae-san ist immer eine große Hilfe.
Sie ist ehrlich und direkt.
Und strengt sich immer an.
Sie mag inkompetent wirken, aber das ist sie nicht.

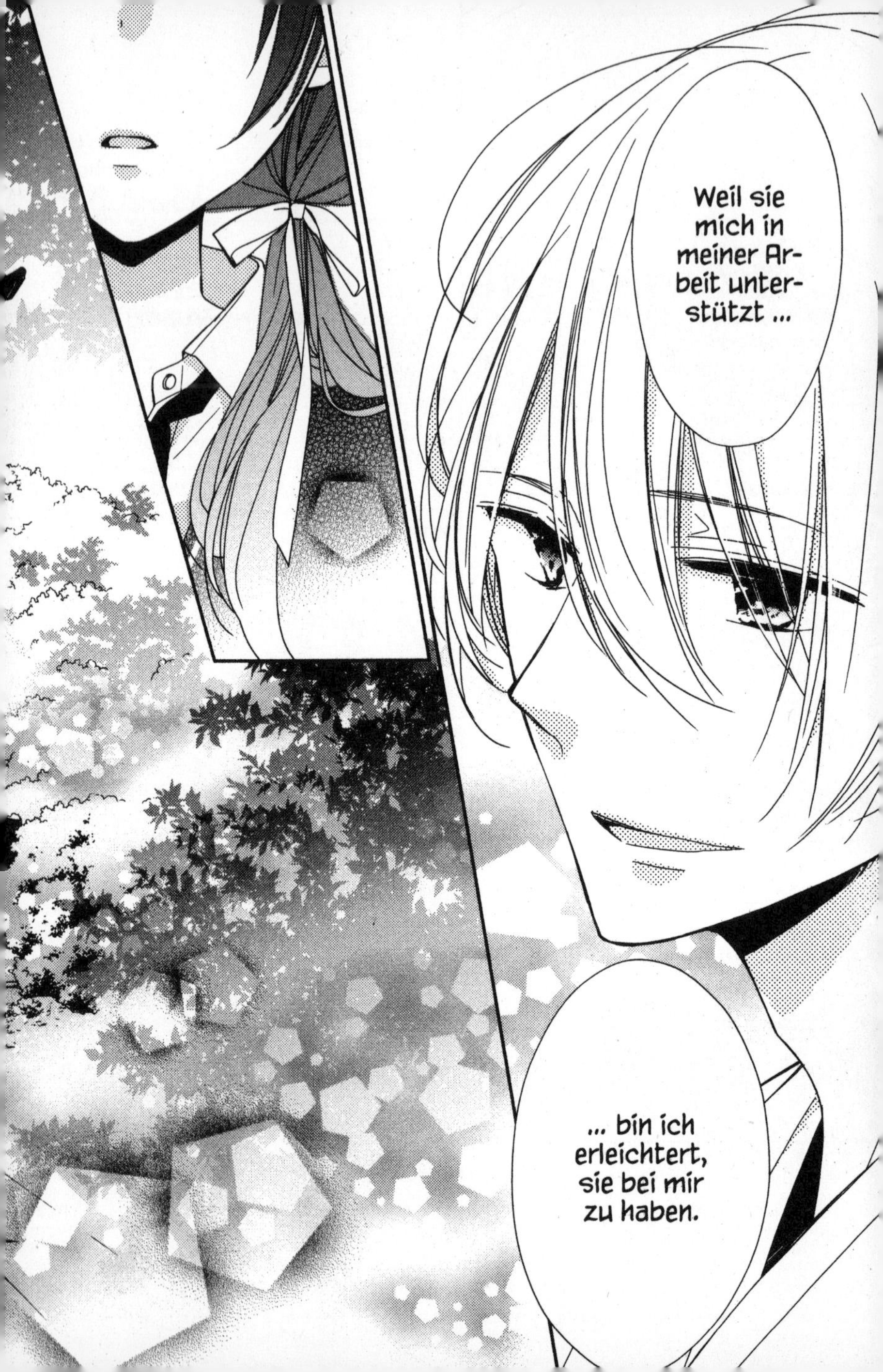
Weil sie mich in meiner Arbeit unterstützt ...
... bin ich erleichtert, sie bei mir zu haben.

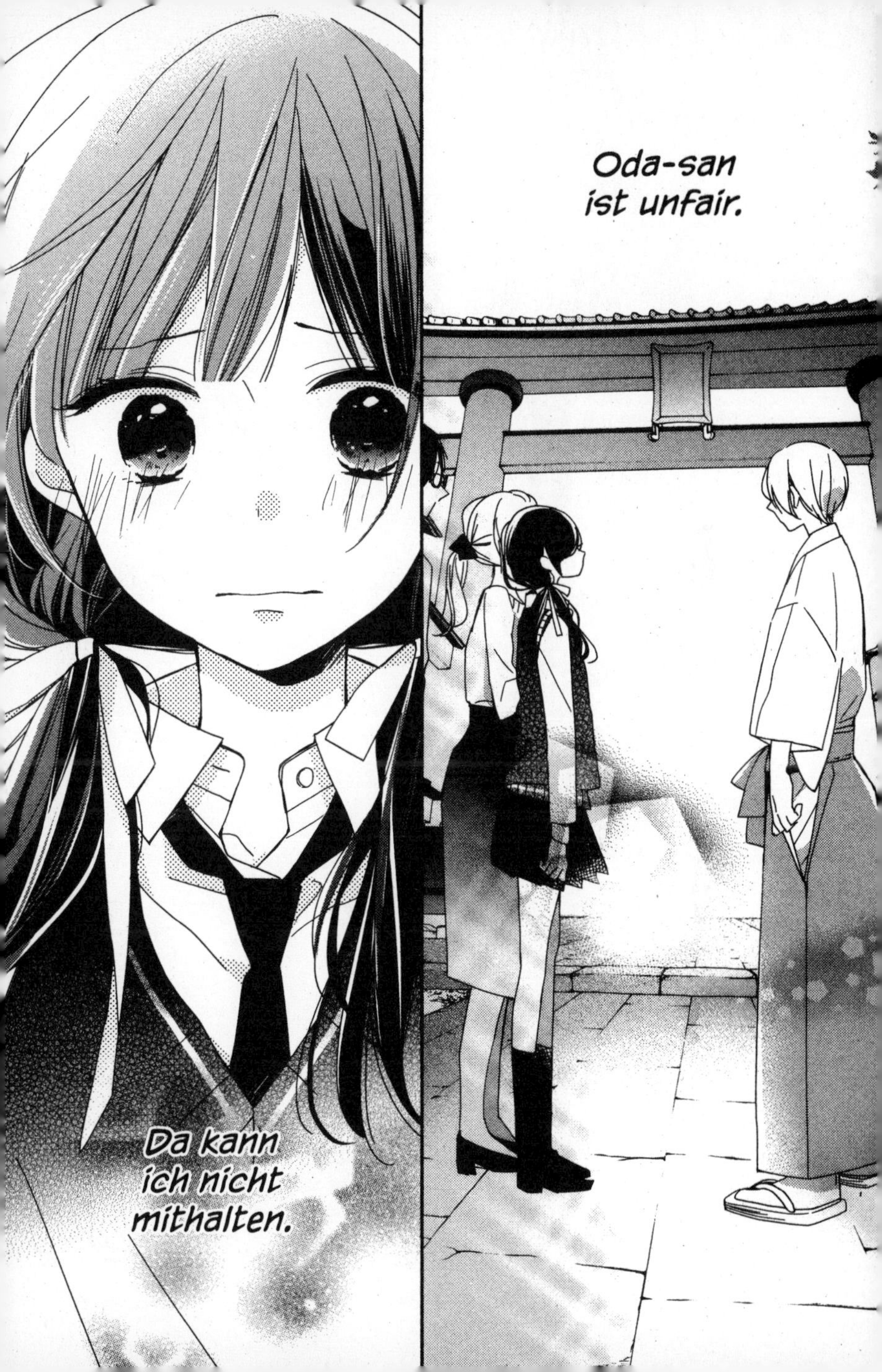
Oda-san
ist unfair.
Da kann
ich nicht
mithalten.

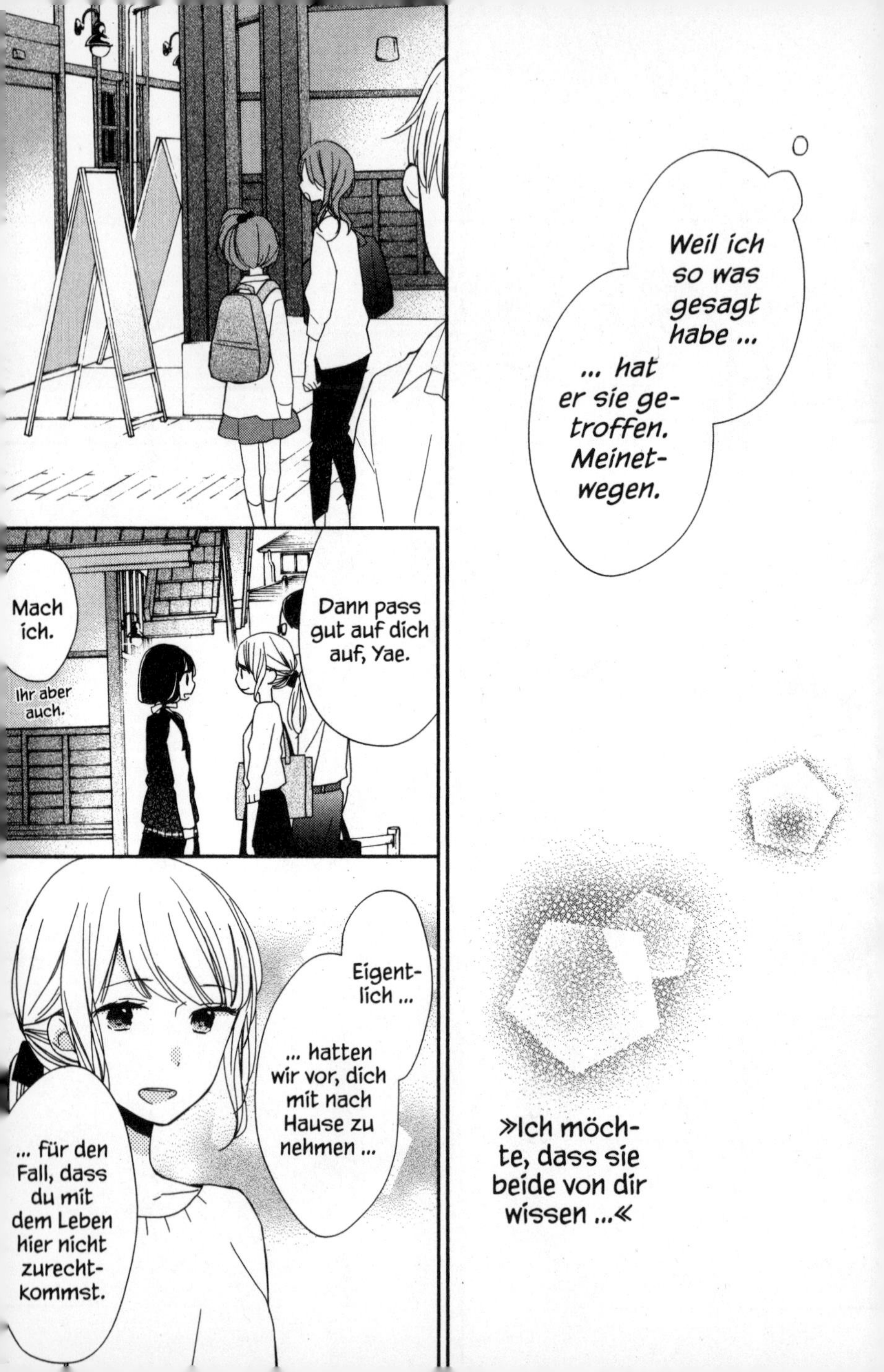

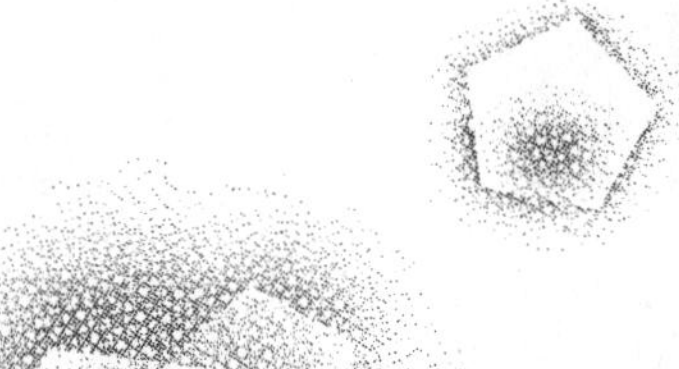

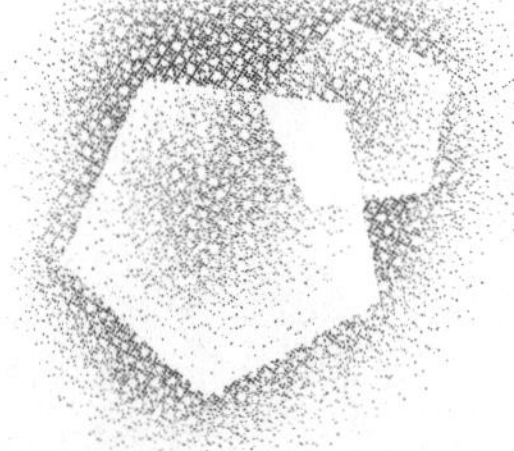

Weil ich so was gesagt habe ...
... hat er sie getroffen. Meinetwegen.
»Ich möchte, dass sie beide von dir wissen ...«
Dann pass gut auf dich auf, Yae.
Mach ich.
Ihr aber auch.
Eigentlich ...
... hatten wir vor, dich mit nach Hause zu nehmen ...
... für den Fall, dass du mit dem Leben hier nicht zurechtkommst.

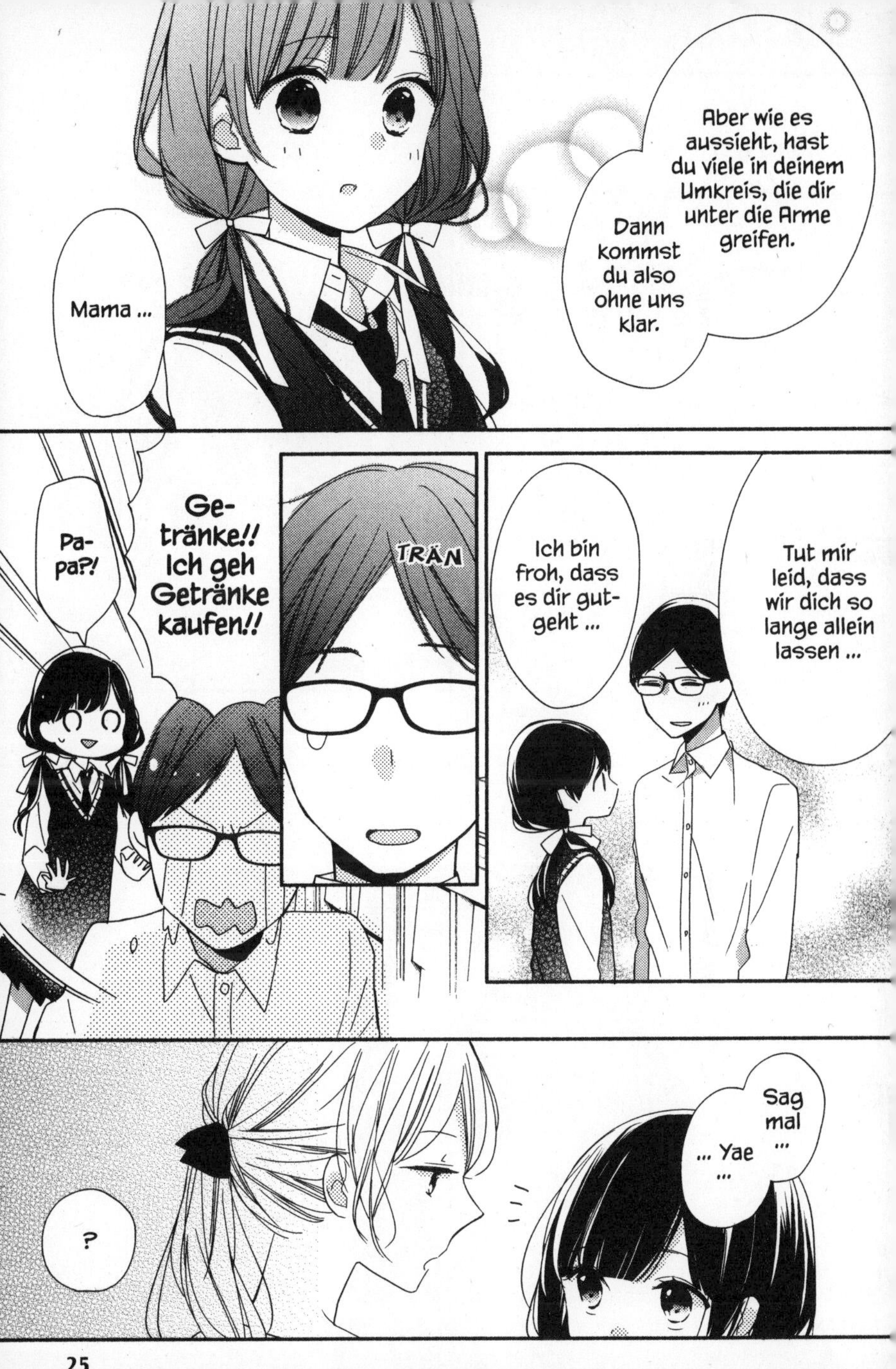
Aber wie es aussieht, hast du viele in deinem Umkreis, die dir unter die Arme greifen.
Dann kommst du also ohne uns klar.
Mama ...
Tut mir leid, dass wir dich so lange allein lassen ...
Ich bin froh, dass es dir gutgeht ...
TRÄN
Getränke!! Ich geh Getränke kaufen!!
Papa?!
Sag mal ...
... Yae ...
?

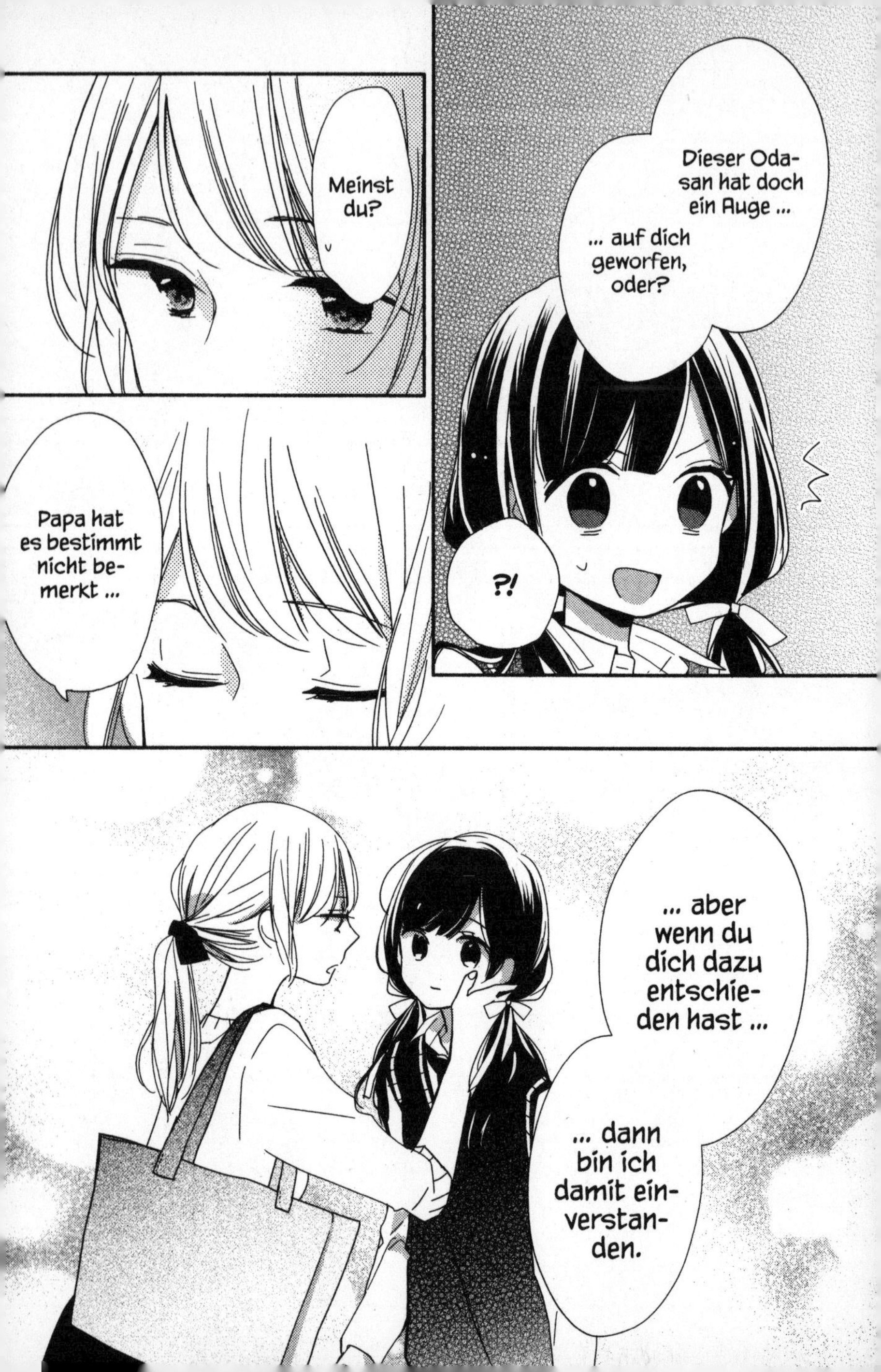

Dieser Oda-san hat doch ein Auge ...

... auf dich geworfen, oder?

Meinst du?

?!

Papa hat es bestimmt nicht bemerkt ...

... aber wenn du dich dazu entschieden hast ...

... dann bin ich damit einverstanden.

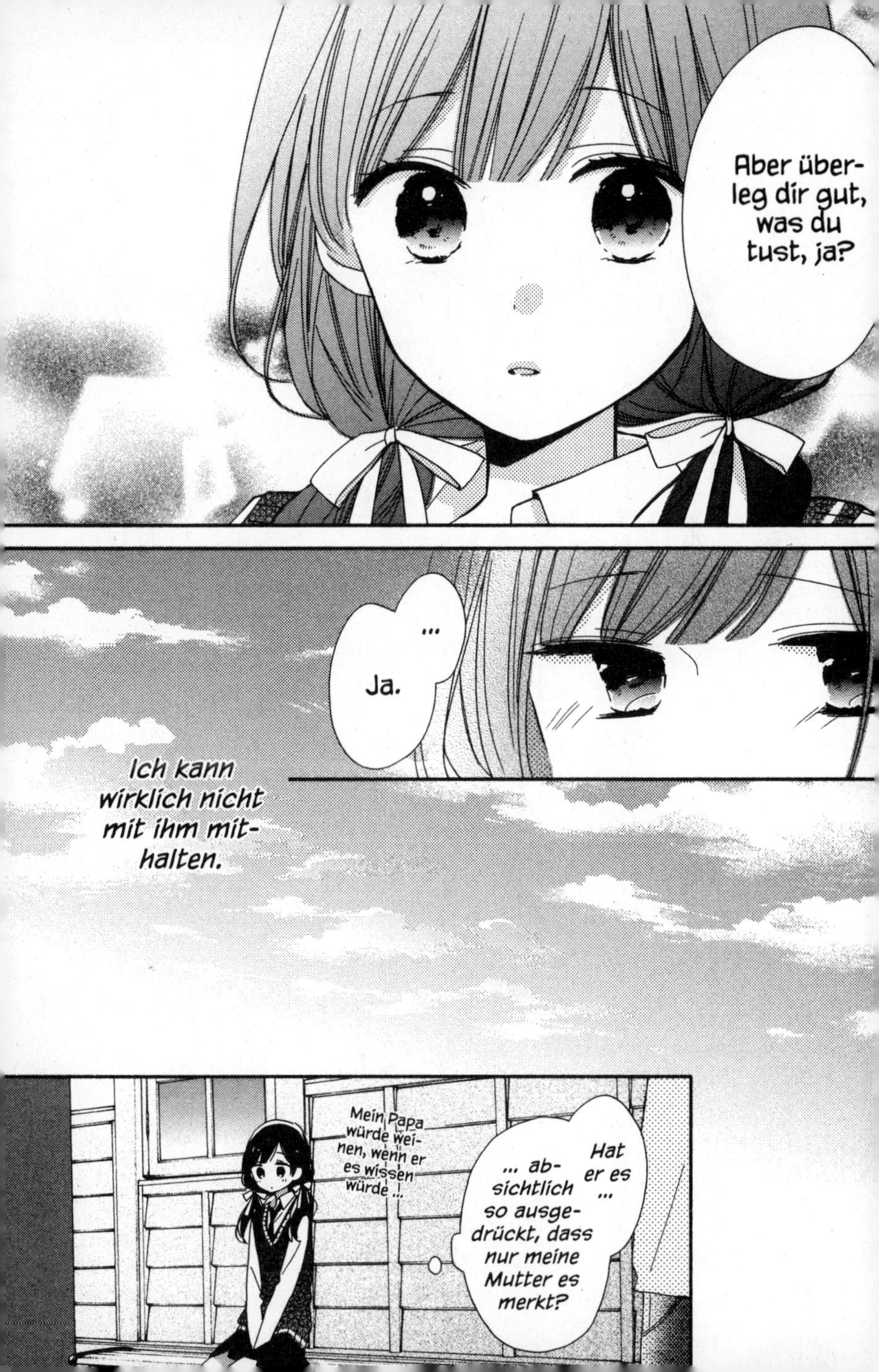

Aber über-
leg dir gut,
was du
tust, ja?

...
Ja.

*Ich kann
wirklich nicht
mit ihm mit-
halten.*

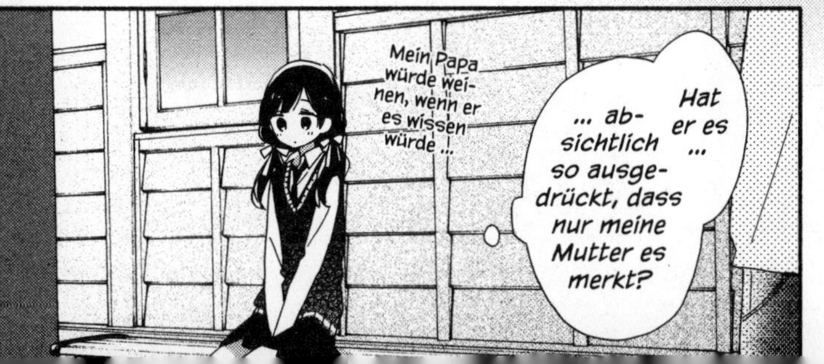

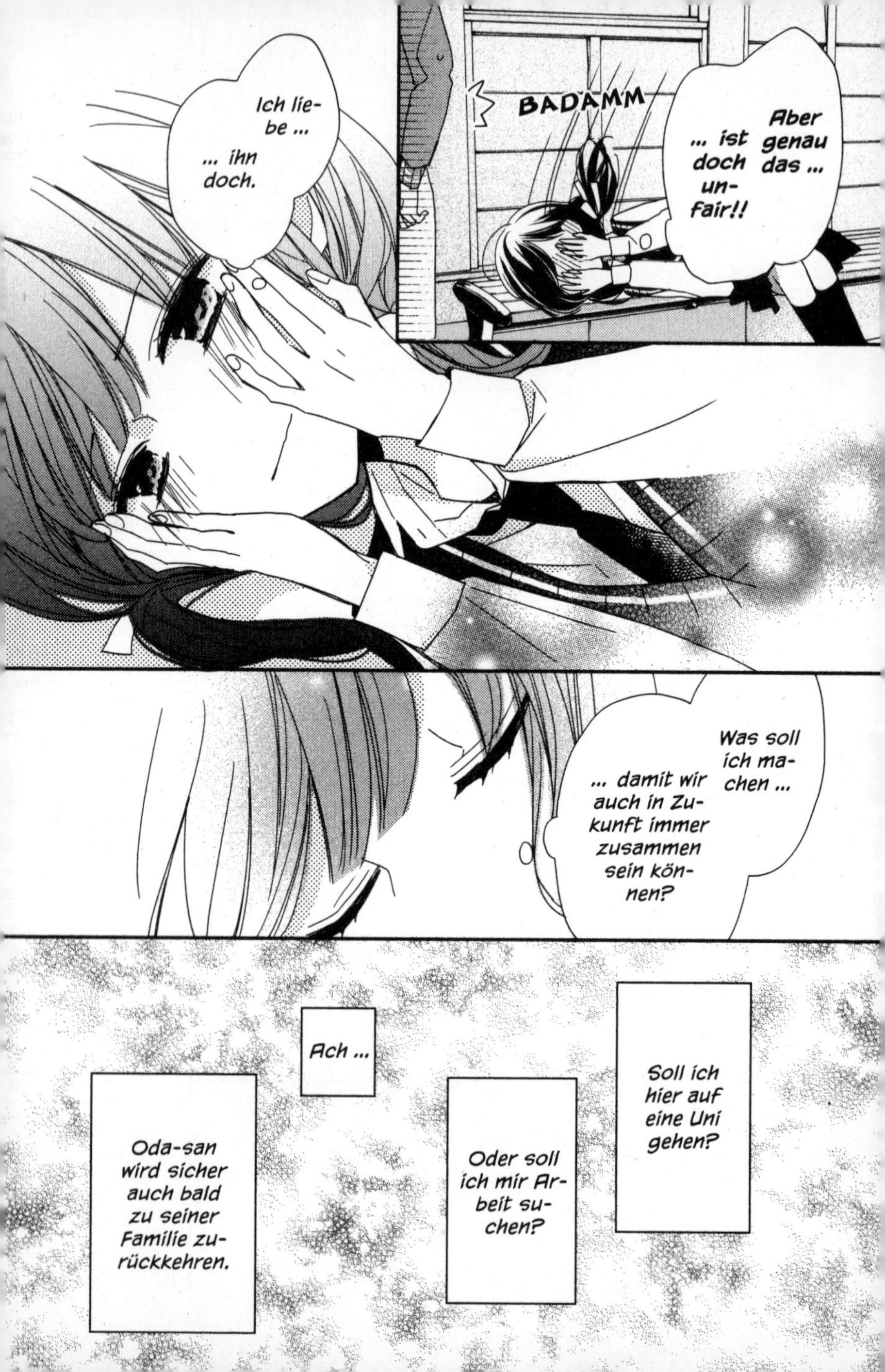
BADAMM
Aber genau das ...
... ist doch unfair!!
Ich liebe ...
... ihn doch.
Was soll ich machen ...
... damit wir auch in Zukunft immer zusammen sein können?
Soll ich hier auf eine Uni gehen?
Oder soll ich mir Arbeit suchen?
Ach ...
Oda-san wird sicher auch bald zu seiner Familie zurückkehren.

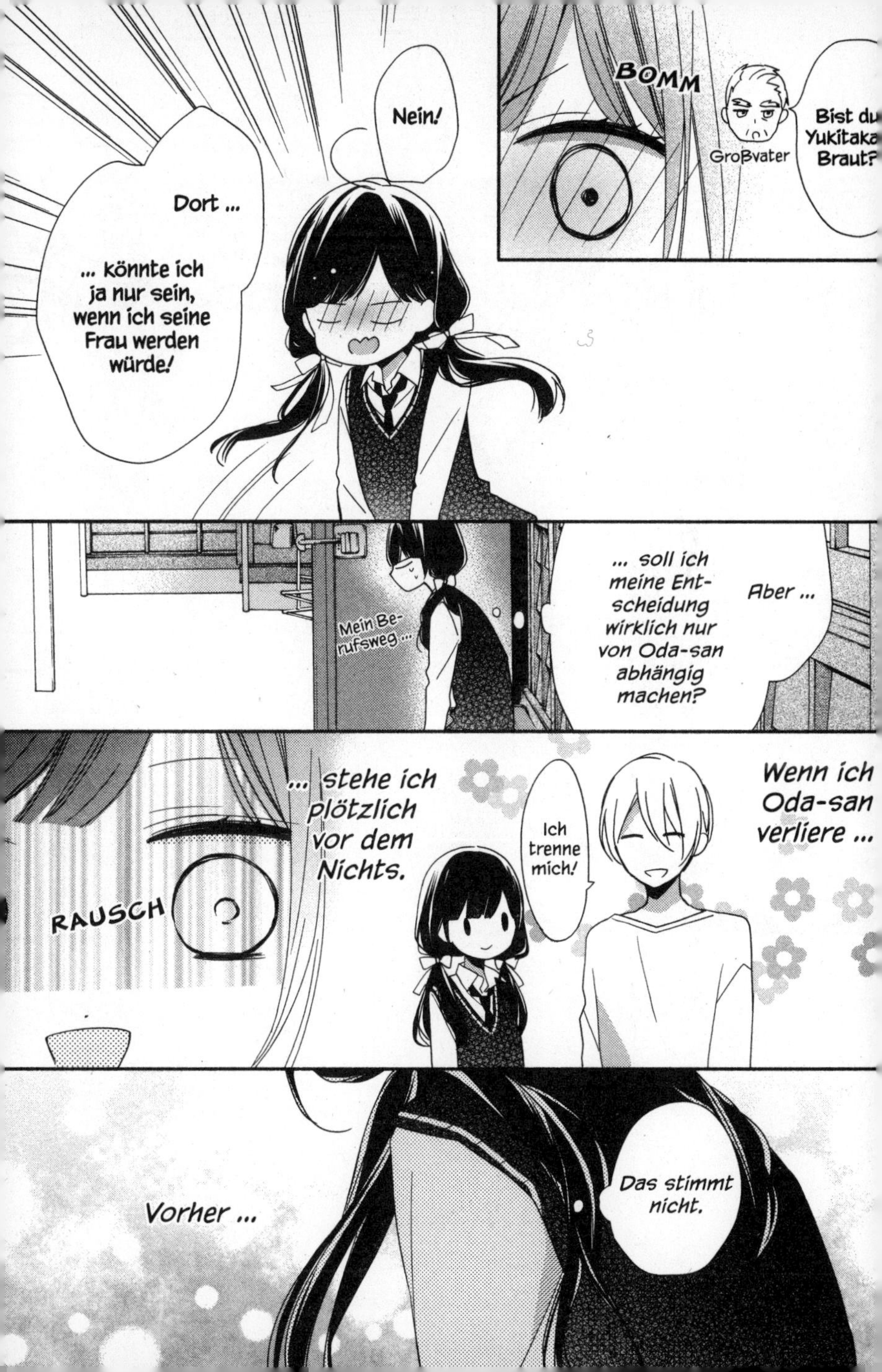
BOMM
Großvater
Bist du Yukitaka Braut?
Nein!
Dort ...
... könnte ich ja nur sein, wenn ich seine Frau werden würde!
Aber ...
... soll ich meine Entscheidung wirklich nur von Oda-san abhängig machen?
Mein Berufsweg ...
Wenn ich Oda-san verliere ...
Ich trenne mich!
... stehe ich plötzlich vor dem Nichts.
RAUSCH
Das stimmt nicht.
Vorher ...

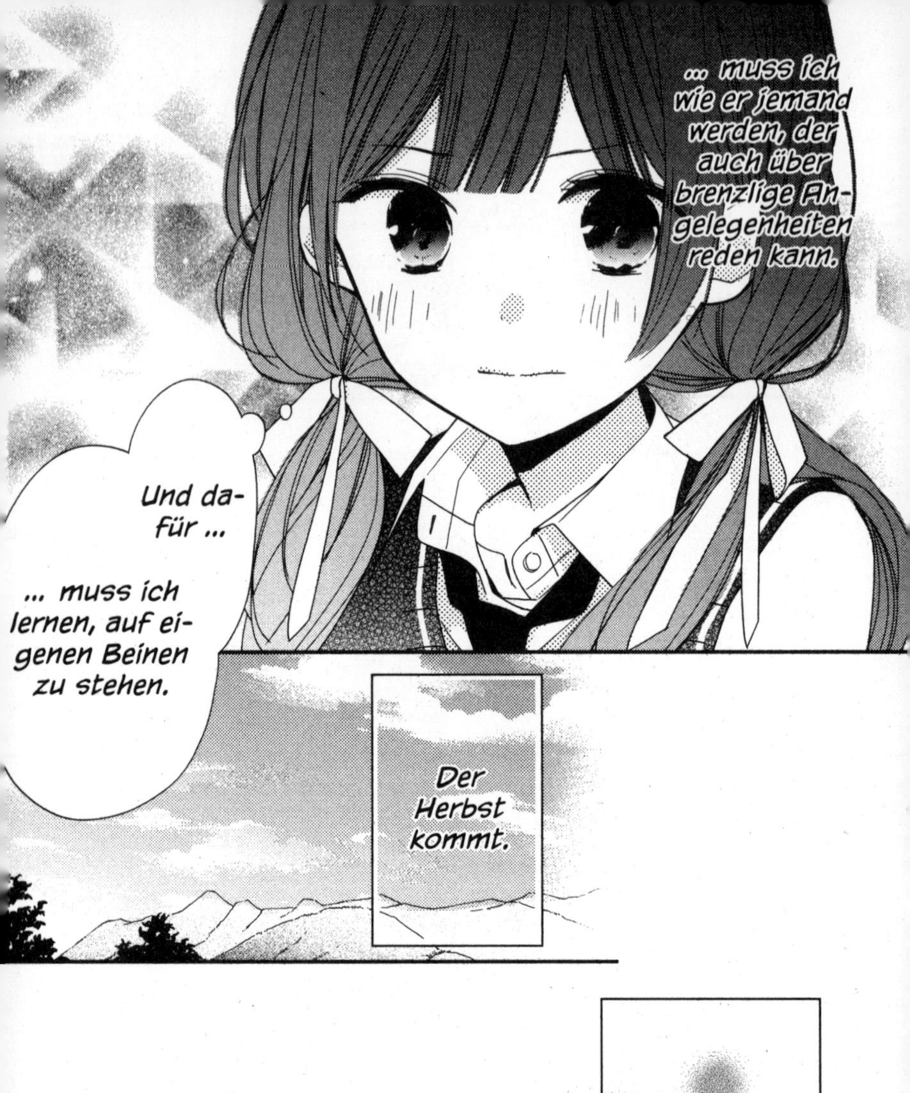
... muss ich wie er jemand werden, der auch über brenzlige Angelegenheiten reden kann.
Und dafür ...
... muss ich lernen, auf eigenen Beinen zu stehen.
Der Herbst kommt.
Mir bleibt nur noch ein halbes Jahr an diesem Ort.

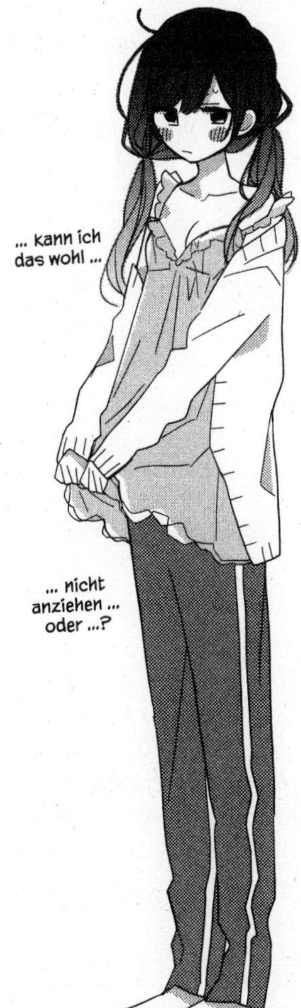
Im Alltag ...
... kann ich das wohl ...
... nicht anziehen ... oder ...?

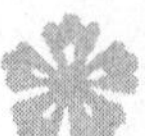

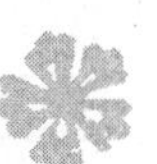

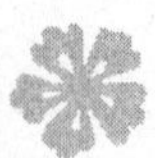

If I was given a
second chance ...

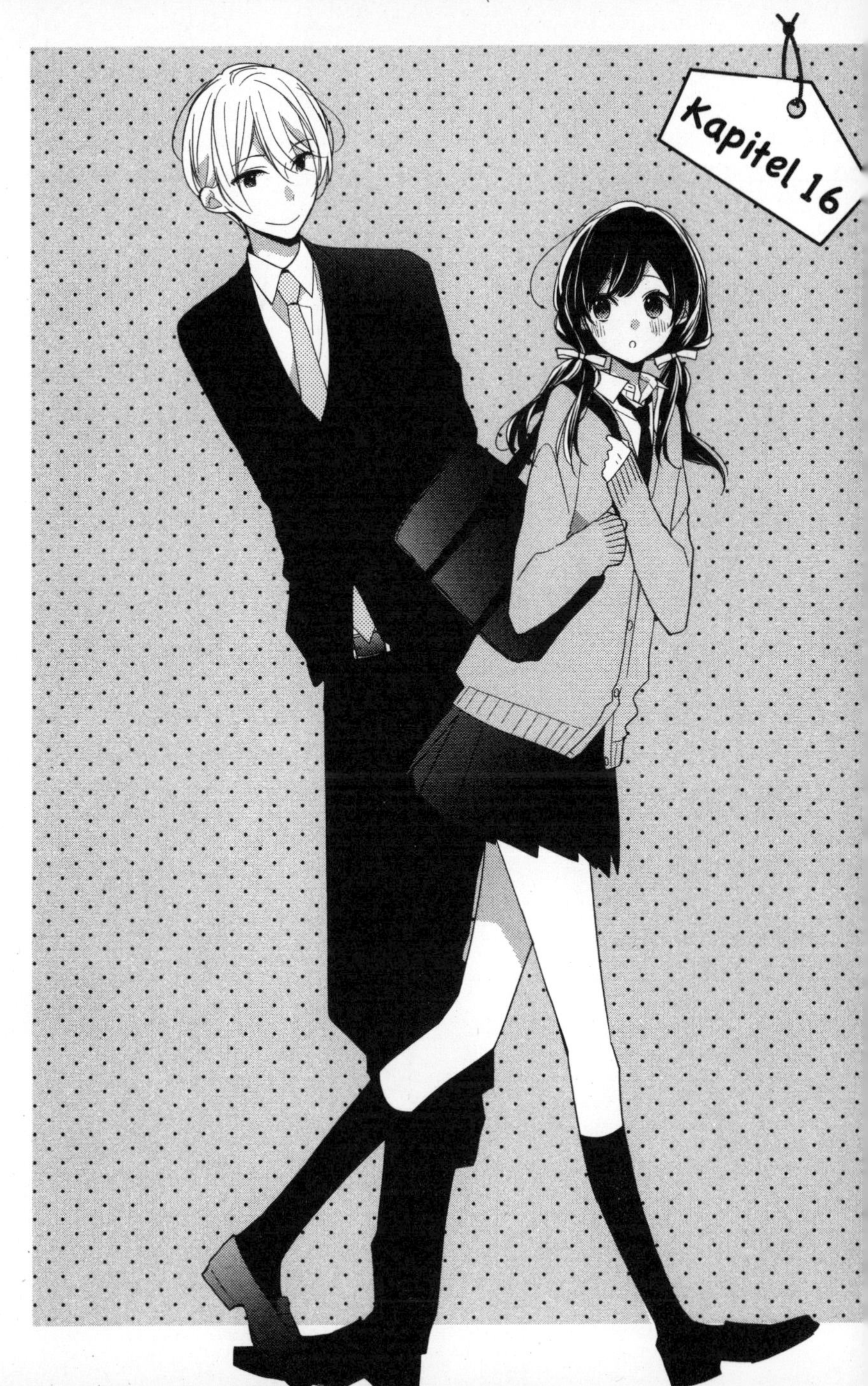
Kapitel 16

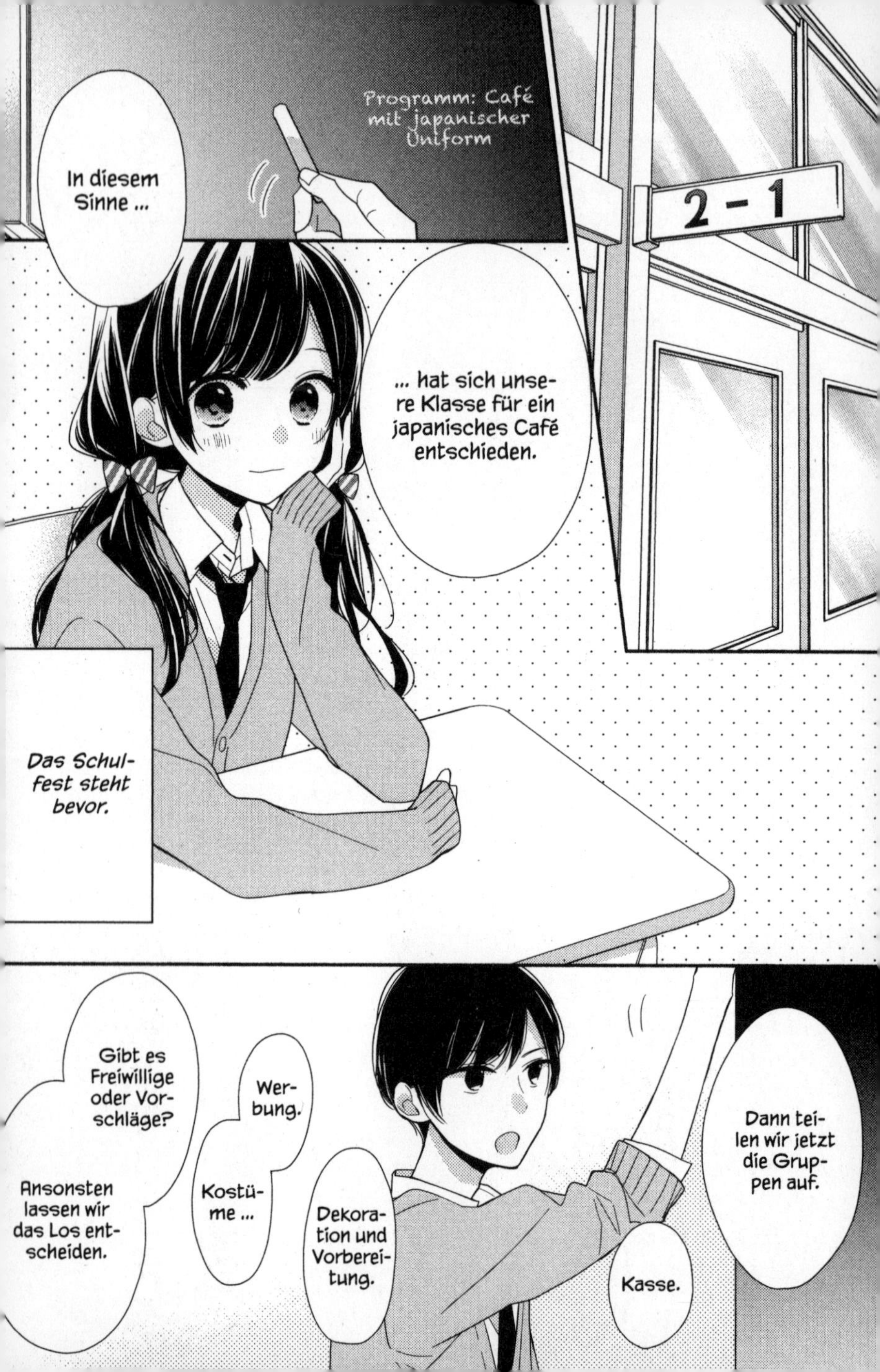
Programm: Café mit japanischer Uniform
In diesem Sinne ...
2 – 1
... hat sich unsere Klasse für ein japanisches Café entschieden.
Das Schulfest steht bevor.
Dann teilen wir jetzt die Gruppen auf.
Kasse.
Dekoration und Vorbereitung.
Kostüme ...
Werbung.
Gibt es Freiwillige oder Vorschläge?
Ansonsten lassen wir das Los entscheiden.

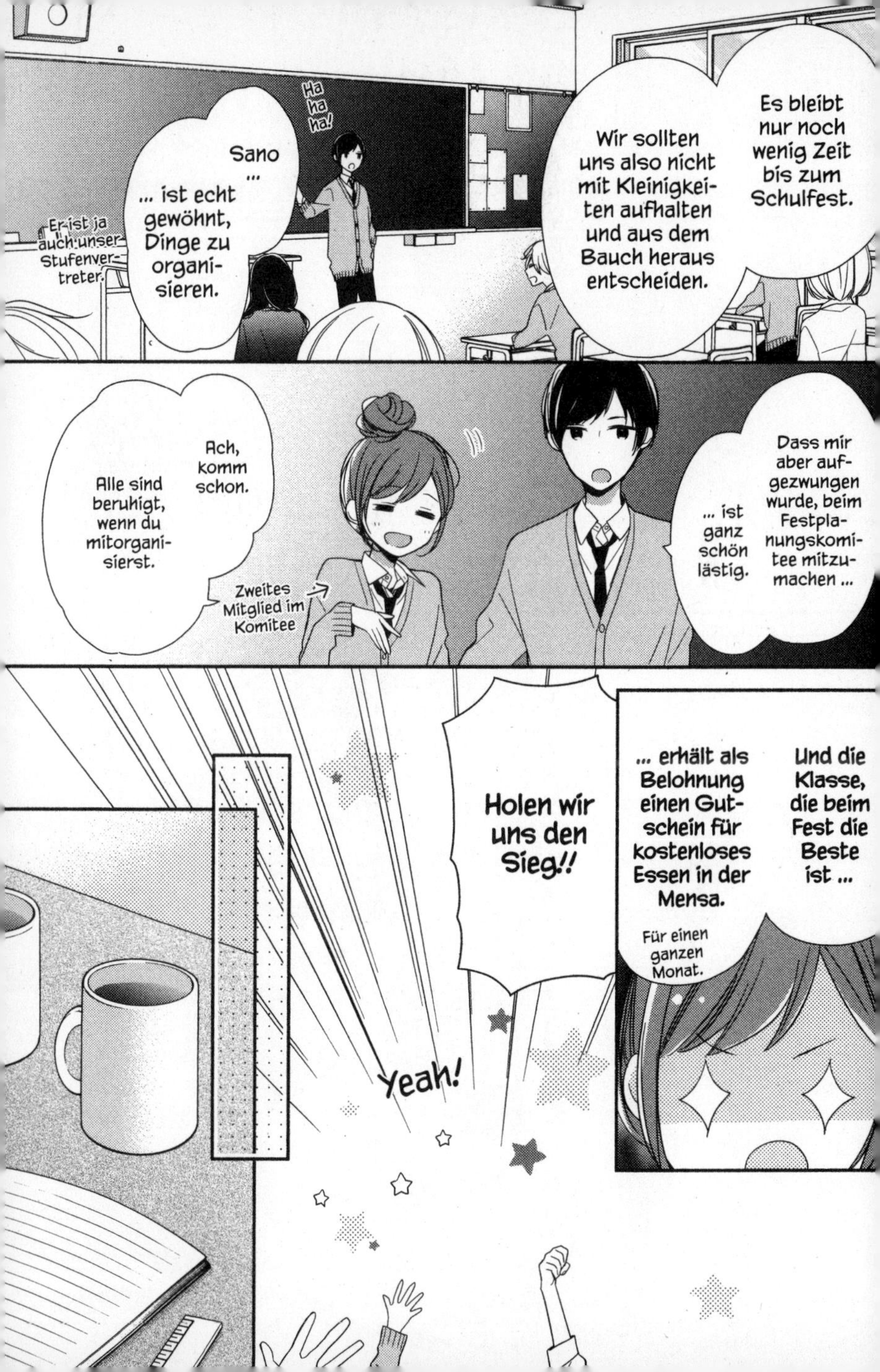

Es bleibt nur noch wenig Zeit bis zum Schulfest.
Wir sollten uns also nicht mit Kleinigkeiten aufhalten und aus dem Bauch heraus entscheiden.
Ha ha ha!
Sano ...
... ist echt gewöhnt, Dinge zu organisieren.
Er ist ja auch unser Stufenvertreter.
Dass mir aber aufgezwungen wurde, beim Festplanungskomitee mitzumachen ...
... ist ganz schön lästig.
Ach, komm schon.
Alle sind beruhigt, wenn du mitorganisierst.
Zweites Mitglied im Komitee
Und die Klasse, die beim Fest die Beste ist ...
... erhält als Belohnung einen Gutschein für kostenloses Essen in der Mensa.
Für einen ganzen Monat.
Holen wir uns den Sieg!!
Yeah!

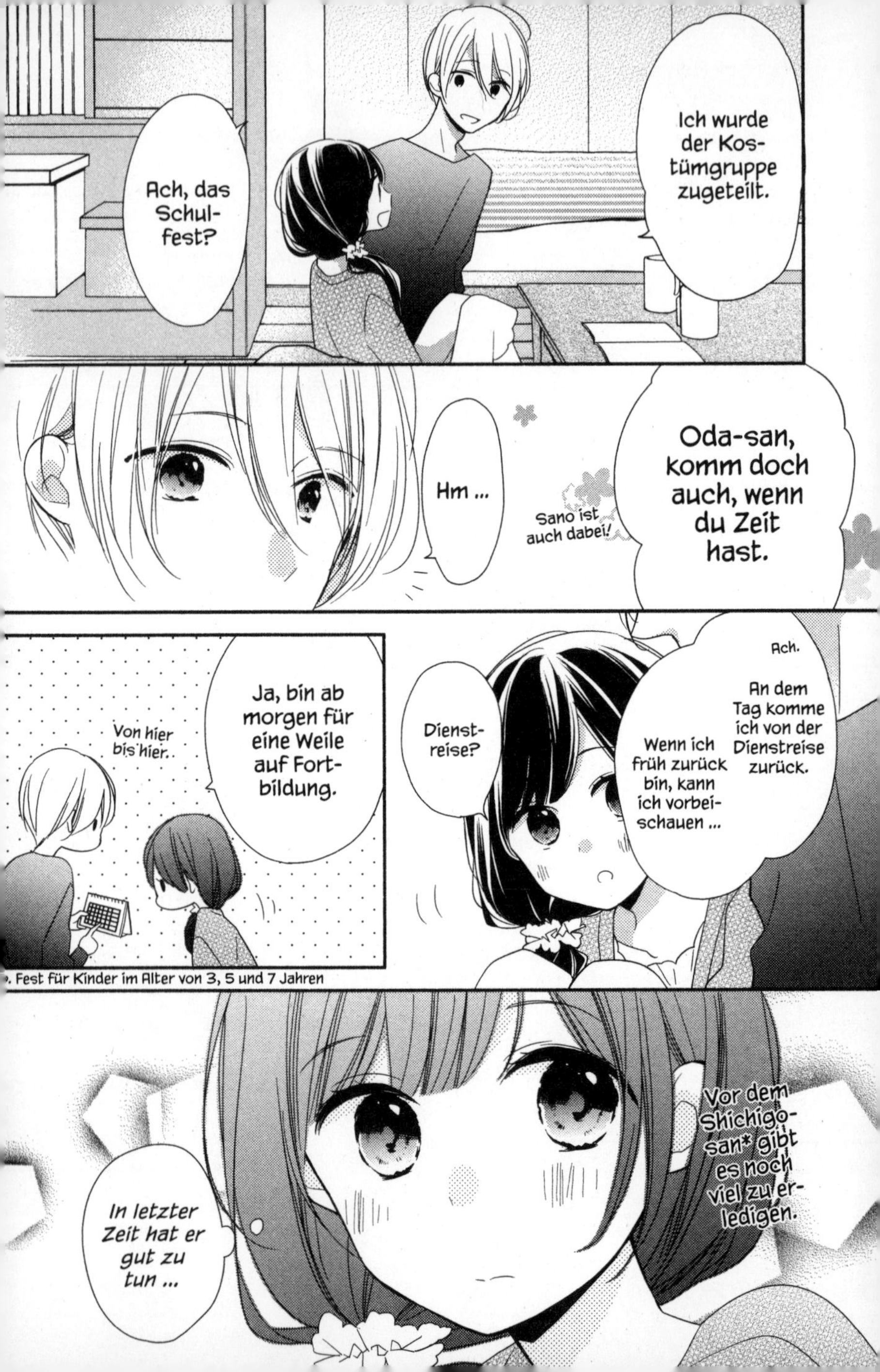

. Fest für Kinder im Alter von 3, 5 und 7 Jahren

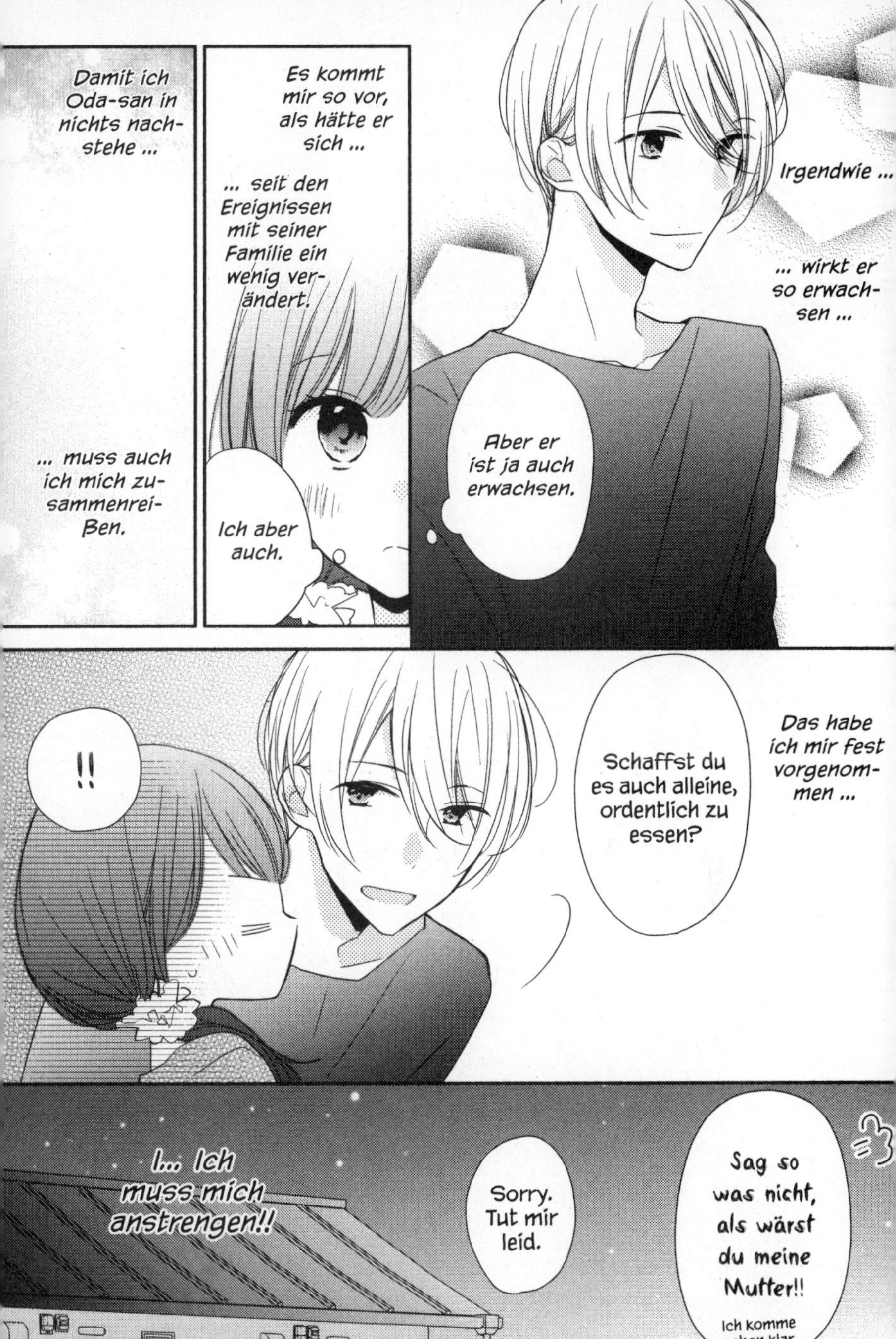
Irgendwie ...
... wirkt er so erwachsen ...
Aber er ist ja auch erwachsen.
Es kommt mir so vor, als hätte er sich ...
... seit den Ereignissen mit seiner Familie ein wenig verändert.
Ich aber auch.
Damit ich Oda-san in nichts nachstehe ...
... muss auch ich mich zusammenreißen.
Das habe ich mir fest vorgenommen ...
Schaffst du es auch alleine, ordentlich zu essen?
!!
Sag so was nicht, als wärst du meine Mutter!!
Ich komme schon klar.
Sorry. Tut mir leid.
I... Ich muss mich anstrengen!!

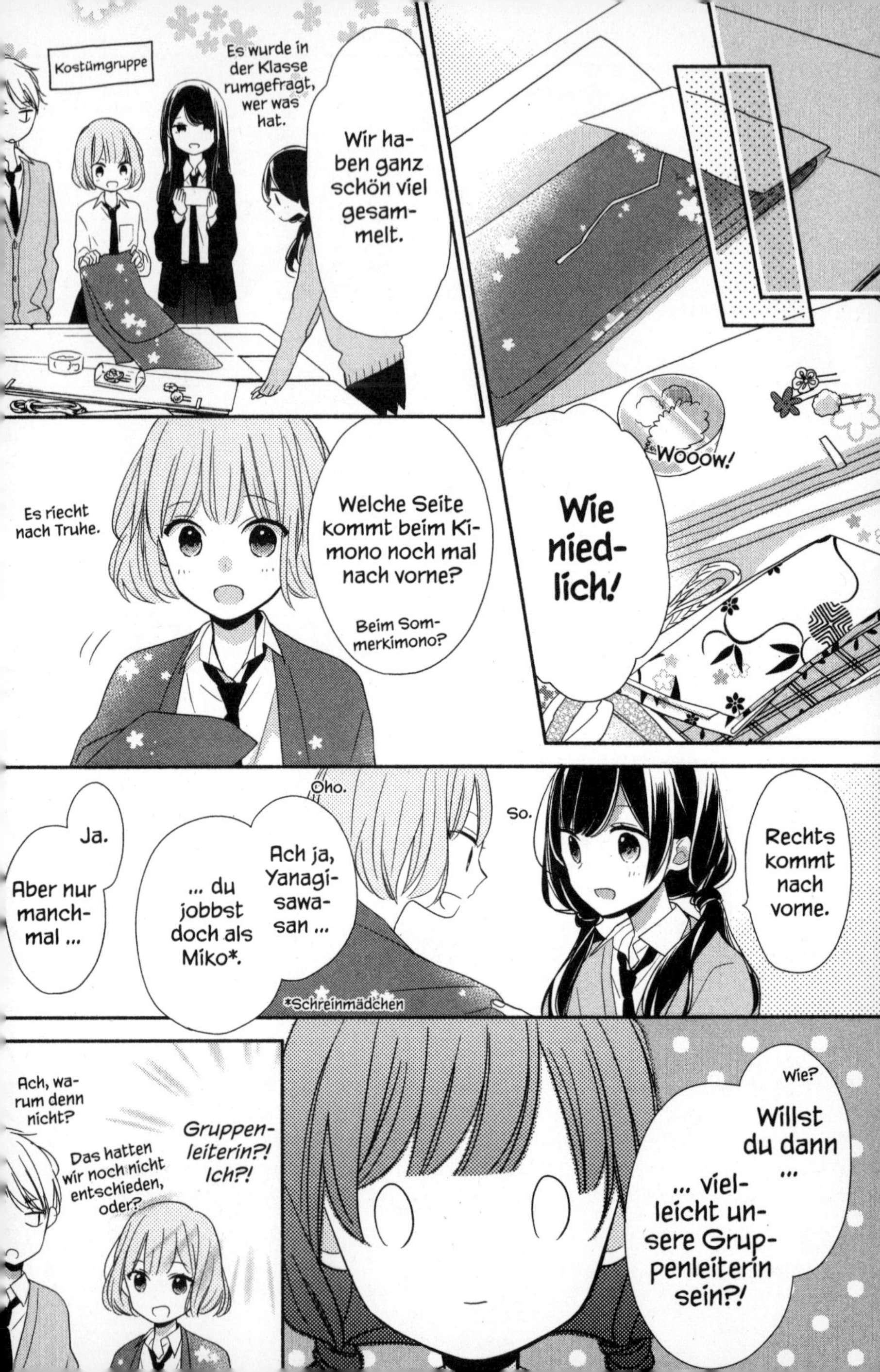
Kostümgruppe
Es wurde in der Klasse rumgefragt, wer was hat.
Wir haben ganz schön viel gesammelt.
Wooow!
Wie niedlich!
Welche Seite kommt beim Kimono noch mal nach vorne?
Beim Sommerkimono?
Es riecht nach Truhe.
Rechts kommt nach vorne.
So.
Oho.
Ach ja, Yanagisawa-san ...
... du jobbst doch als Miko*.
Ja.
Aber nur manchmal ...
*Schreinmädchen
Wie?
Willst du dann ...
... vielleicht unsere Gruppenleiterin sein?!
Gruppenleiterin?! Ich?!
Ach, warum denn nicht?
Das hatten wir noch nicht entschieden, oder?

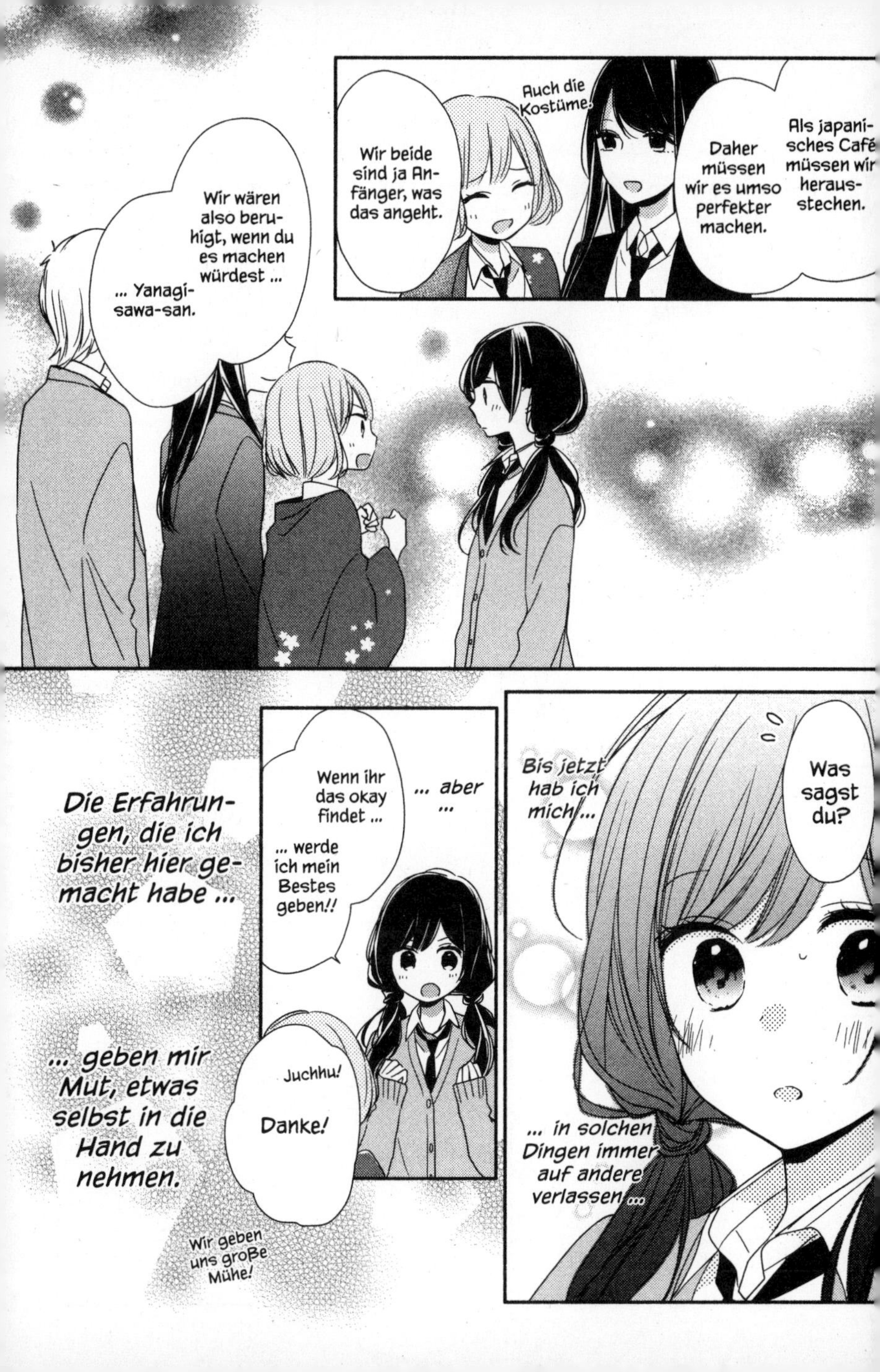

Als japanisches Café müssen wir herausstechen.
Daher müssen wir es umso perfekter machen.
Auch die Kostüme!
Wir beide sind ja Anfänger, was das angeht.
Wir wären also beruhigt, wenn du es machen würdest ...
... Yanagisawa-san.

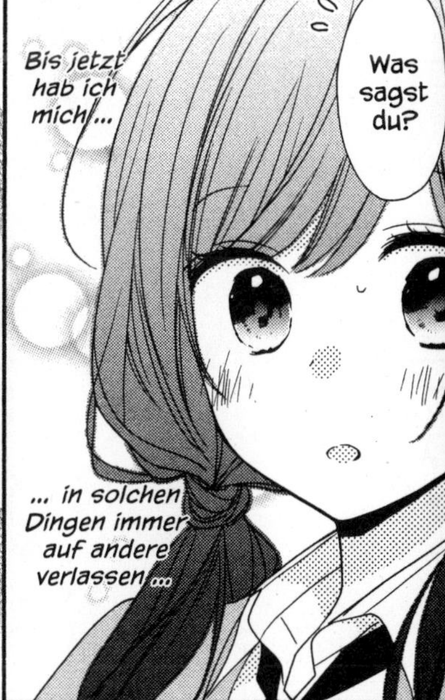

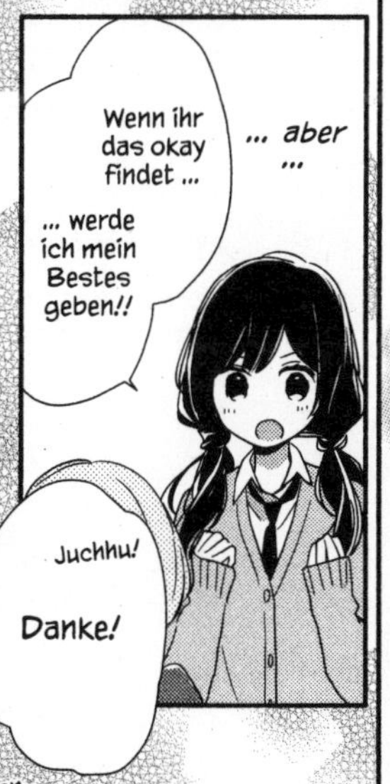

Die Erfahrungen, die ich bisher hier gemacht habe ...

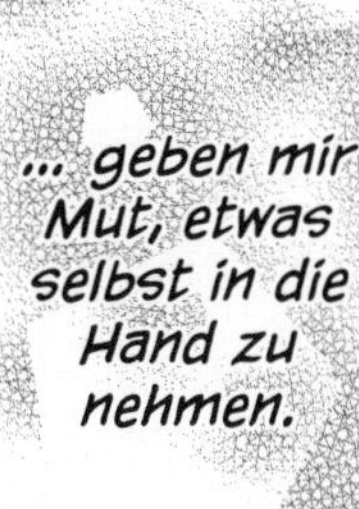

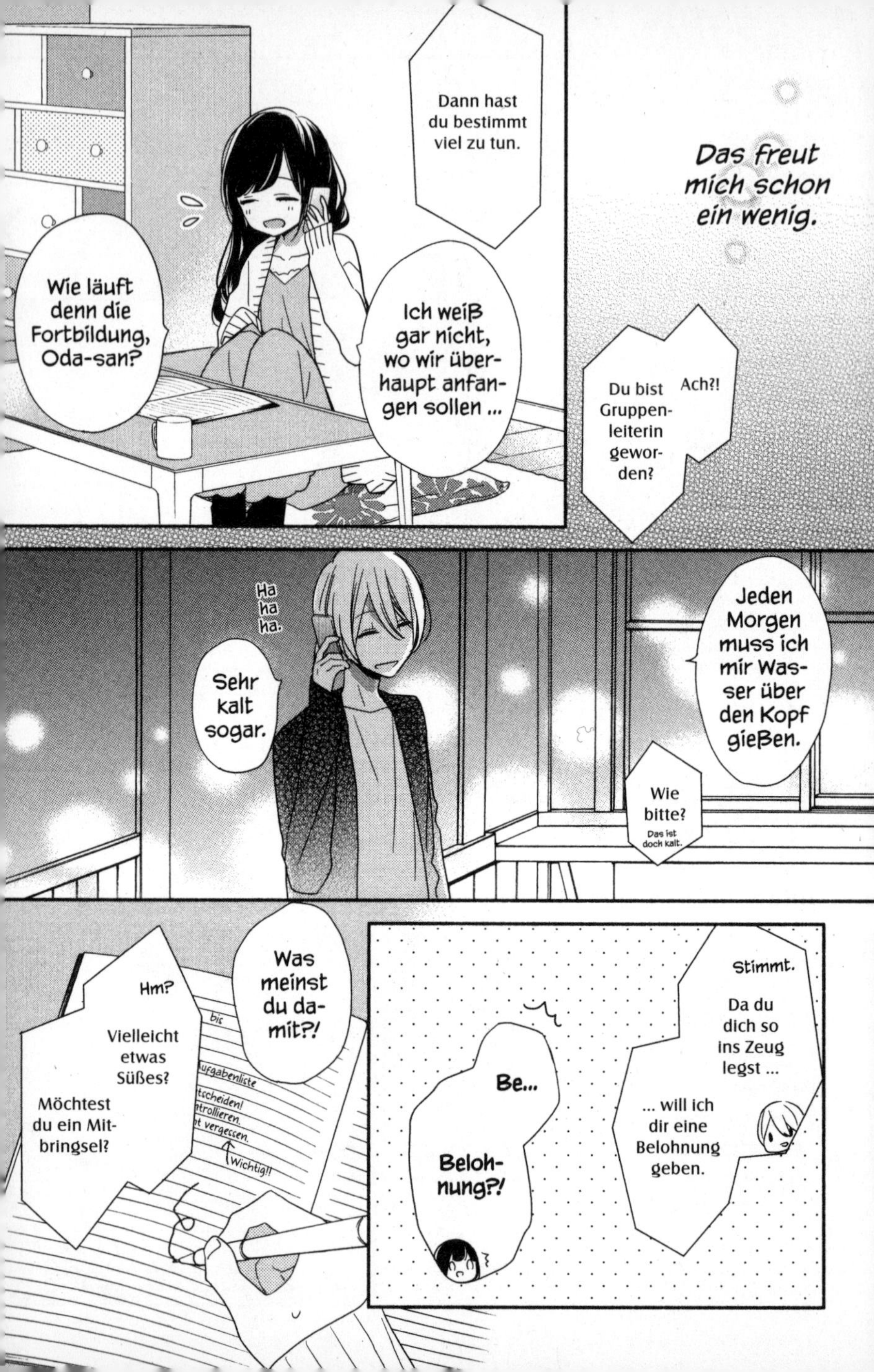
Das freut mich schon ein wenig.
Ach?!
Du bist Gruppenleiterin geworden?
Dann hast du bestimmt viel zu tun.
Ich weiß gar nicht, wo wir überhaupt anfangen sollen ...
Wie läuft denn die Fortbildung, Oda-san?
Jeden Morgen muss ich mir Wasser über den Kopf gießen.
Wie bitte?
Das ist doch kalt.
Sehr kalt sogar.
Ha ha ha.
Stimmt.
Da du dich so ins Zeug legst ...
... will ich dir eine Belohnung geben.
Be...
Belohnung?!
Was meinst du damit?!
Hm?
Vielleicht etwas Süßes?
Möchtest du ein Mitbringsel?
bis
Wichtig!!

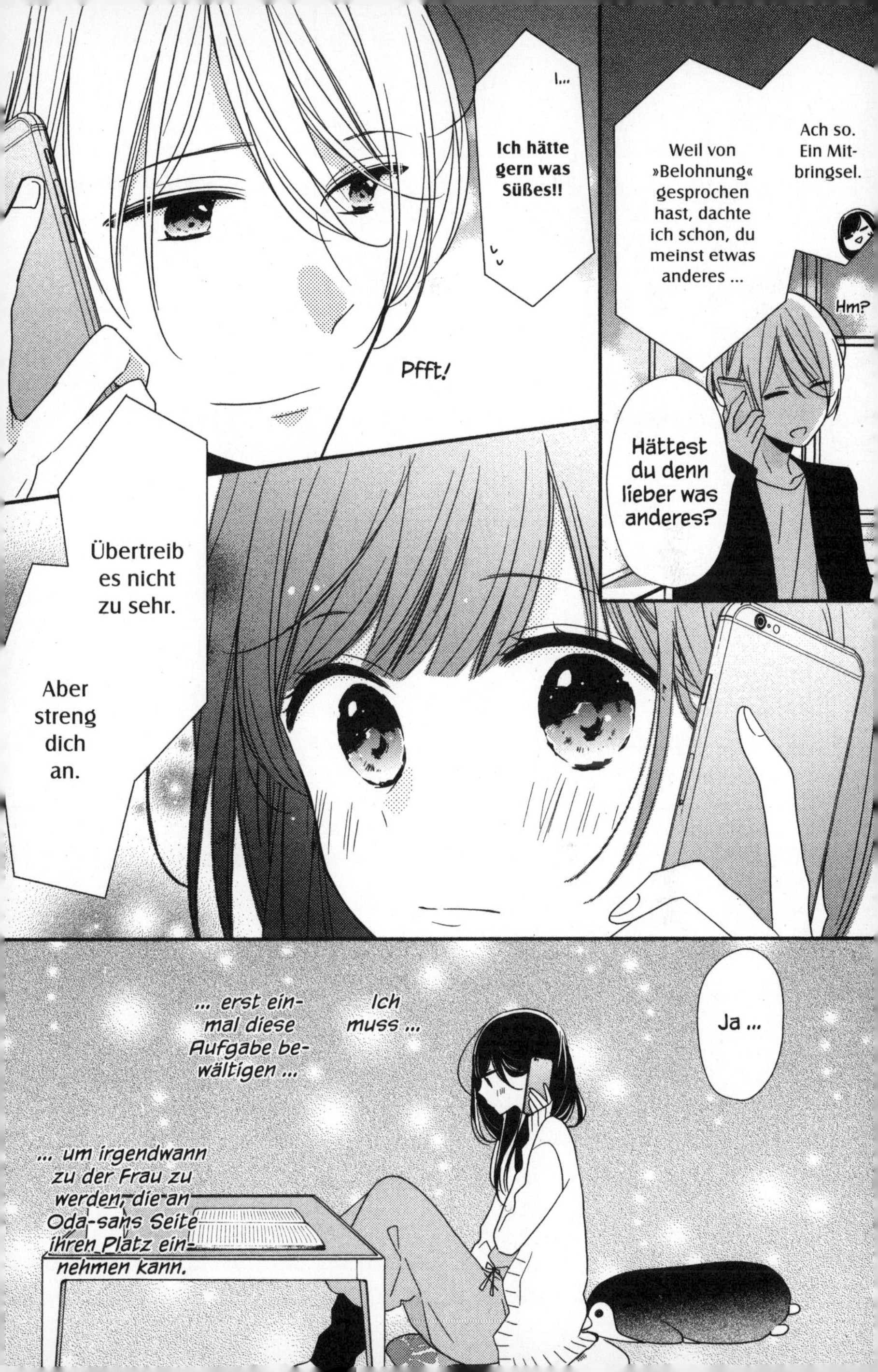
Ach so. Ein Mitbringsel.
Weil von »Belohnung« gesprochen hast, dachte ich schon, du meinst etwas anderes ...
Hm?
I...
Ich hätte gern was Süßes!!
Pfft!
Hättest du denn lieber was anderes?
Übertreib es nicht zu sehr.
Aber streng dich an.
Ja ...
Ich muss ...
... erst einmal diese Aufgabe bewältigen ...
... um irgendwann zu der Frau zu werden, die an Oda-sans Seite ihren Platz einnehmen kann.

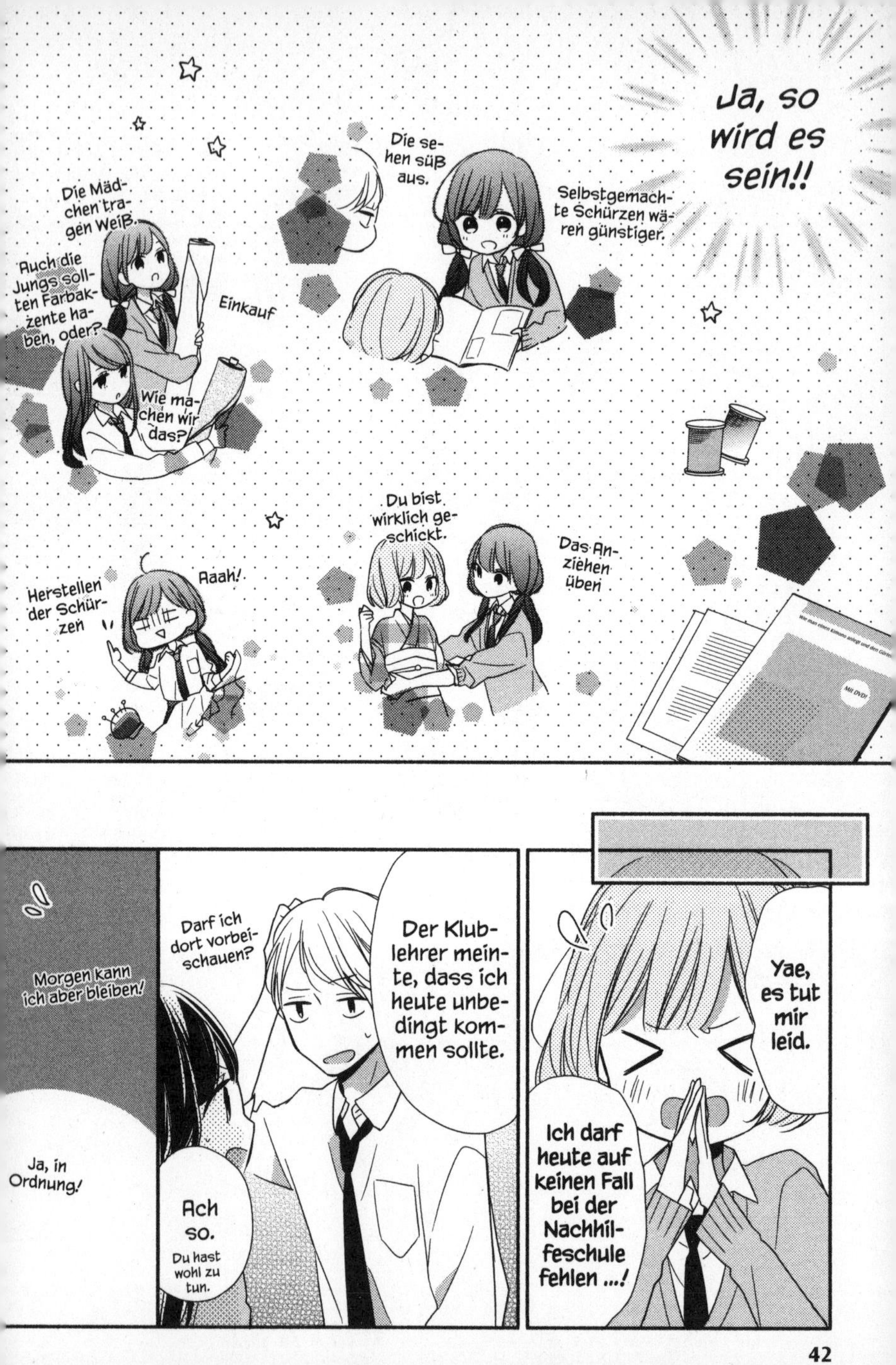

Ja, so wird es sein!!

Die sehen süß aus.

Selbstgemachte Schürzen wären günstiger.

Die Mädchen tragen Weiß.

Auch die Jungs sollten Farbakzente haben, oder?

Einkauf

Wie machen wir das?

Mit DVD!

Das Anziehen üben

Du bist wirklich geschickt.

Aaah!

Herstellen der Schürzen

Yae, es tut mir leid.

Ich darf heute auf keinen Fall bei der Nachhilfeschule fehlen ...!

Der Klublehrer meinte, dass ich heute unbedingt kommen sollte.

Darf ich dort vorbeischauen?

Ach so.

Du hast wohl zu tun.

Morgen kann ich aber bleiben!

Ja, in Ordnung!

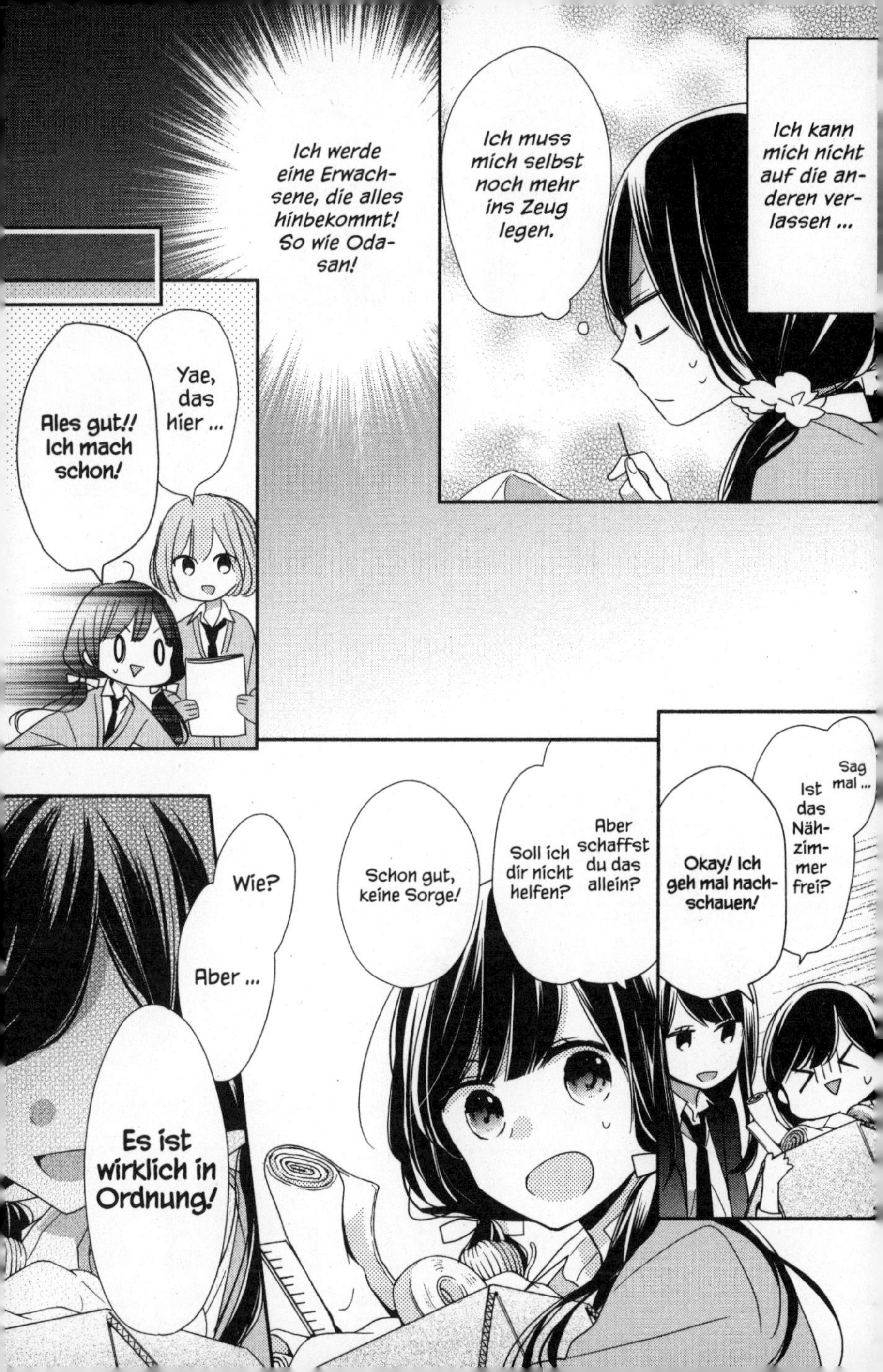
Ich kann mich nicht auf die anderen verlassen ...
Ich muss mich selbst noch mehr ins Zeug legen.
Ich werde eine Erwachsene, die alles hinbekommt! So wie Oda-san!
Yae, das hier ...
Ales gut!! Ich mach schon!
Sag mal ...
Ist das Nähzimmer frei?
Okay! Ich geh mal nachschauen!
Aber schaffst du das allein?
Soll ich dir nicht helfen?
Schon gut, keine Sorge!
Wie?
Aber ...
Es ist wirklich in Ordnung!

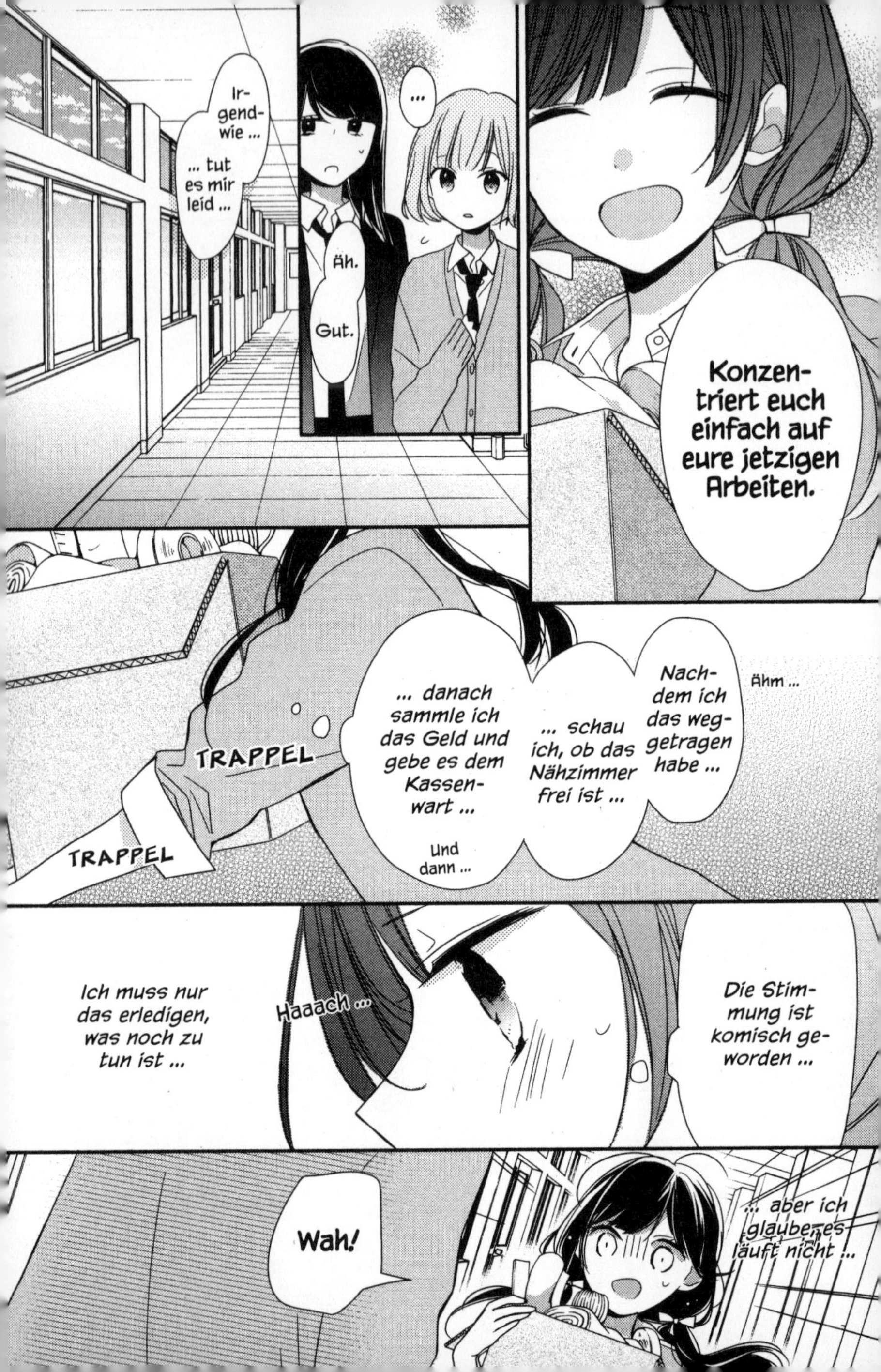
Konzen-triert euch einfach auf eure jetzigen Arbeiten.
...
Irgend-wie ...
... tut es mir leid ...
Äh.
Gut.
Ähm ...
Nach-dem ich das weg-getragen habe ...
... schau ich, ob das Nähzimmer frei ist ...
... danach sammle ich das Geld und gebe es dem Kassen-wart ...
Und dann ...
TRAPPEL
TRAPPEL
Die Stim-mung ist komisch ge-worden ...
Haaach ...
Ich muss nur das erledigen, was noch zu tun ist ...
... aber ich glaube, es läuft nicht ...
Wah!

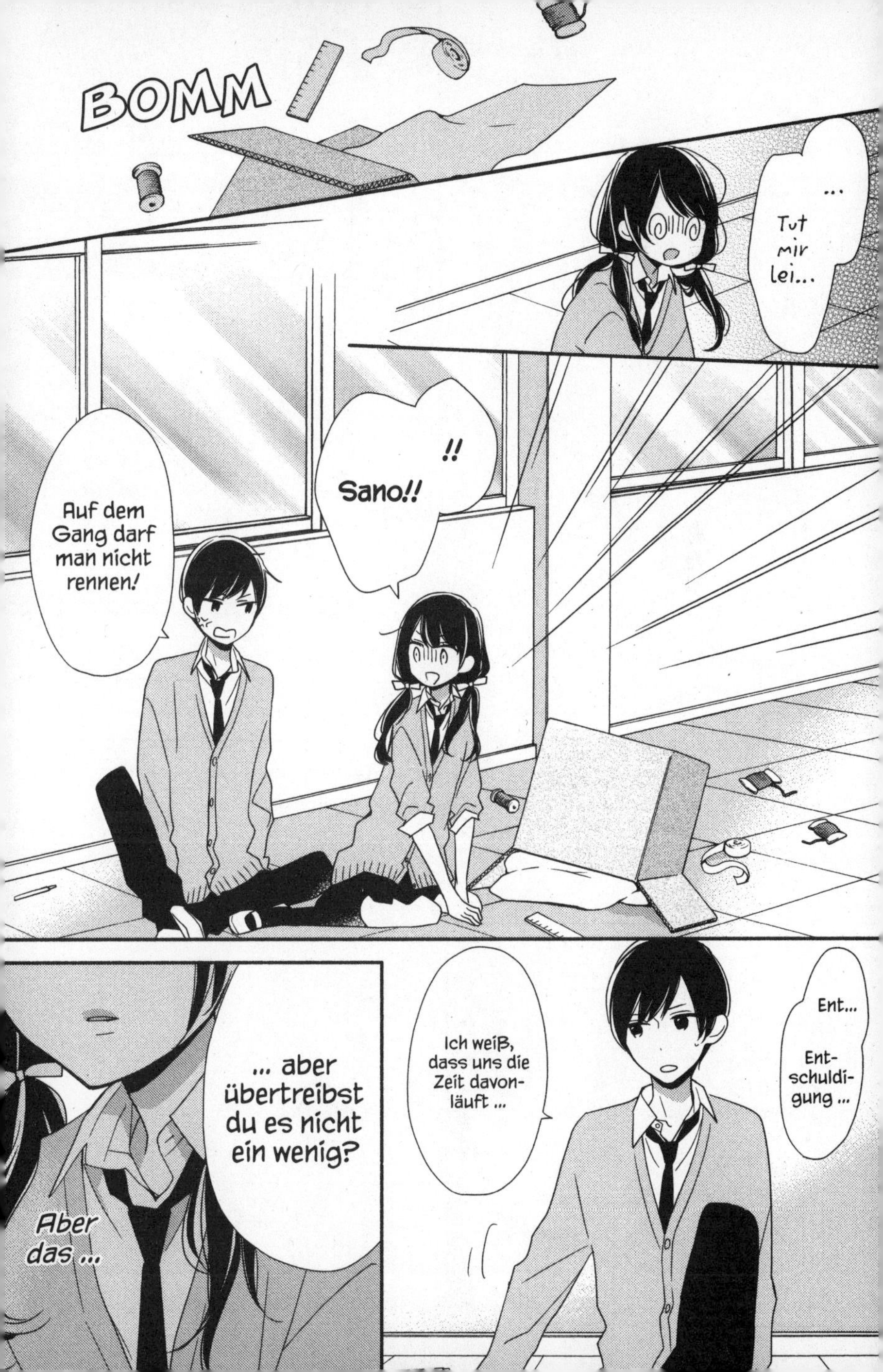
BOMM
... Tut mir lei...
!!
Sano!!
Auf dem Gang darf man nicht rennen!
Ent... Ent-schuldi-gung ...
Ich weiß, dass uns die Zeit davon-läuft ...
... aber übertreibst du es nicht ein wenig?
Aber das ...

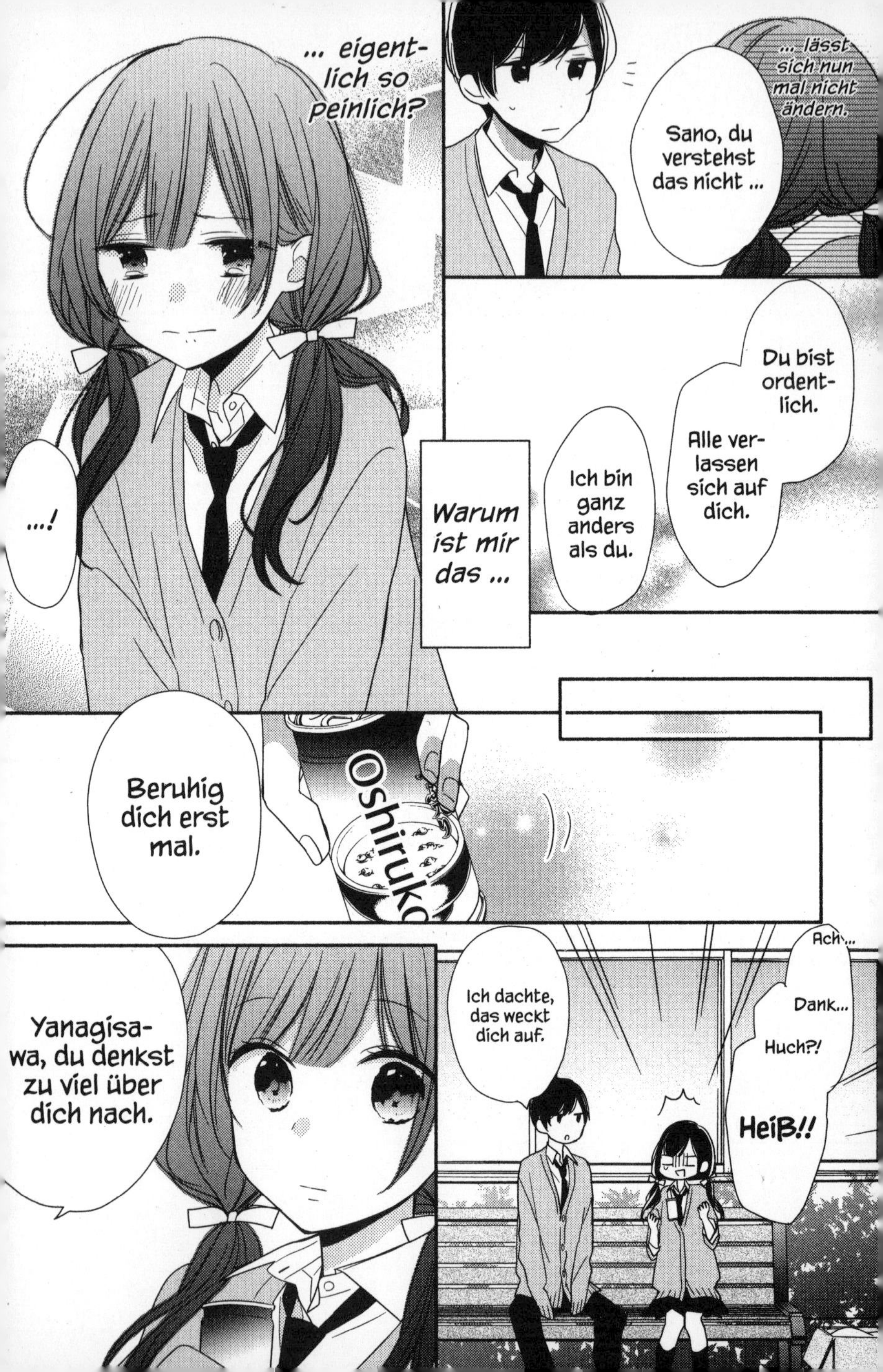
... lässt sich nun mal nicht ändern.
Sano, du verstehst das nicht ...
Du bist ordentlich.
Alle verlassen sich auf dich.
Ich bin ganz anders als du.
Warum ist mir das ...
... eigentlich so peinlich?
...!
Oshiruko
Beruhig dich erst mal.
Ach...
Dank...
Huch?!
Heiß!!
Ich dachte, das weckt dich auf.
Yanagisawa, du denkst zu viel über dich nach.

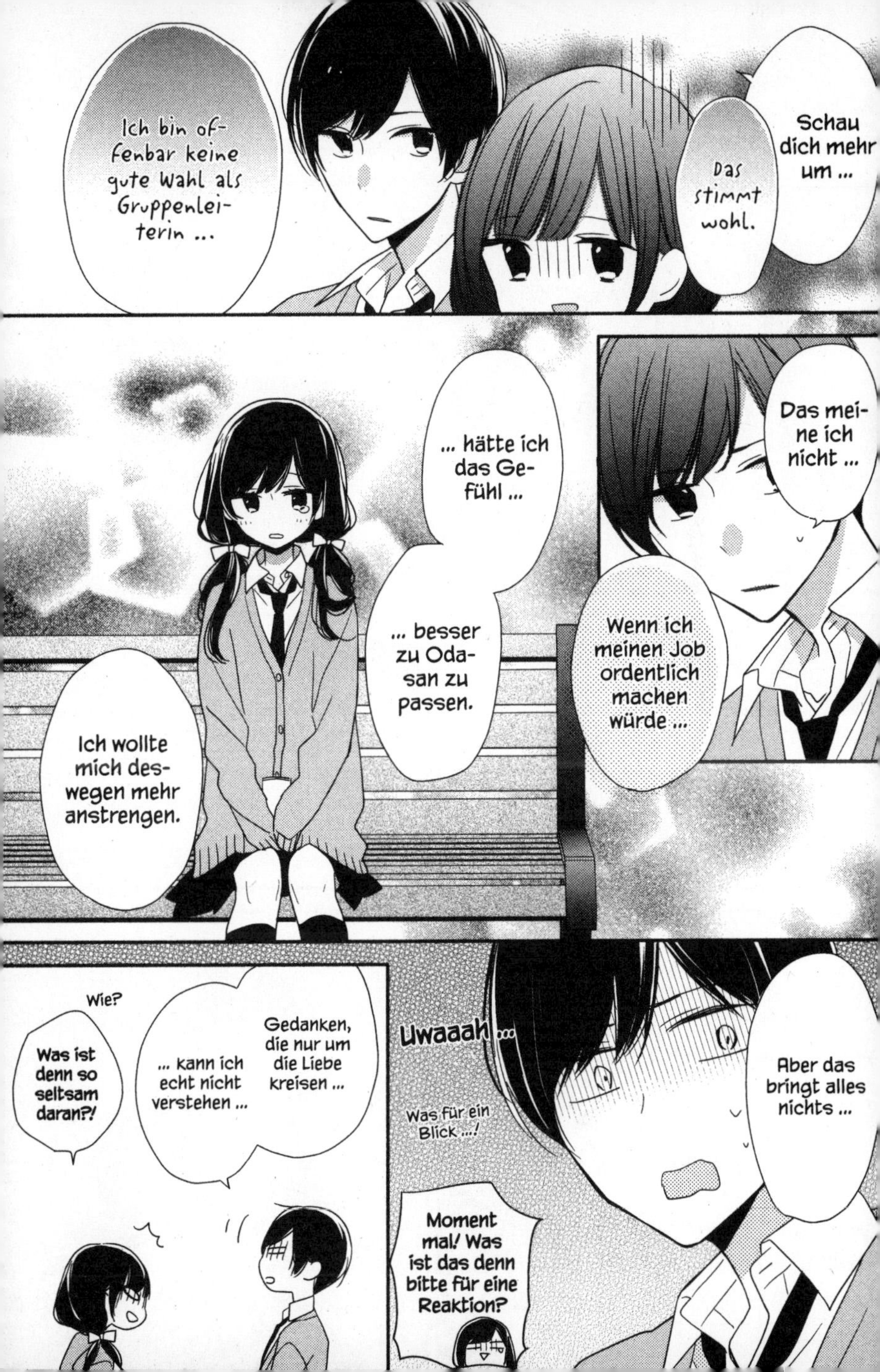

Schau dich mehr um ...
Das stimmt wohl.
Ich bin offenbar keine gute Wahl als Gruppenleiterin ...
Das meine ich nicht ...
Wenn ich meinen Job ordentlich machen würde ...
... hätte ich das Gefühl ...
... besser zu Oda-san zu passen.
Ich wollte mich deswegen mehr anstrengen.
Aber das bringt alles nichts ...
Uwaaah ...
Was für ein Blick ...!
Moment mal! Was ist das denn bitte für eine Reaktion?
Gedanken, die nur um die Liebe kreisen ...
... kann ich echt nicht verstehen ...
Wie?
Was ist denn so seltsam daran?!

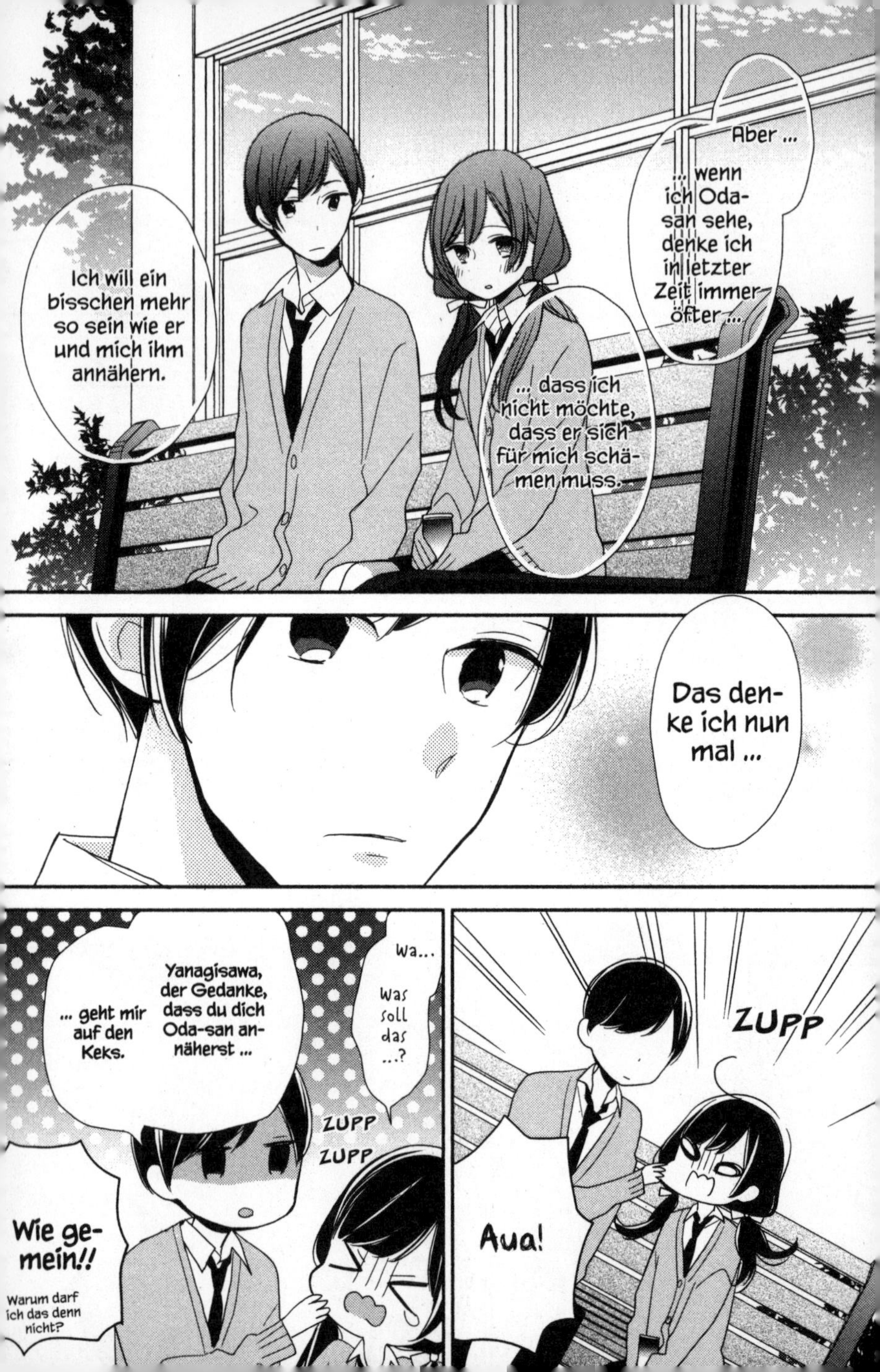
Aber ...
... wenn ich Oda-san sehe, denke ich in letzter Zeit immer öfter ...
... dass ich nicht möchte, dass er sich für mich schämen muss.
Ich will ein bisschen mehr so sein wie er und mich ihm annähern.
Das denke ich nun mal ...
ZUPP
Aua!
Wa...
Was soll das ...?
Yanagisawa, der Gedanke, dass du dich Oda-san annäherst ...
... geht mir auf den Keks.
ZUPP
ZUPP
Wie gemein!!
Warum darf ich das denn nicht?

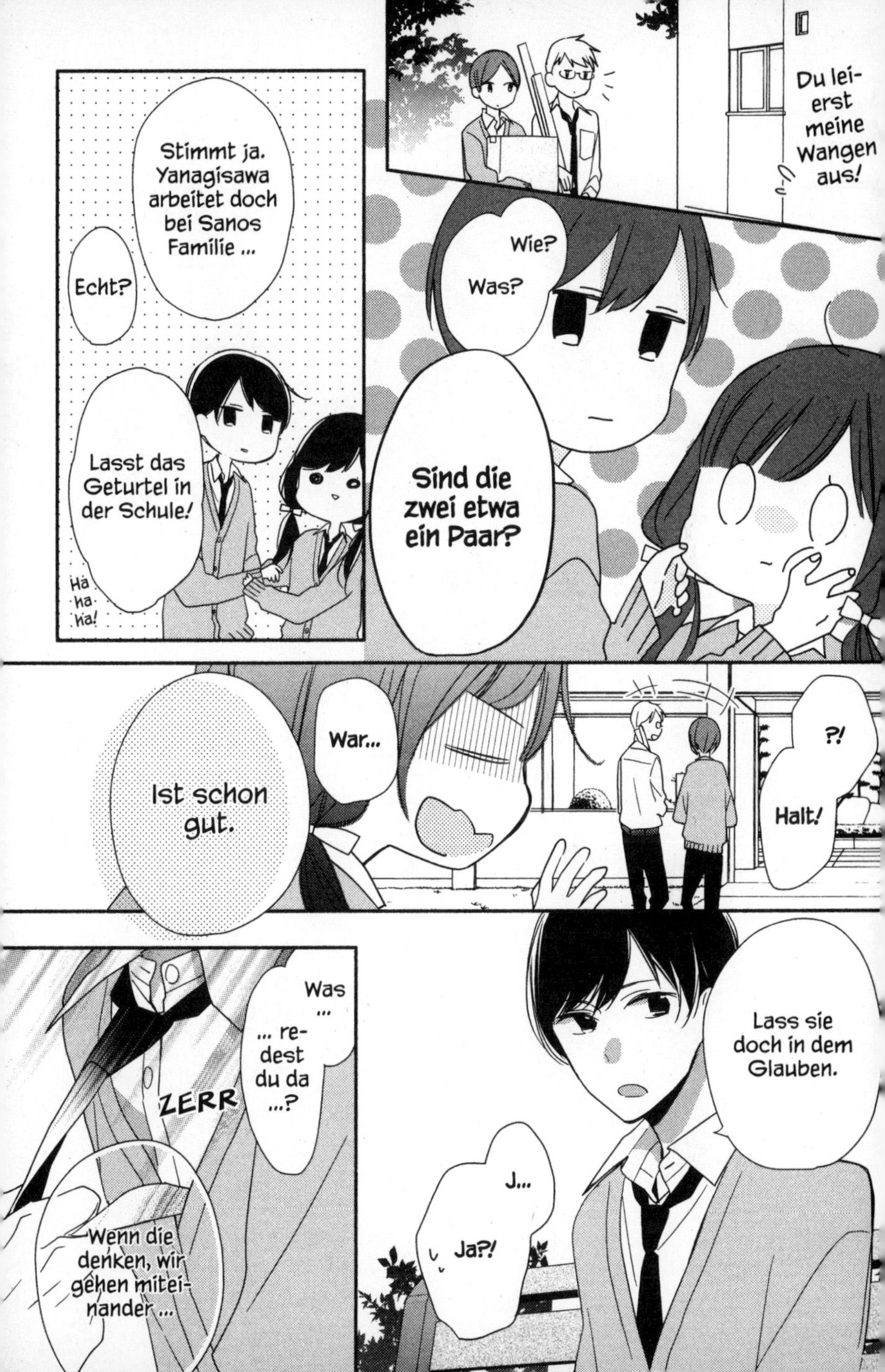
Du leierst meine Wangen aus!
Wie?
Was?
Stimmt ja. Yanagisawa arbeitet doch bei Sanos Familie ...
Echt?
Sind die zwei etwa ein Paar?
Lasst das Geturtel in der Schule!
Ha ha ha!
?!
Halt!
War...
Ist schon gut.
Lass sie doch in dem Glauben.
J...
Ja?!
Was ...
... redest du da ...?
ZERR
Wenn die denken, wir gehen miteinander ...

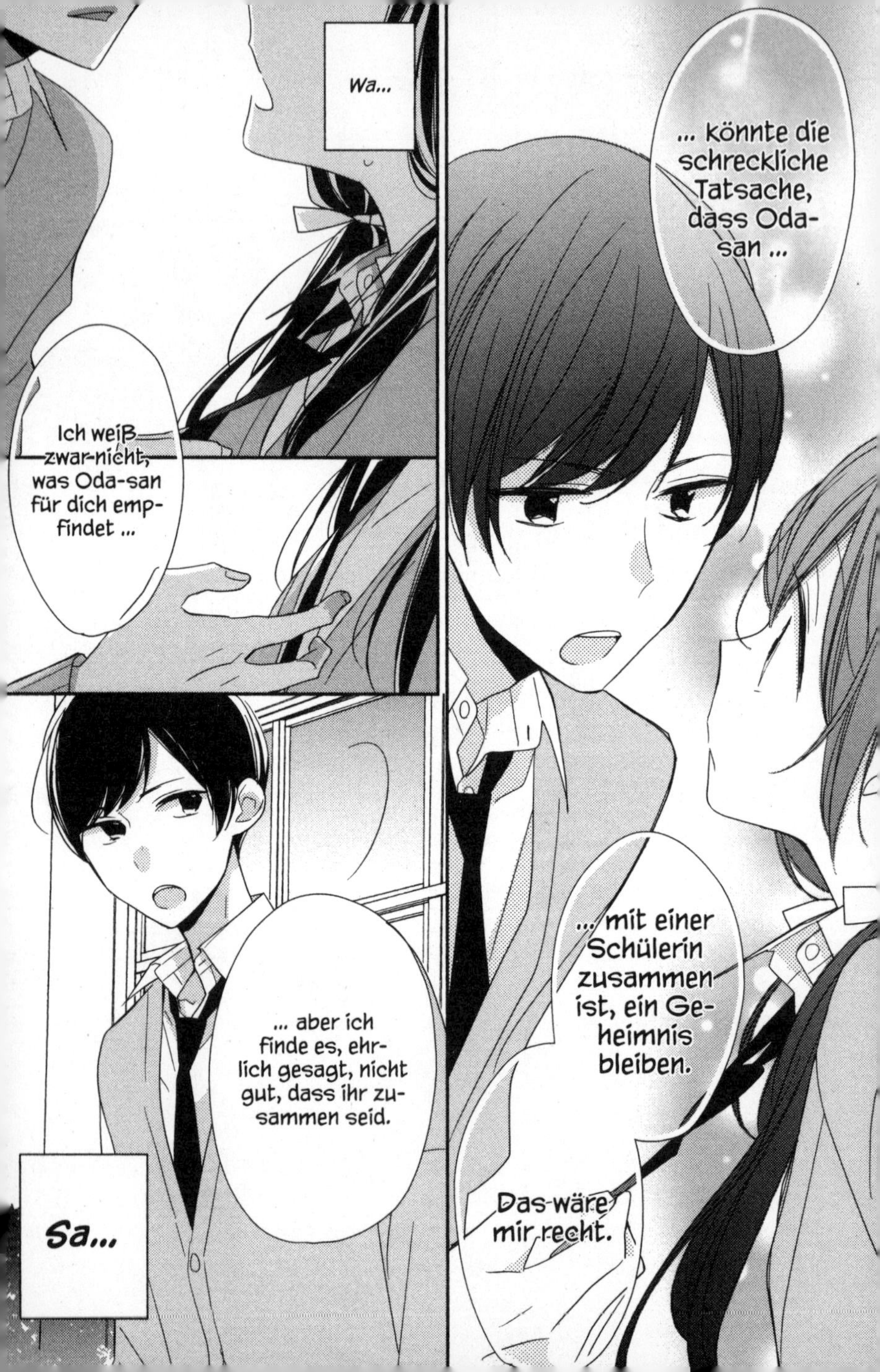
Wa...
Ich weiß zwar nicht, was Oda-san für dich empfindet ...
... aber ich finde es, ehrlich gesagt, nicht gut, dass ihr zusammen seid.
Sa...
... könnte die schreckliche Tatsache, dass Oda-san ...
... mit einer Schülerin zusammen ist, ein Geheimnis bleiben.
Das wäre mir recht.

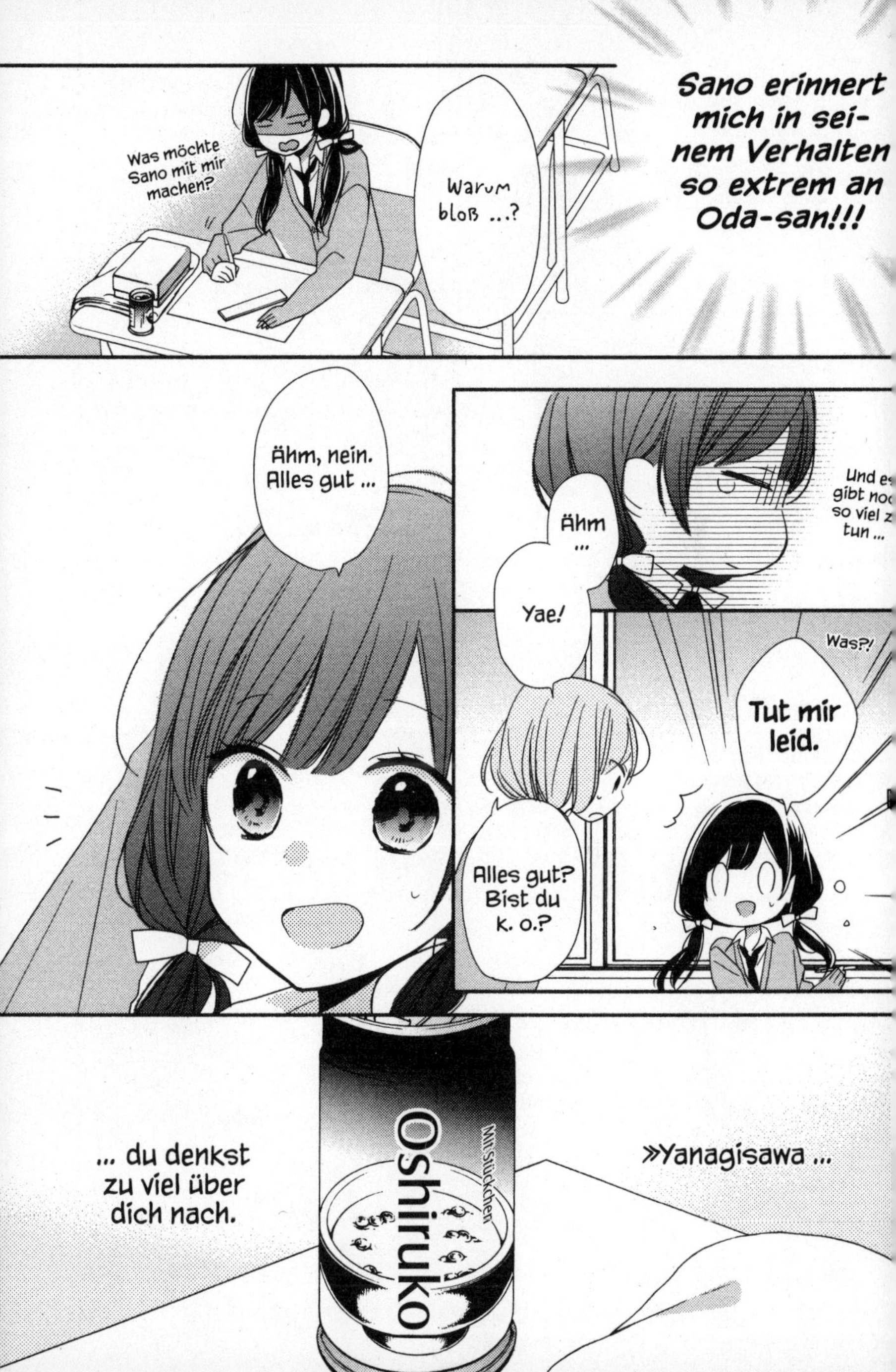

Sano erinnert mich in seinem Verhalten so extrem an Oda-san!!!
Warum bloß ...?
Was möchte Sano mit mir machen?
Und es gibt noc so viel z tun ...
Ähm ...
Yae!
Was?!
Tut mir leid.
Alles gut? Bist du k. o.?
Ähm, nein. Alles gut ...
»Yanagisawa ...
Oshiruko
Mit Stückchen
... du denkst zu viel über dich nach.

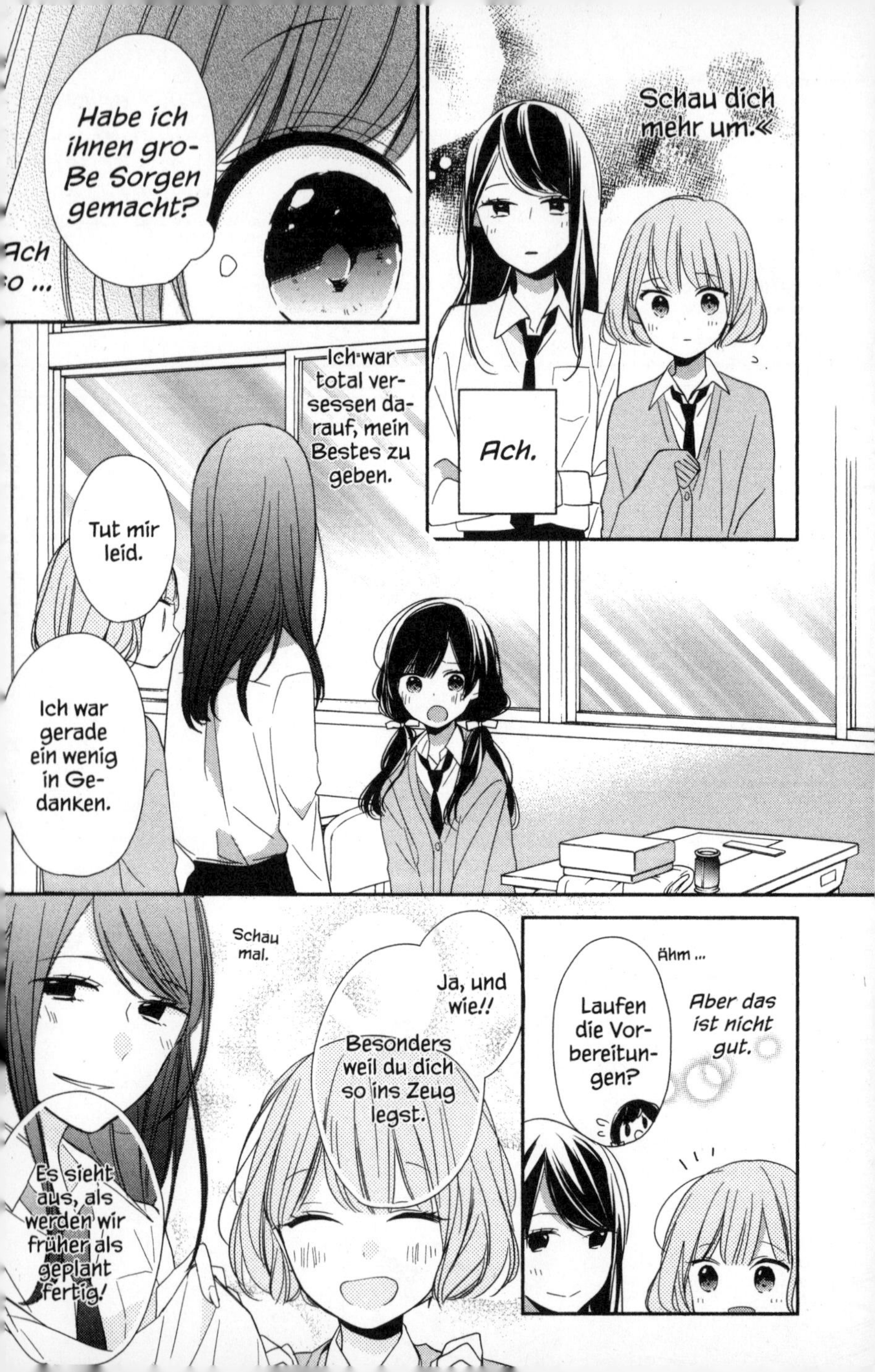
Schau dich mehr um.«
Ach.
Habe ich ihnen große Sorgen gemacht?
Ach o ...
Ich war total versessen darauf, mein Bestes zu geben.
Tut mir leid.
Ich war gerade ein wenig in Gedanken.
Ähm ...
Laufen die Vorbereitungen?
Aber das ist nicht gut.
Ja, und wie!!
Schau mal.
Besonders weil du dich so ins Zeug legst.
Es sieht aus, als werden wir früher als geplant fertig!

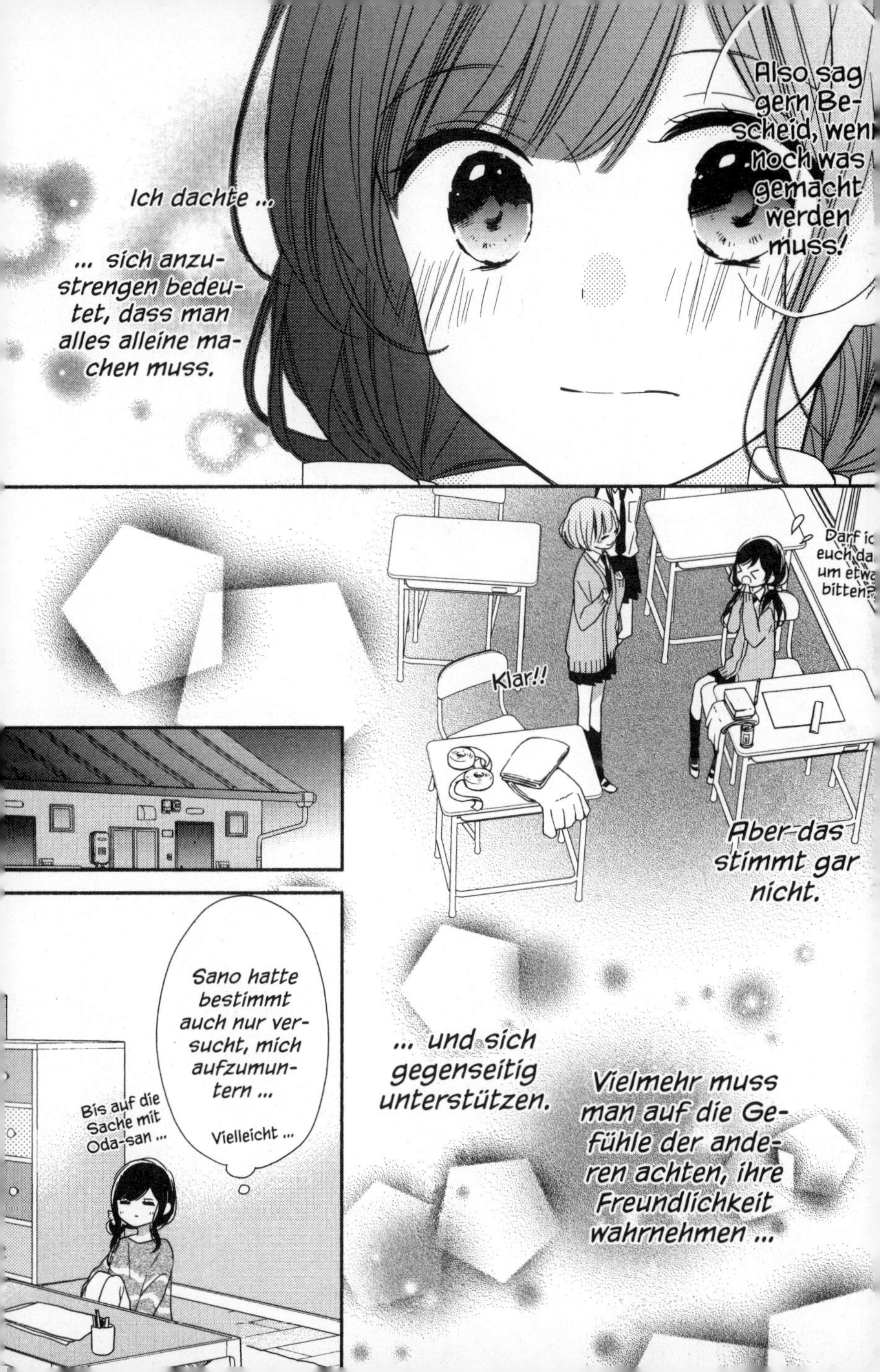
Also sag gern Bescheid, wenn noch was gemacht werden muss!
Ich dachte ...
... sich anzustrengen bedeutet, dass man alles alleine machen muss.
Darf ich euch da um etwas bitten?!
Klar!!
Aber das stimmt gar nicht.
Vielmehr muss man auf die Gefühle der anderen achten, ihre Freundlichkeit wahrnehmen ...
... und sich gegenseitig unterstützen.
Sano hatte bestimmt auch nur versucht, mich aufzumuntern ...
Vielleicht ...
Bis auf die Sache mit Oda-san ...

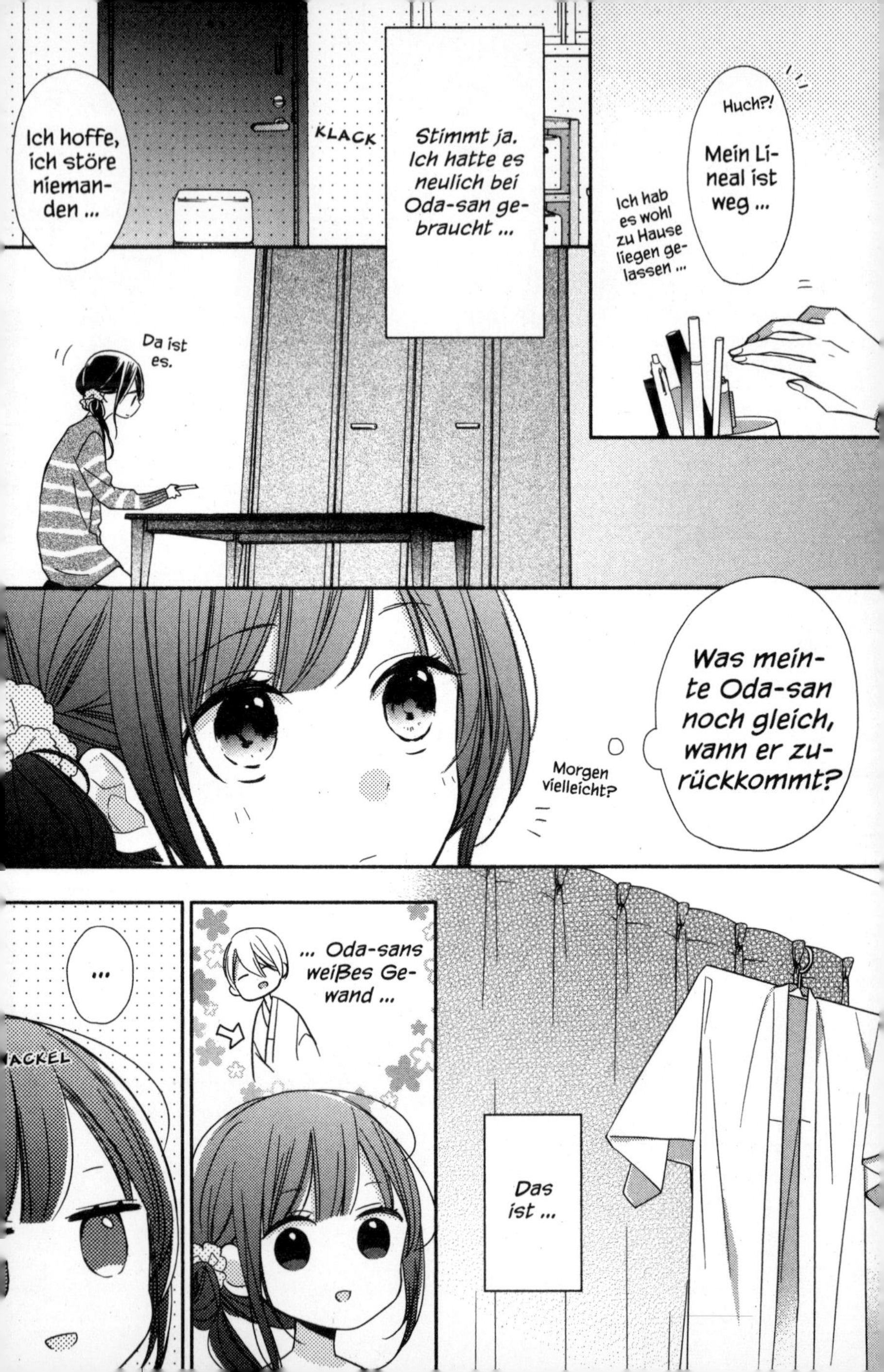
Huch?!
Mein Lineal ist weg ...
Ich hab es wohl zu Hause liegen gelassen ...
Stimmt ja. Ich hatte es neulich bei Oda-san gebraucht ...
KLACK
Ich hoffe, ich störe niemanden ...
Da ist es.
Was meinte Oda-san noch gleich, wann er zurückkommt?
Morgen vielleicht?
Das ist ...
... Oda-sans weißes Gewand ...
...
ACKEL

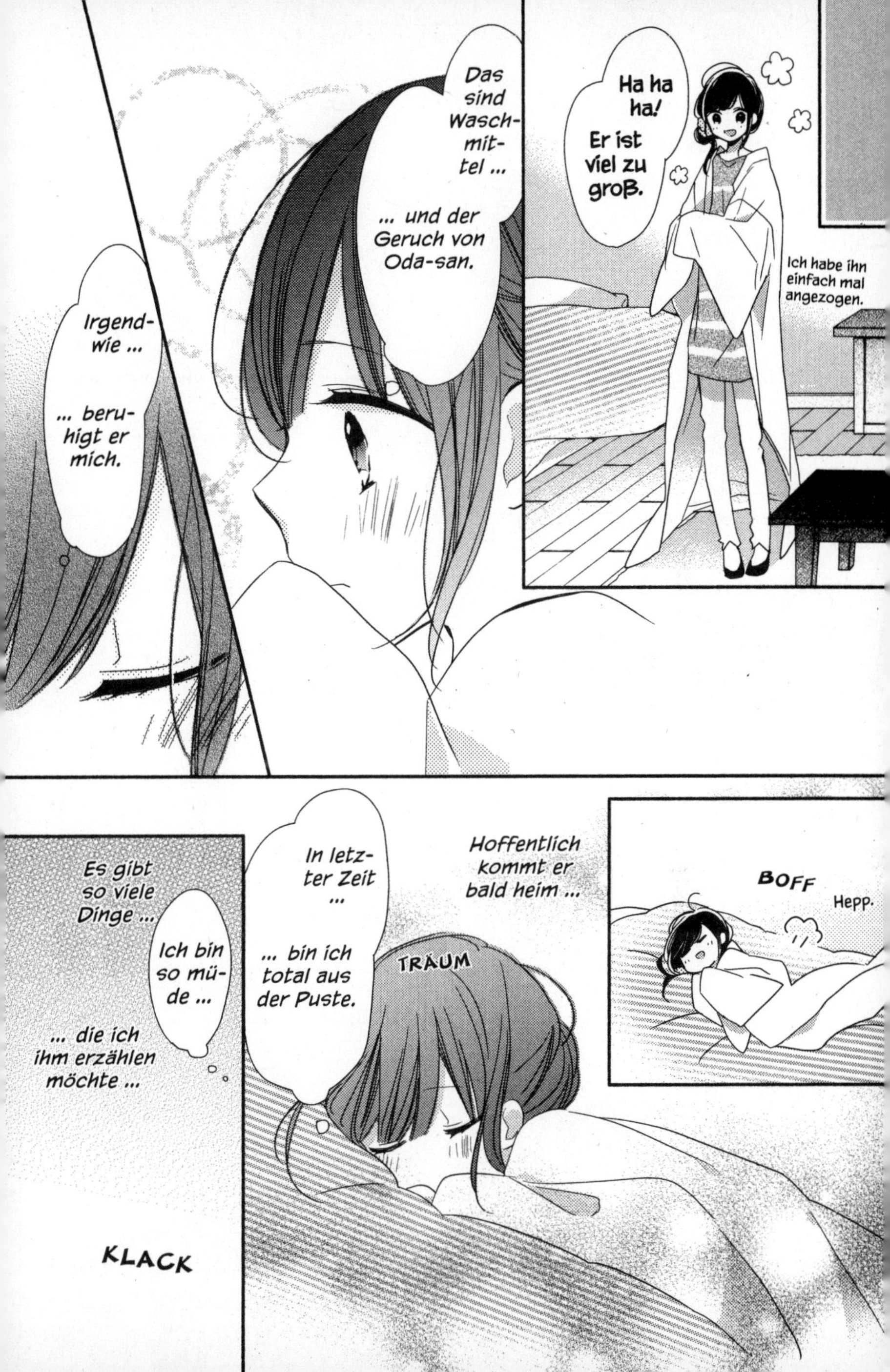
Ha ha ha! Er ist viel zu groß.
Ich habe ihn einfach mal angezogen.
Das sind Waschmittel ...
... und der Geruch von Oda-san.
Irgendwie ...
... beruhigt er mich.
BOFF
Hepp.
Hoffentlich kommt er bald heim ...
In letzter Zeit ...
... bin ich total aus der Puste.
TRAUM
Ich bin so müde ...
Es gibt so viele Dinge ...
... die ich ihm erzählen möchte ...
KLACK

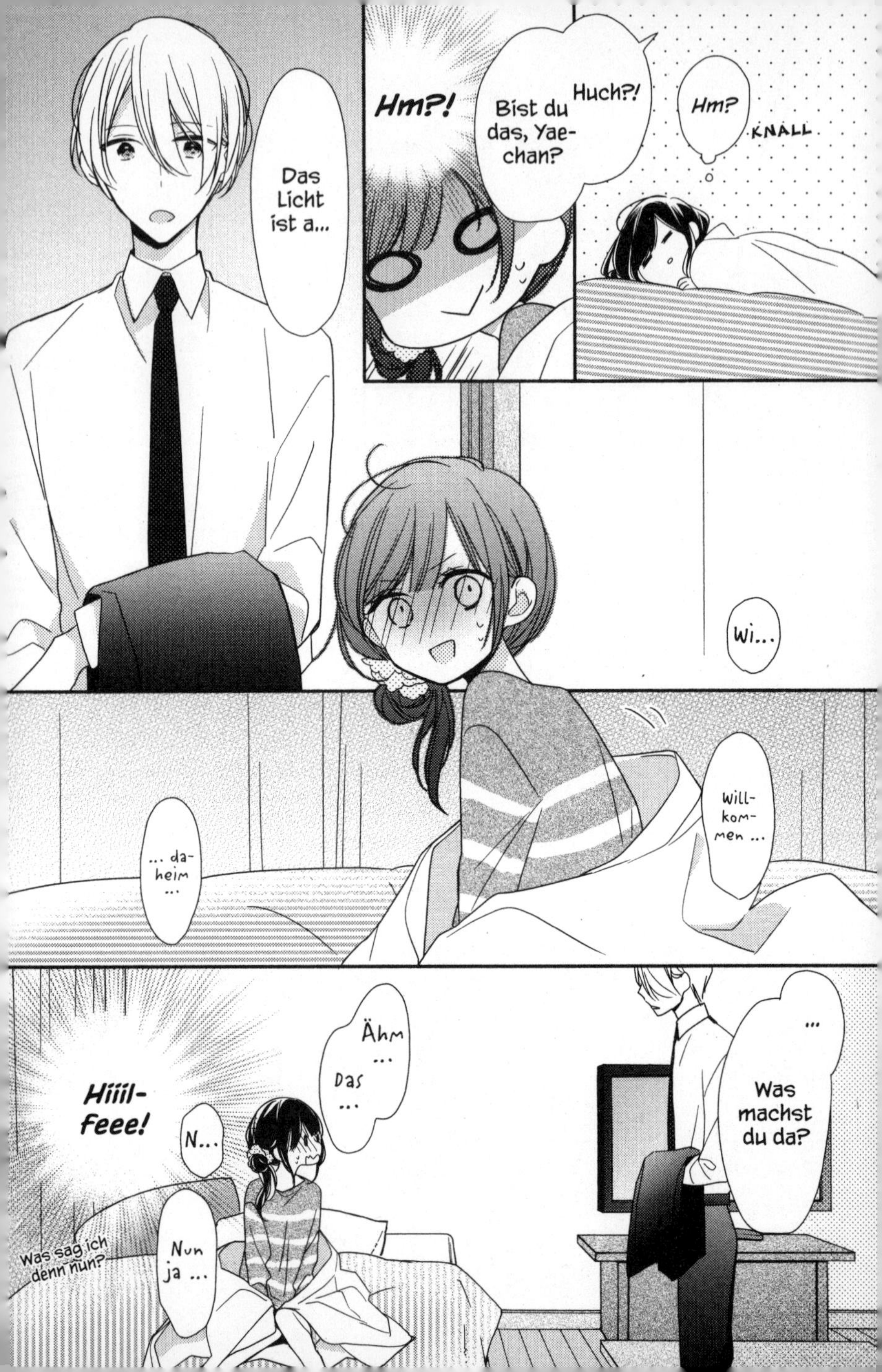
KNALL
Hm?
Huch?!
Bist du das, Yae-chan?
Hm?!
Das Licht ist a...
Wi...
Will-kom-men ...
... da-heim ...
...
Was machst du da?
Ähm ...
Das ...
N...
Nun ja ...
Hiiil-feee!
Was sag ich denn nun?

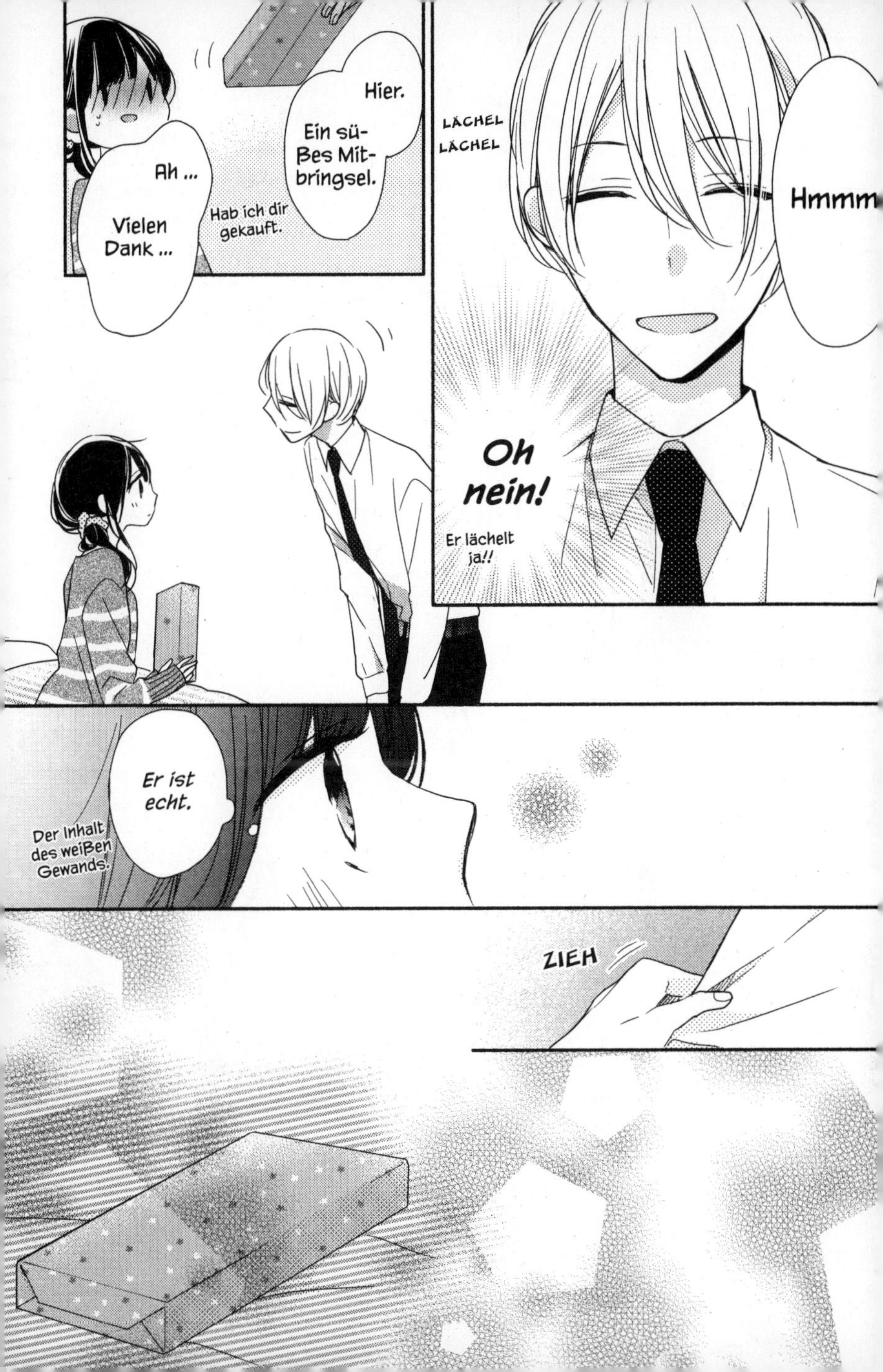
Hmmm
LÄCHEL LÄCHEL
Oh nein!
Er lächelt ja!!
Hier.
Ein sü-ßes Mit-bringsel.
Hab ich dir gekauft.
Ah ...
Vielen Dank ...
Er ist echt.
Der Inhalt des weißen Gewands.
ZIEH

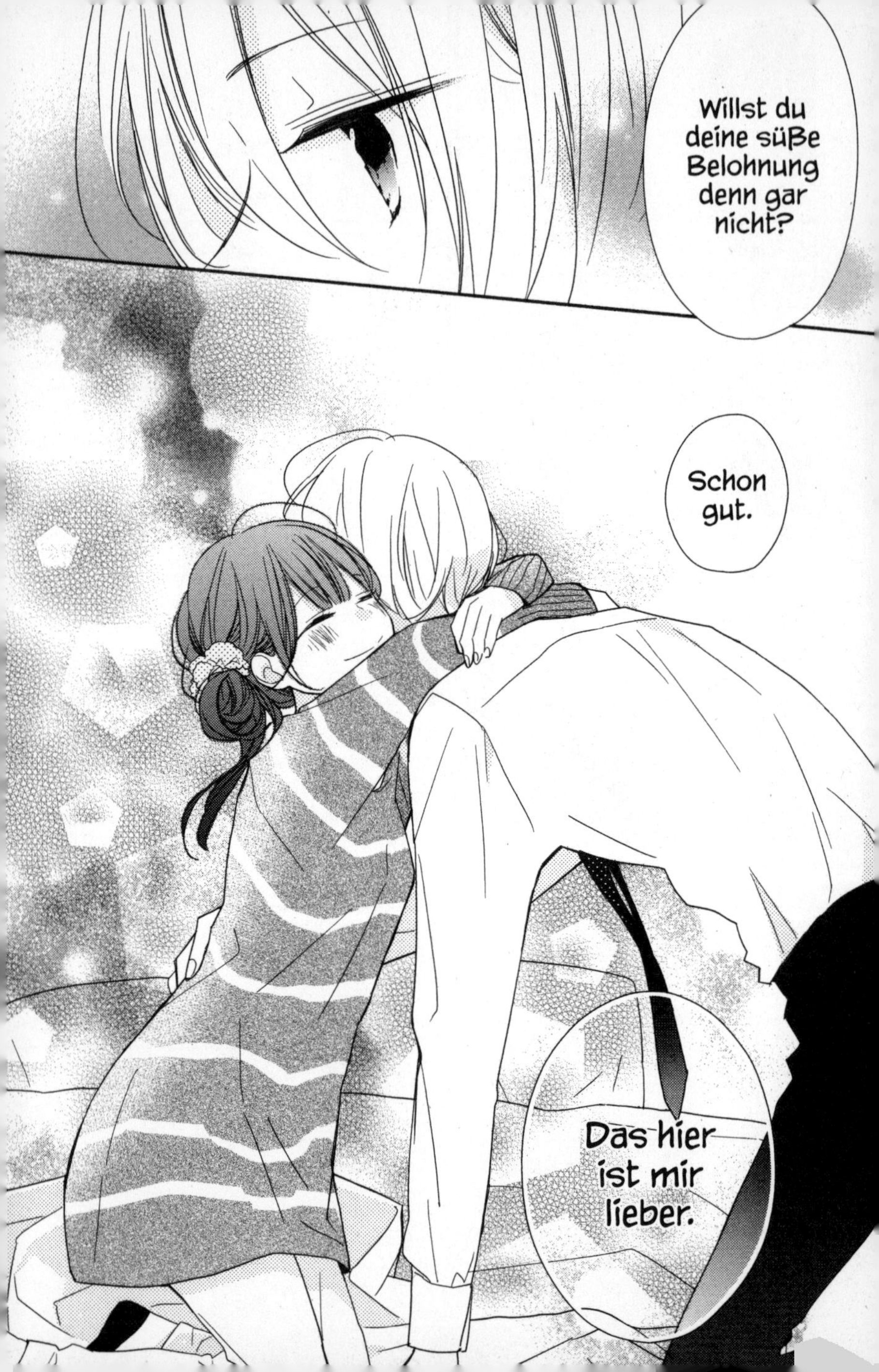
Willst du deine süße Belohnung denn gar nicht?
Schon gut.
Das hier ist mir lieber.

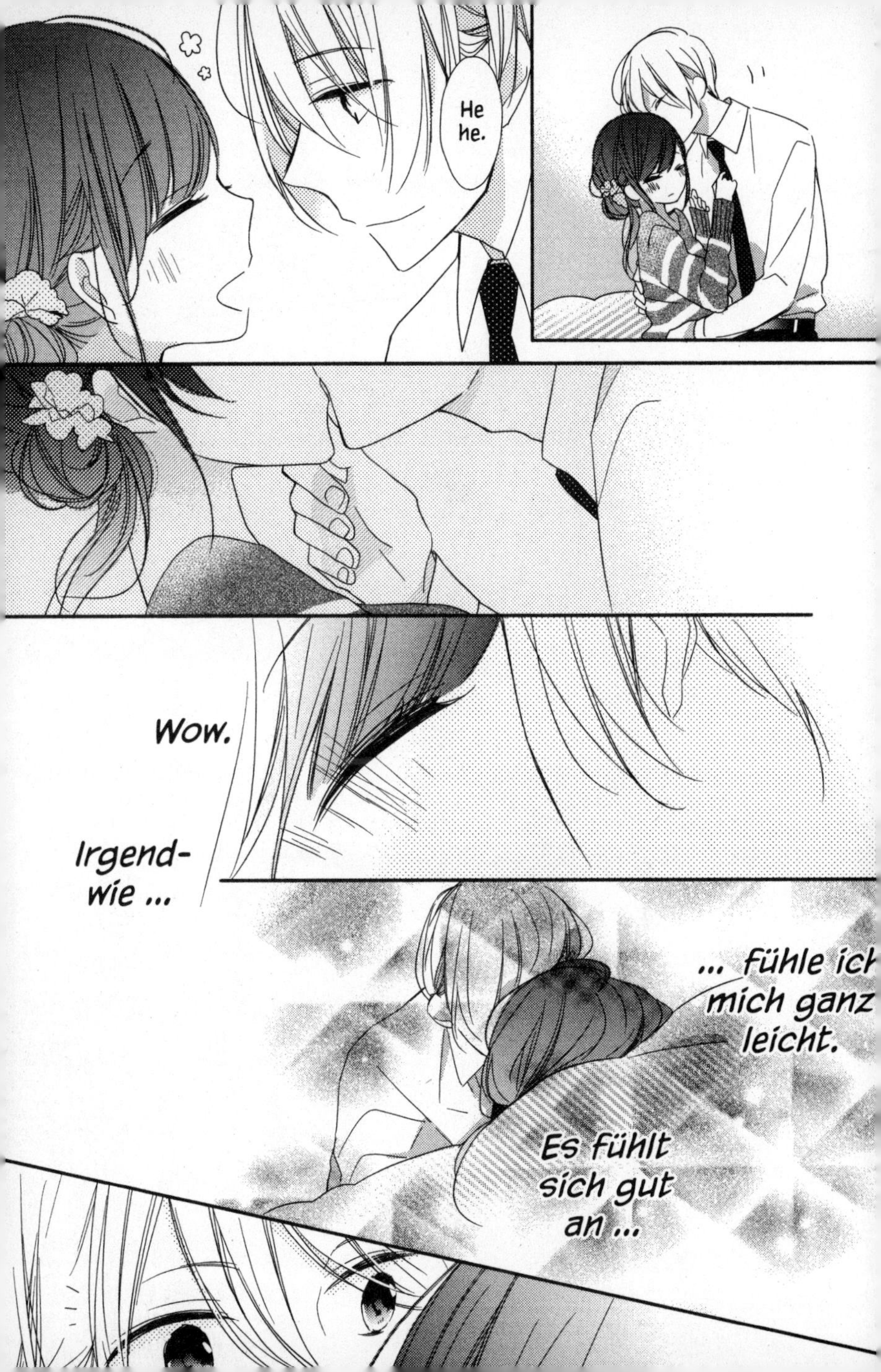
He he.
Wow.
Irgend-
wie ...
... fühle ich
mich ganz
leicht.
Es fühlt
sich gut
an ...

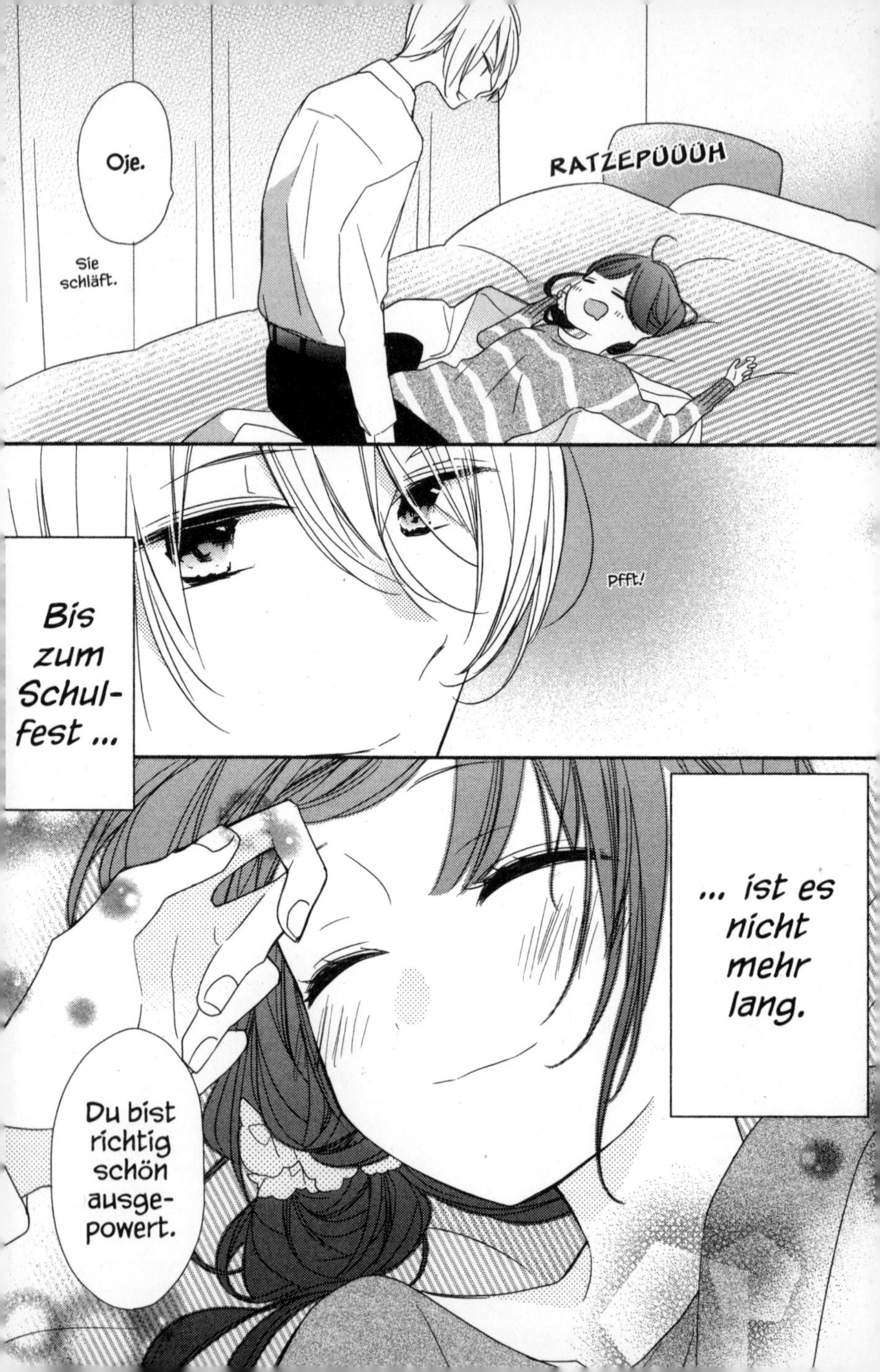
RATZEPÜÜÜH
Oje.
Sie schläft.
Pfft!
Bis zum Schul-fest ...
... ist es nicht mehr lang.
Du bist richtig schön ausge-powert.

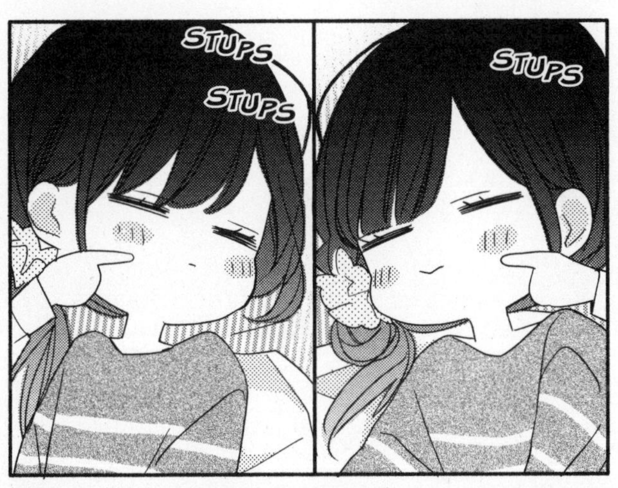

Fortsetzung im Kapitel *Frisch gezeichnet!!*

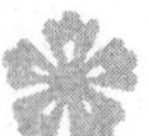

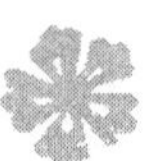
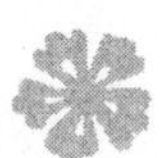

If I was given a
second chance ...

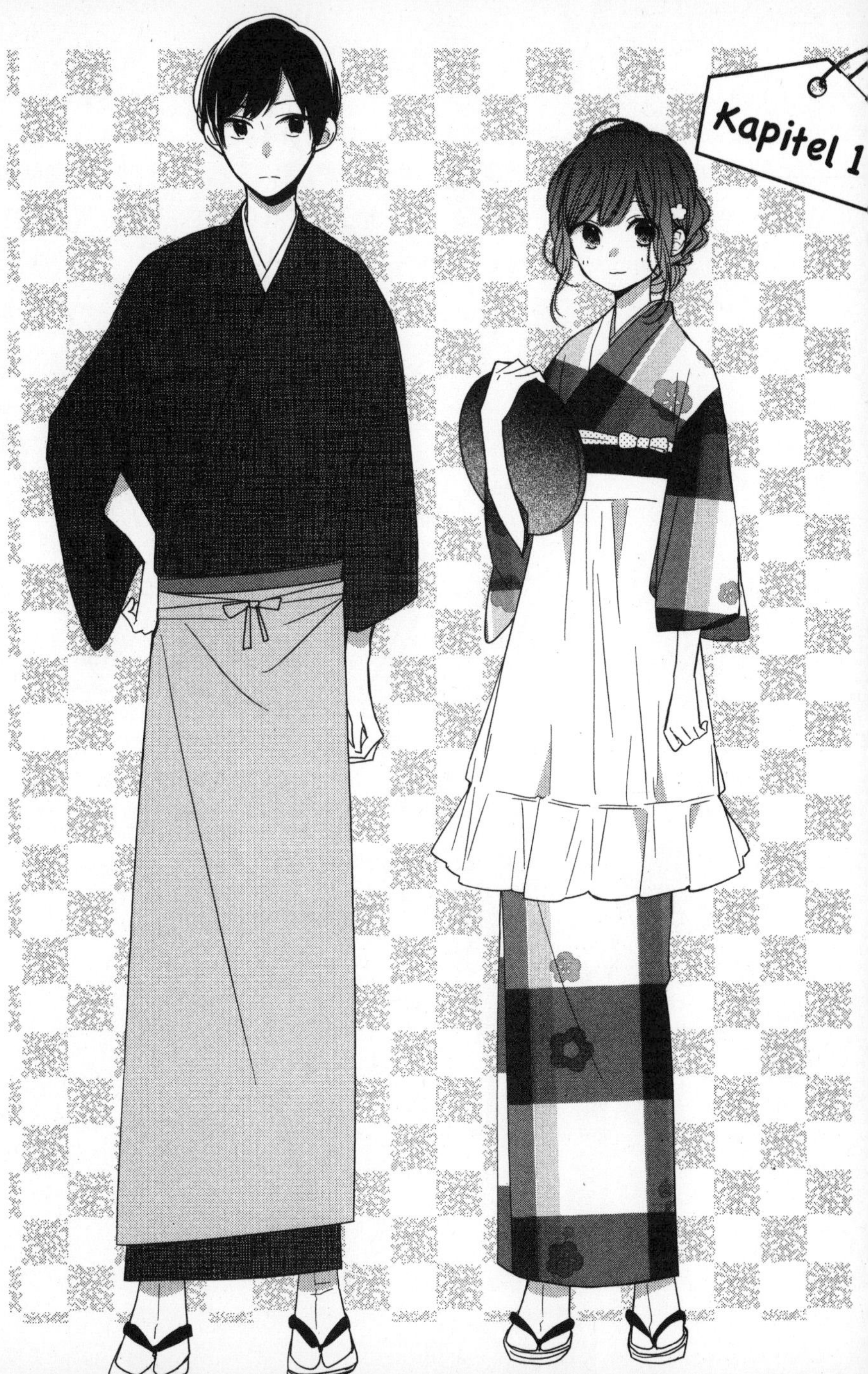
Kapitel 1

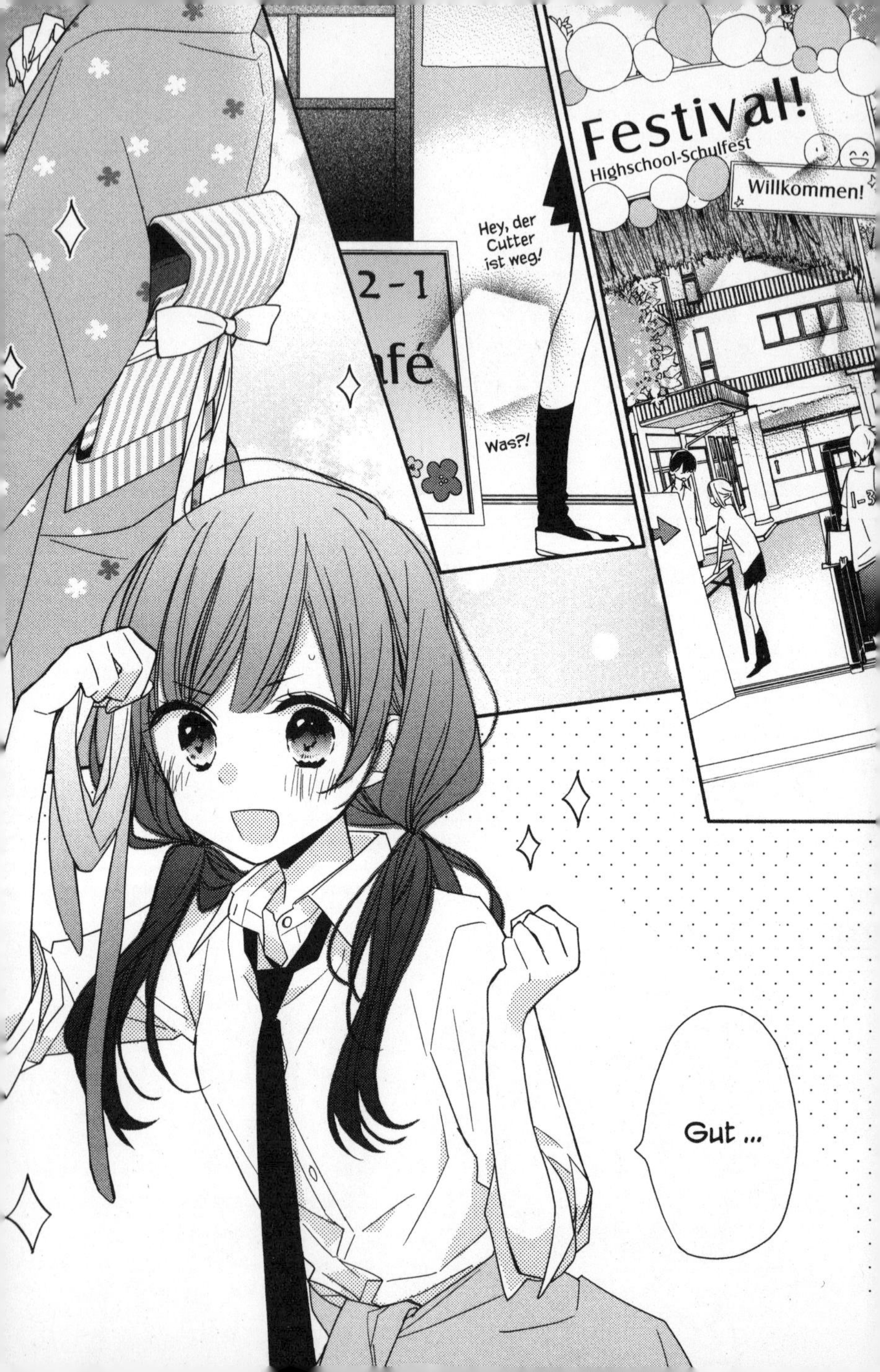
Festival!
Highschool-Schulfest
Willkommen!
Hey, der Cutter ist weg!
Was?!
2 – 1
afé
Gut ...

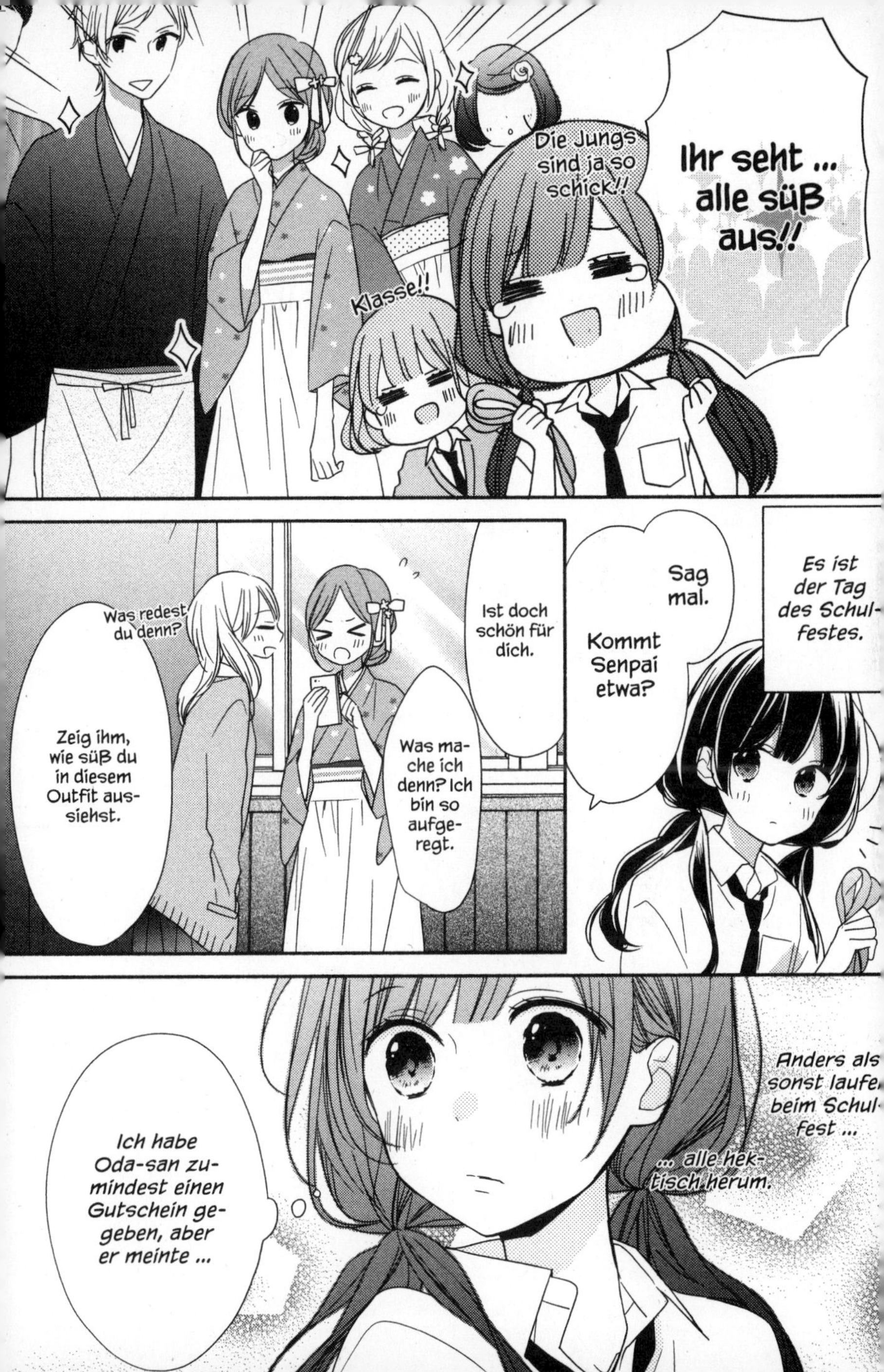
Ihr seht ... alle süß aus!!
Die Jungs sind ja so schick!!
Klasse!!
Es ist der Tag des Schulfestes.
Sag mal.
Kommt Senpai etwa?
Ist doch schön für dich.
Was mache ich denn? Ich bin so aufgeregt.
Was redest du denn?
Zeig ihm, wie süß du in diesem Outfit aussiehst.
Anders als sonst laufe[n] beim Schulfest ...
... alle hektisch herum.
Ich habe Oda-san zumindest einen Gutschein gegeben, aber er meinte ...

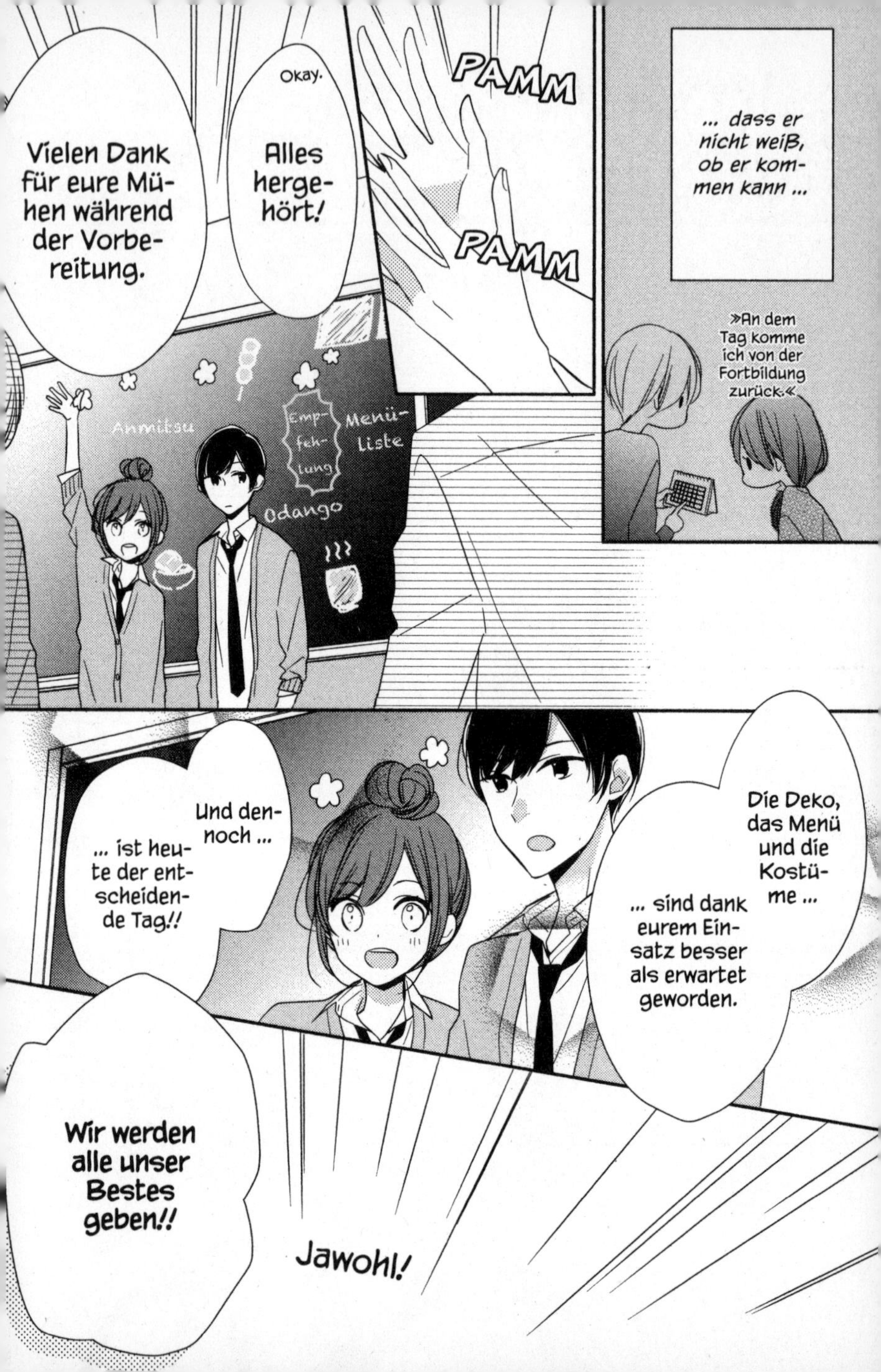

... dass er nicht weiß, ob er kommen kann ...
»An dem Tag komme ich von der Fortbildung zurück.«
PAMM
PAMM
Okay.
Alles hergehört!
Vielen Dank für eure Mühen während der Vorbereitung.
Anmitsu
Empfehlung
Menü-Liste
Odango
Die Deko, das Menü und die Kostüme ...
... sind dank eurem Einsatz besser als erwartet geworden.
Und dennoch ...
... ist heute der entscheidende Tag!!
Wir werden alle unser Bestes geben!!
Jawohl!

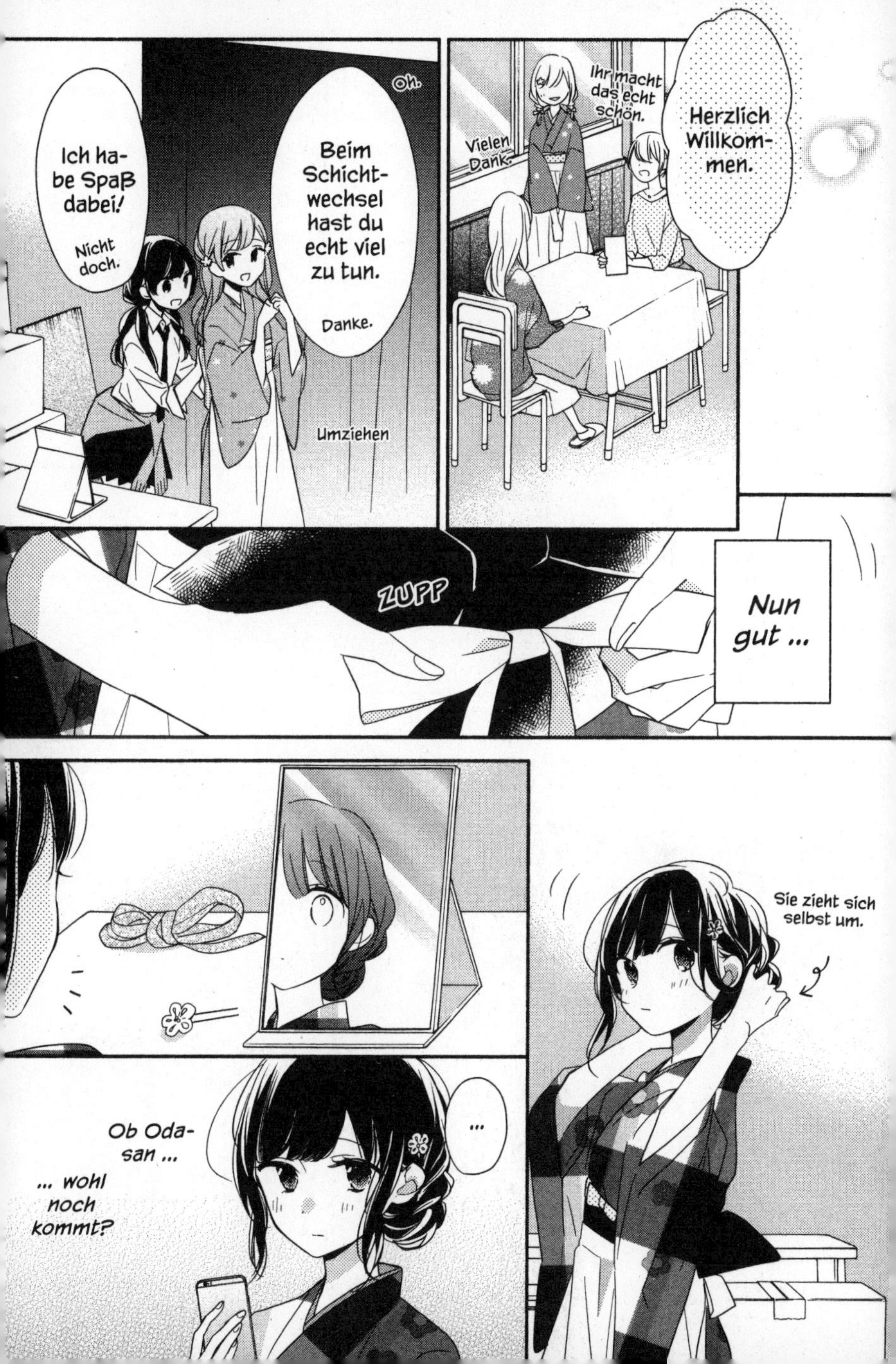

Herzlich Willkommen.

Ihr macht das echt schön.

Vielen Dank.

Oh.

Beim Schichtwechsel hast du echt viel zu tun.

Danke.

Ich habe Spaß dabei!

Nicht doch.

Umziehen

Nun gut ...

ZUPP

Sie zieht sich selbst um.

...

Ob Oda-san ...

... wohl noch kommt?

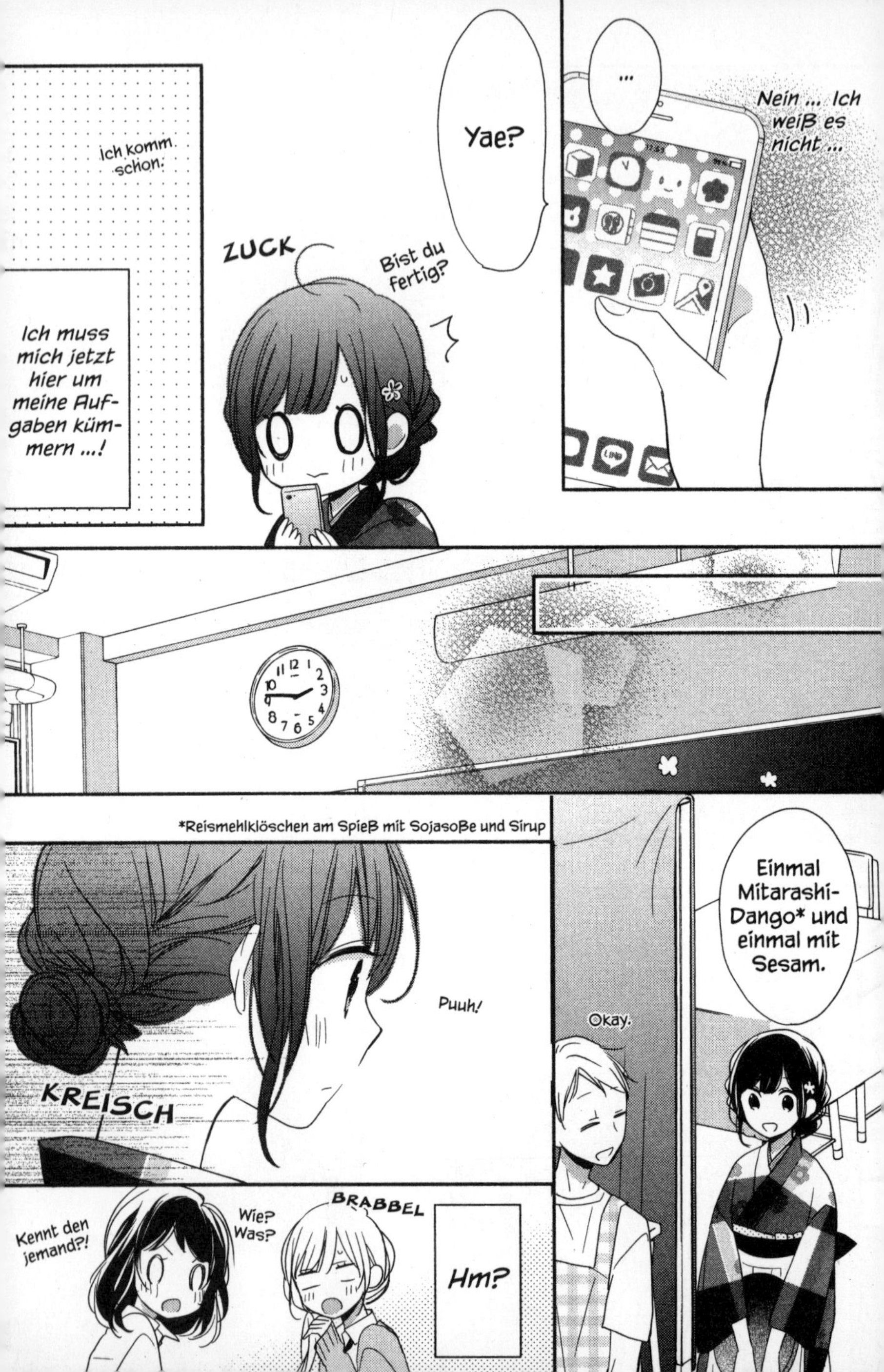
...
Nein ... Ich weiß es nicht ...
Yae?
Ich komm schon.
ZUCK
Bist du fertig?
Ich muss mich jetzt hier um meine Aufgaben kümmern ...!
*Reismehlklöschen am Spieß mit Sojasoße und Sirup
Einmal Mitarashi-Dango* und einmal mit Sesam.
Okay.
Puuh!
KREISCH
Hm?
BRABBEL
Wie? Was?
Kennt den jemand?!

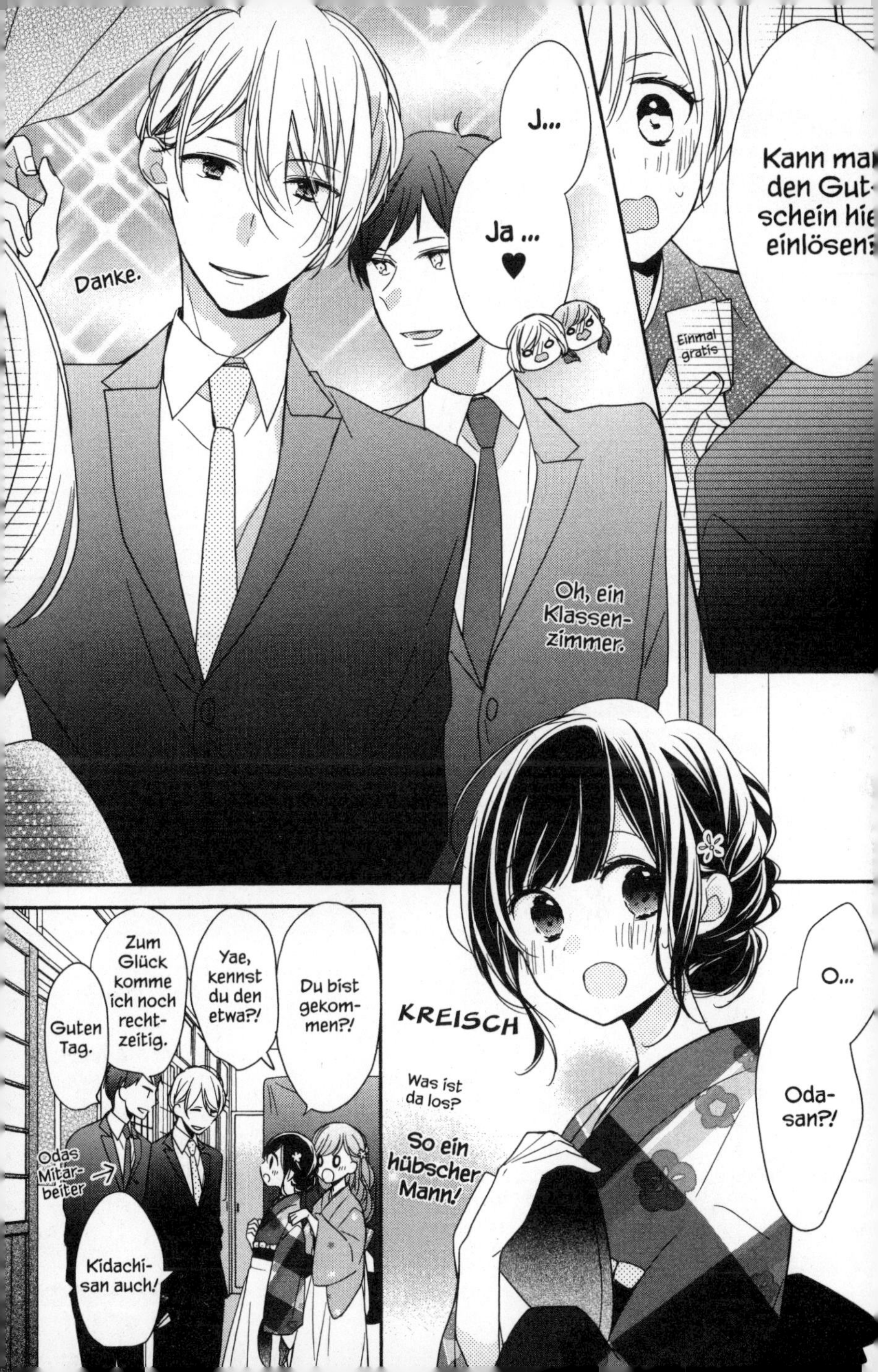

Kann ma
den Gut-
schein hie
einlösen?
Einmal gratis
J...
Ja ... ♥
Danke.
Oh, ein Klassenzimmer.
O...
Oda-san?!
KREISCH
Was ist da los?
So ein hübscher Mann!
Du bist gekommen?!
Yae, kennst du den etwa?!
Zum Glück komme ich noch rechtzeitig.
Guten Tag.
Kidachi-san auch!
Odas Mitarbeiter

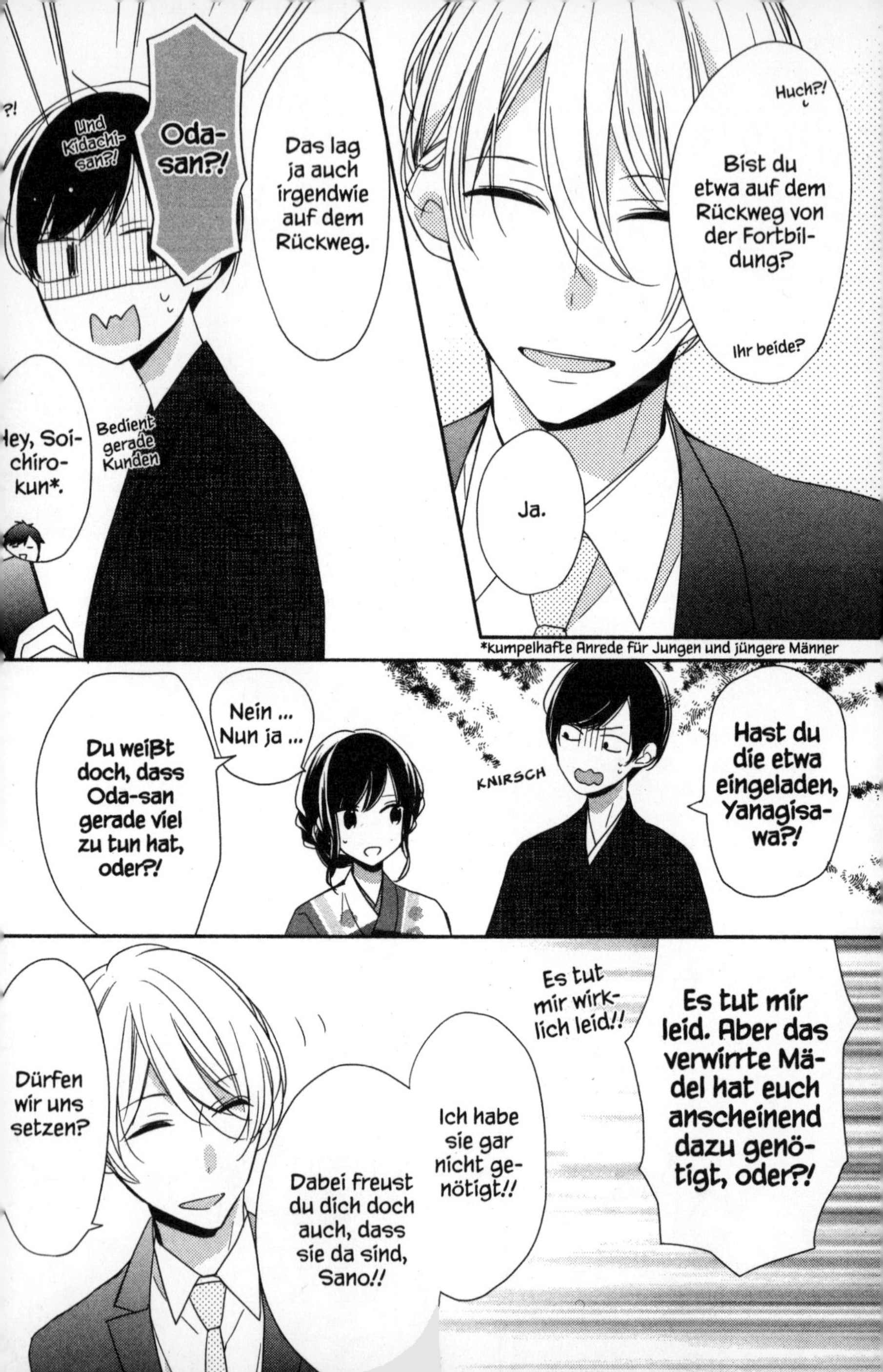

*kumpelhafte Anrede für Jungen und jüngere Männer

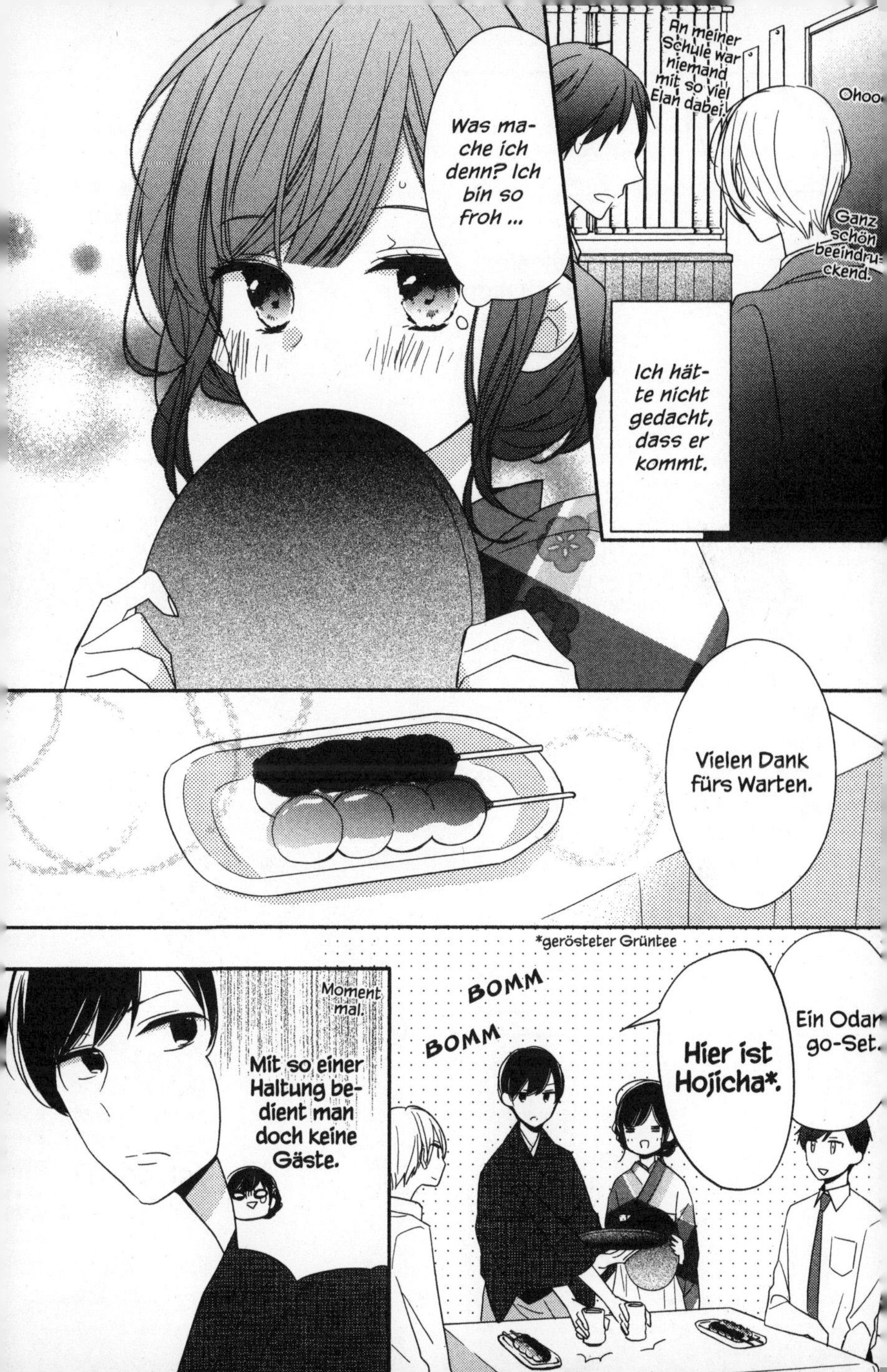

An meiner Schule war niemand mit so viel Elan dabei.
Ohoo.
Ganz schön beeindruckend.
Was mache ich denn? Ich bin so froh ...
Ich hätte nicht gedacht, dass er kommt.
Vielen Dank fürs Warten.
Ein Odango-Set.
Hier ist Hojicha*.
*gerösteter Grüntee
BOMM
BOMM
Moment mal.
Mit so einer Haltung bedient man doch keine Gäste.

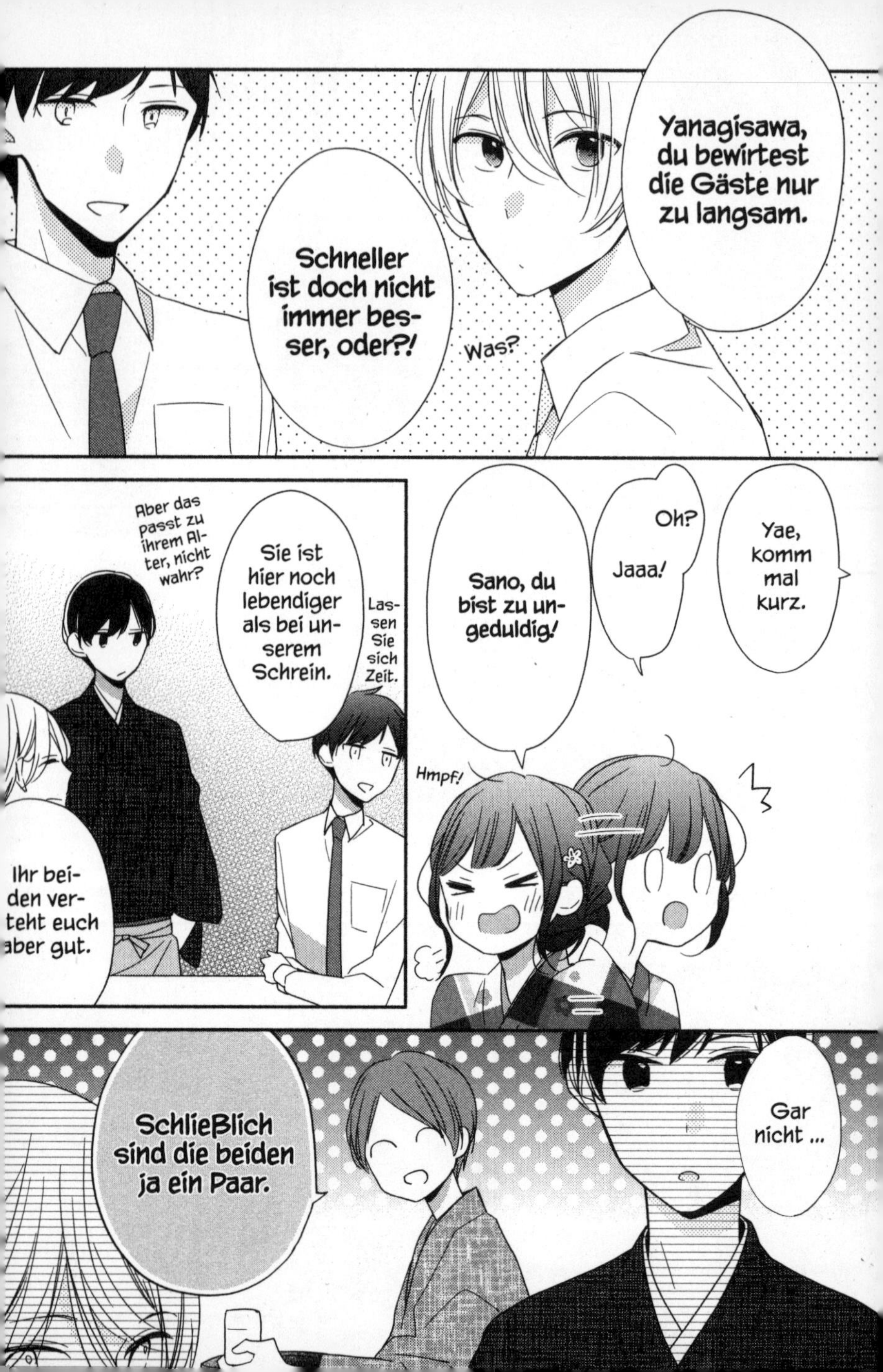
Yanagisawa, du bewirtest die Gäste nur zu langsam.
Schneller ist doch nicht immer besser, oder?!
Was?
Yae, komm mal kurz.
Oh?
Jaaa!
Sano, du bist zu ungeduldig!
Hmpf!
Sie ist hier noch lebendiger als bei unserem Schrein.
Lassen Sie sich Zeit.
Aber das passt zu ihrem Alter, nicht wahr?
Ihr beiden versteht euch aber gut.
Gar nicht ...
Schließlich sind die beiden ja ein Paar.

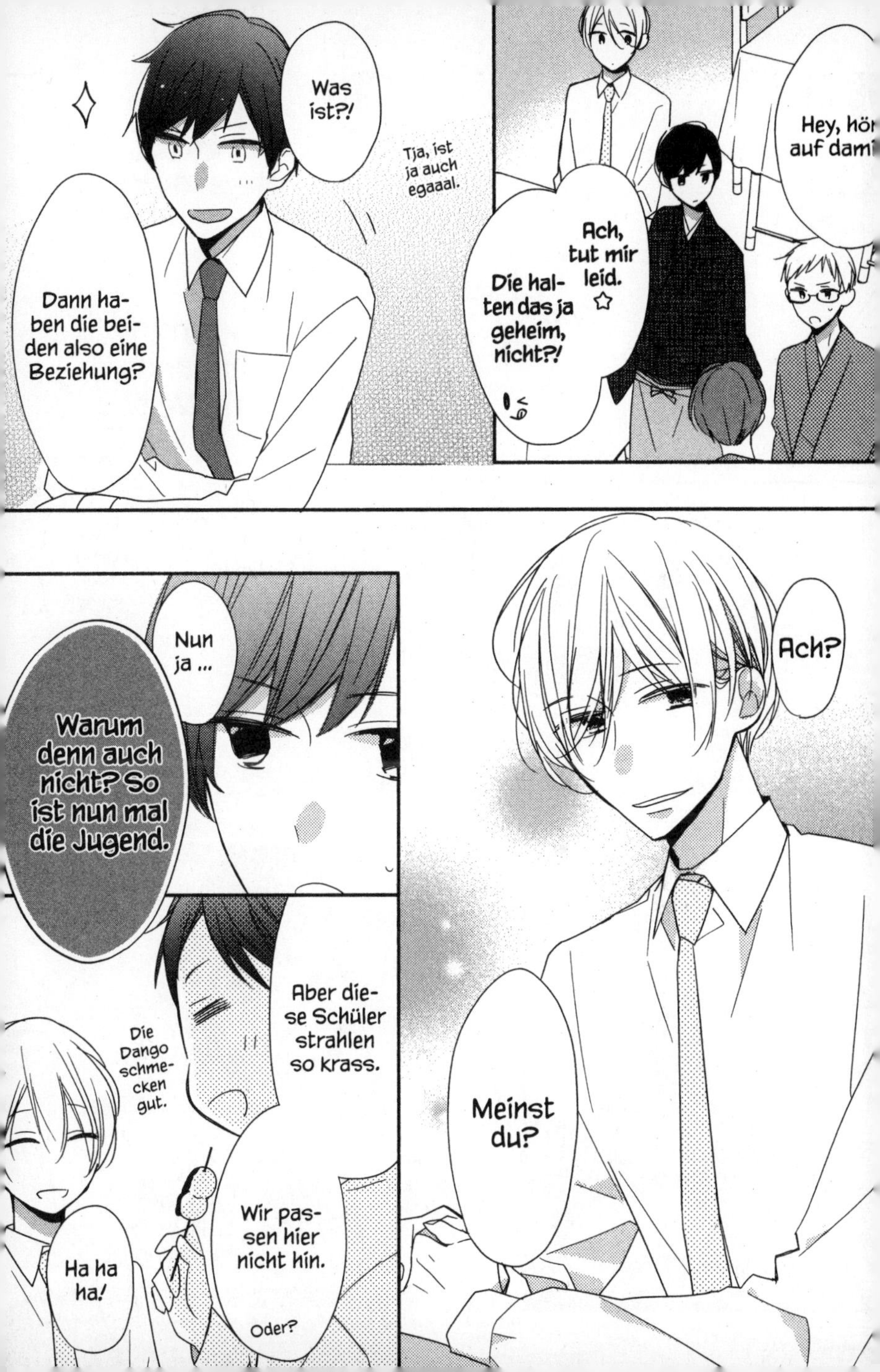
Hey, hör auf dam
Ach, tut mir leid.
Die halten das ja geheim, nicht?!
Tja, ist ja auch egaaal.
Was ist?!
Dann haben die beiden also eine Beziehung?
Ach?
Meinst du?
Nun ja ...
Warum denn auch nicht? So ist nun mal die Jugend.
Aber diese Schüler strahlen so krass.
Wir passen hier nicht hin.
Oder?
Die Dango schmecken gut.
Ha ha ha!

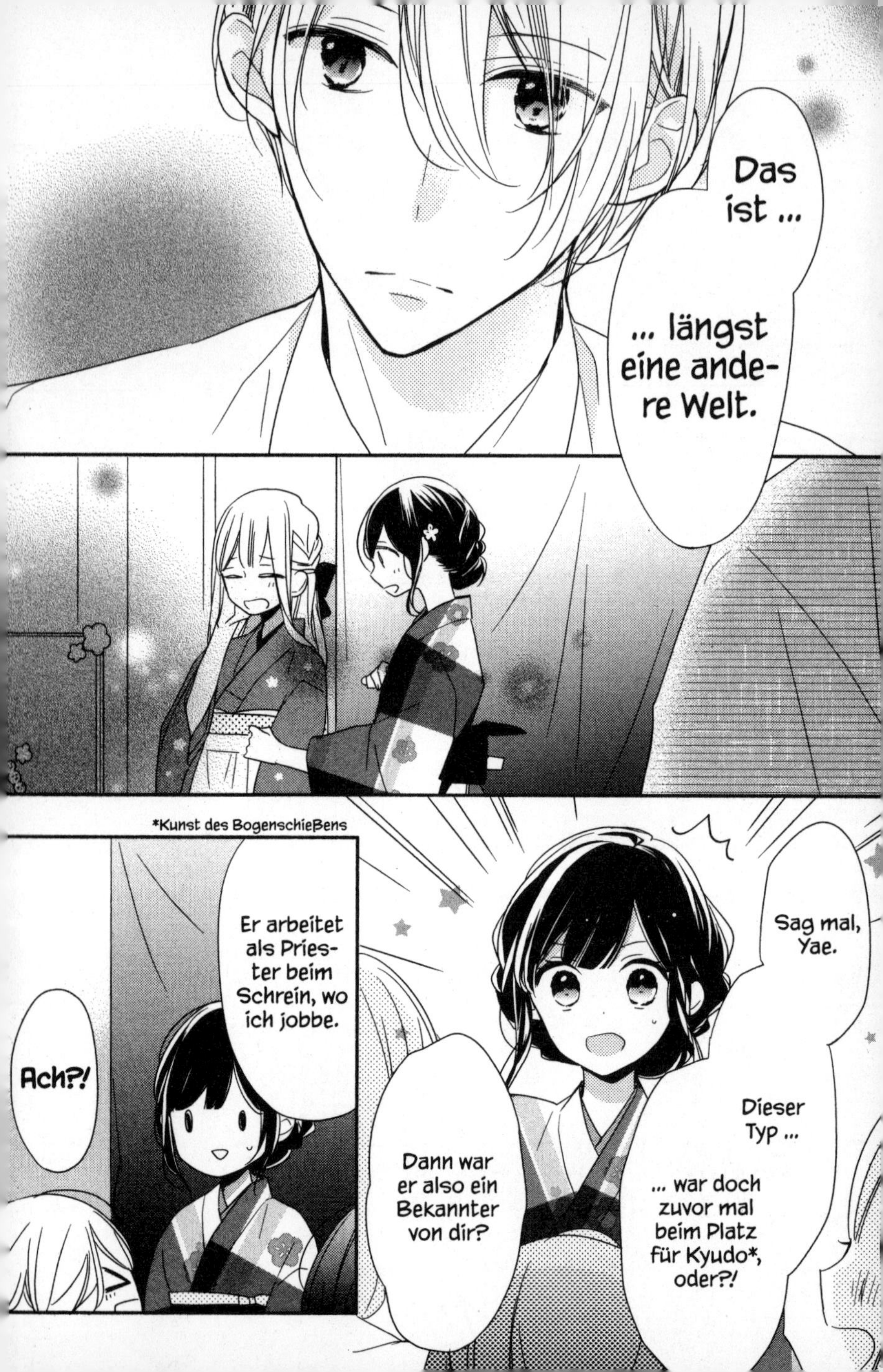
Das ist ...
... längst eine andere Welt.
Sag mal, Yae.
Dieser Typ ...
... war doch zuvor mal beim Platz für Kyudo*, oder?!
Dann war er also ein Bekannter von dir?
Er arbeitet als Priester beim Schrein, wo ich jobbe.
Ach?!
*Kunst des Bogenschießens

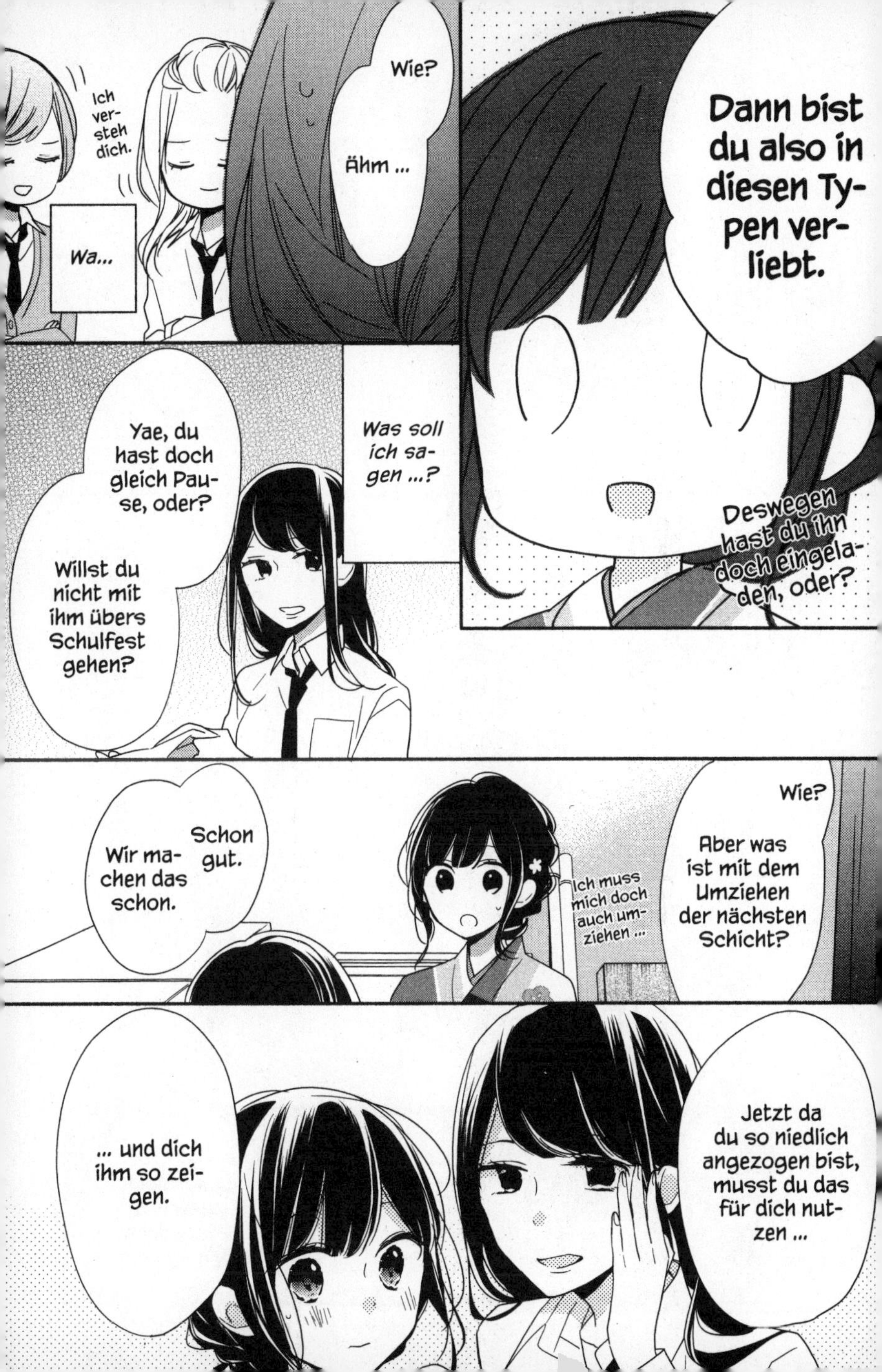

Dann bist du also in diesen Typen verliebt.
Deswegen hast du ihn doch eingeladen, oder?
Wie?
Ähm ...
Wa...
Ich versteh dich.
Was soll ich sagen ...?
Yae, du hast doch gleich Pause, oder?
Willst du nicht mit ihm übers Schulfest gehen?
Wie?
Aber was ist mit dem Umziehen der nächsten Schicht?
Ich muss mich doch auch umziehen ...
Schon gut.
Wir machen das schon.
Jetzt da du so niedlich angezogen bist, musst du das für dich nutzen ...
... und dich ihm so zeigen.

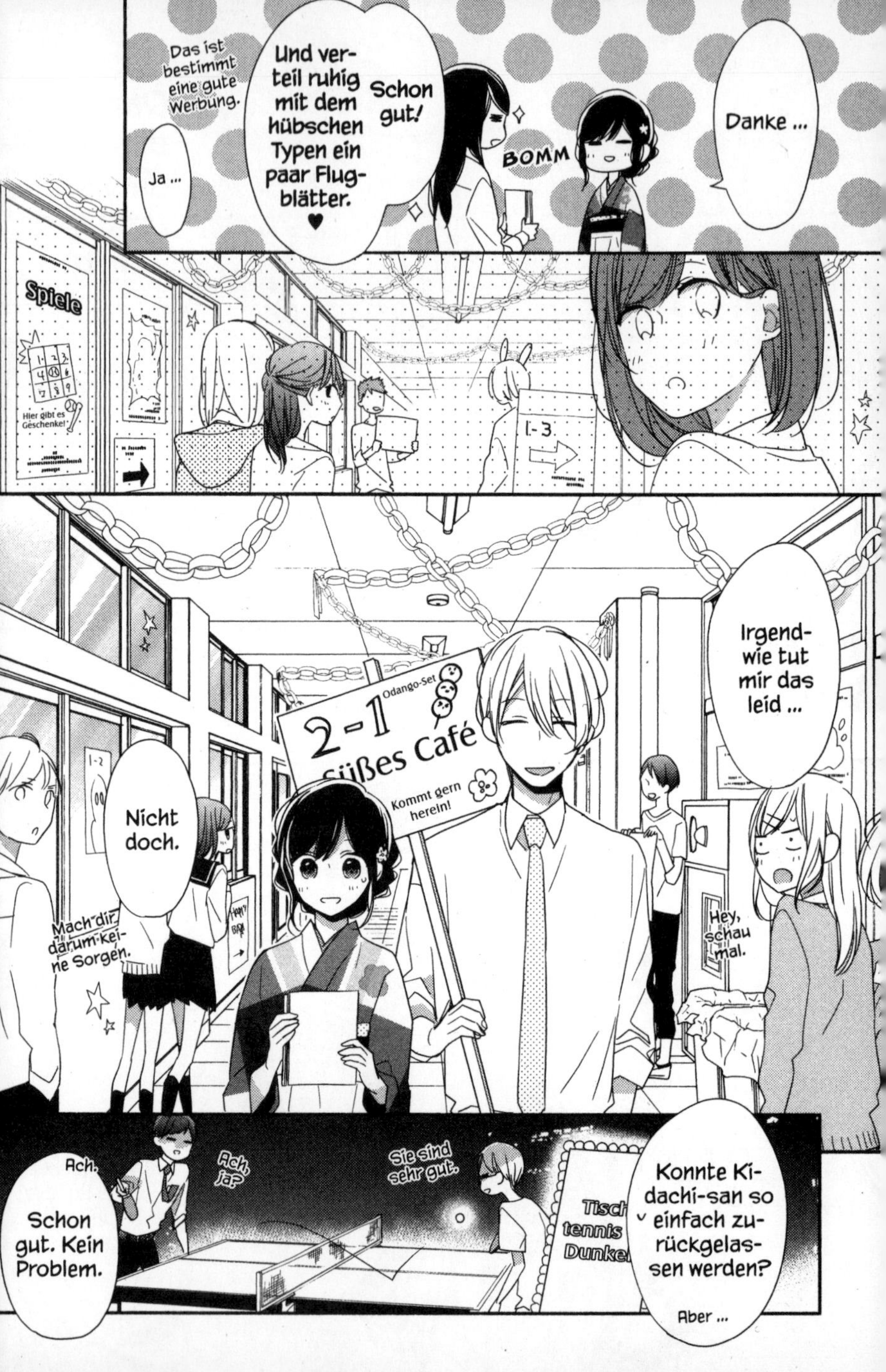

Danke ...
BOMM
Schon gut!
Und verteil ruhig mit dem hübschen Typen ein paar Flugblätter. ♥
Das ist bestimmt eine gute Werbung.
Ja ...
Spiele
Hier gibt es Geschenke!
1-3
Irgendwie tut mir das leid ...
Hey, schau mal.
2-1 Odango-Set Süßes Café Kommt gern herein!
Nicht doch.
Mach dir darum keine Sorgen.
Konnte Kidachi-san so einfach zurückgelassen werden?
Aber ...
Sie sind sehr gut.
Ach, ja?
Ach.
Schon gut. Kein Problem.

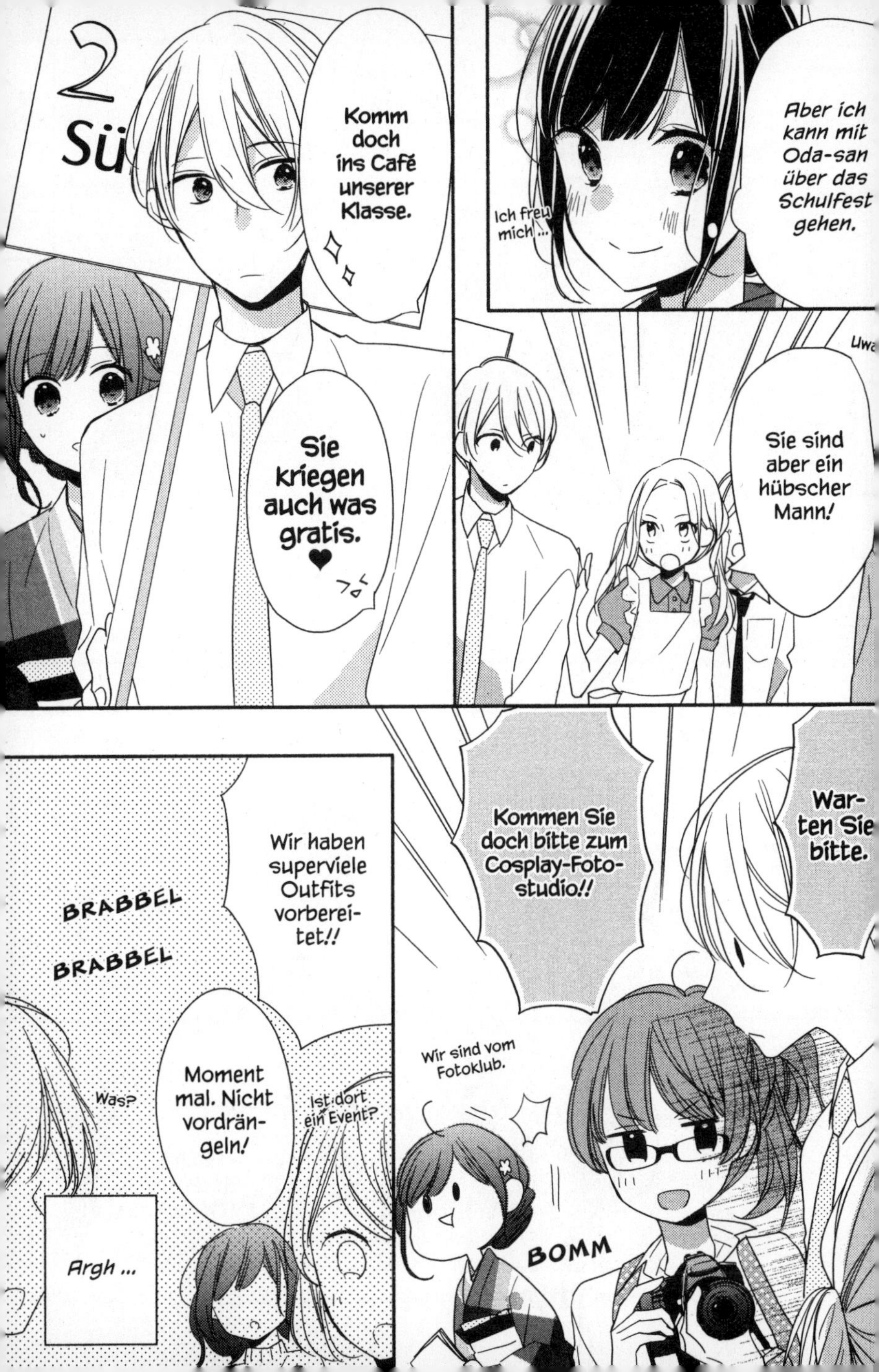
Aber ich kann mit Oda-san über das Schulfest gehen.
Ich freu mich ...
2
Sü
Komm doch ins Café unserer Klasse.
Sie kriegen auch was gratis. ♥
Uwa
Sie sind aber ein hübscher Mann!
Warten Sie bitte.
Kommen Sie doch bitte zum Cosplay-Foto-studio!!
Wir sind vom Fotoklub.
BOMM
Wir haben superviele Outfits vorberei-tet!!
BRABBEL
BRABBEL
Ist dort ein Event?
Moment mal. Nicht vordrän-geln!
Was?
Argh ...

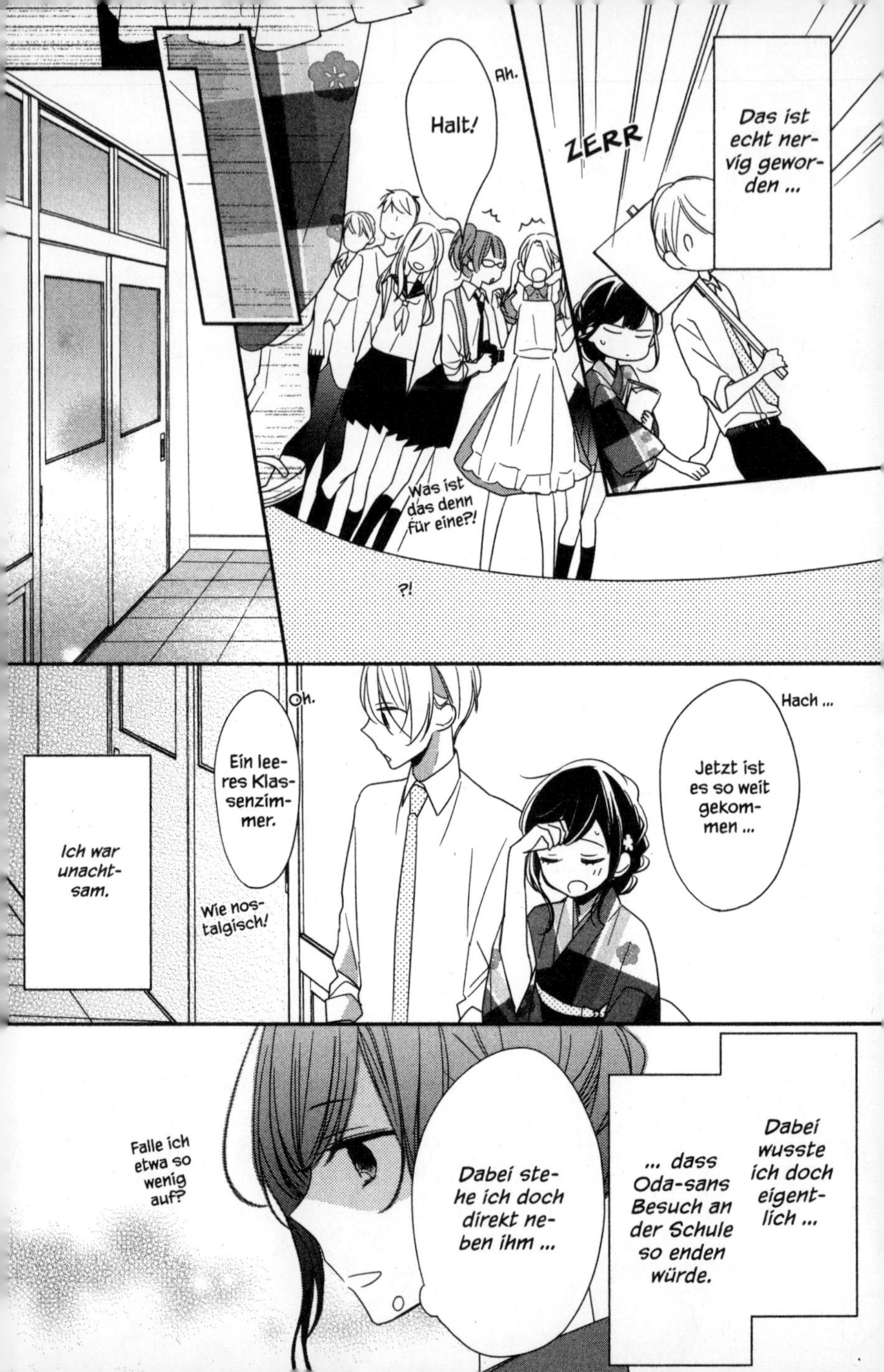
Das ist echt nervig geworden ...
ZERR
Ah.
Halt!
Was ist das denn für eine?!
?!
Hach ...
Jetzt ist es so weit gekommen ...
Oh.
Ein leeres Klassenzimmer.
Wie nostalgisch!
Ich war unachtsam.
Dabei wusste ich doch eigentlich ...
... dass Oda-sans Besuch an der Schule so enden würde.
Dabei stehe ich doch direkt neben ihm ...
Falle ich etwa so wenig auf?

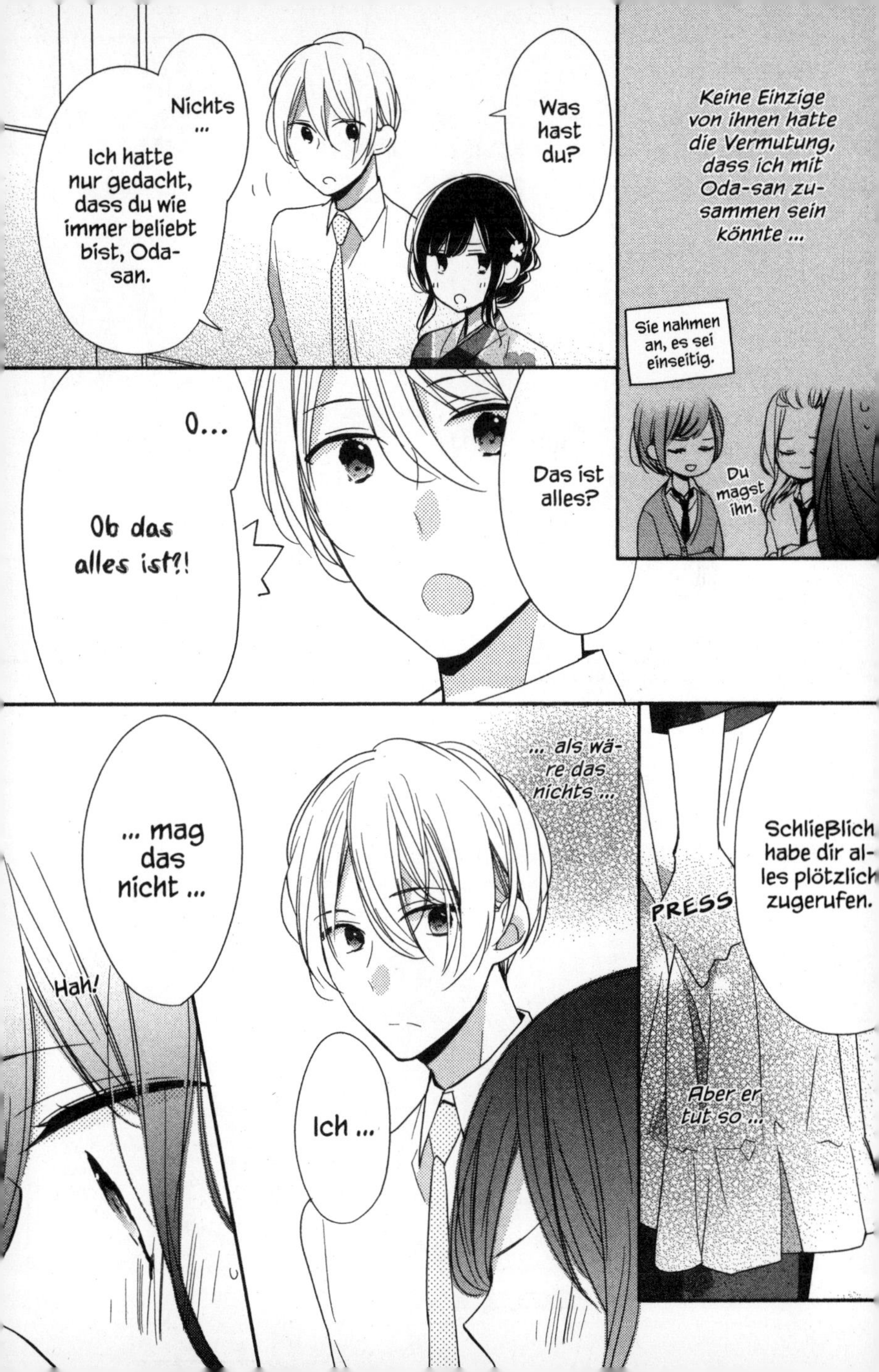
Keine Einzige von ihnen hatte die Vermutung, dass ich mit Oda-san zusammen sein könnte ...
Sie nahmen an, es sei einseitig.
Du magst ihn.
Was hast du?
Nichts ... Ich hatte nur gedacht, dass du wie immer beliebt bist, Oda-san.
Das ist alles?
O...
Ob das alles ist?!
Schließlich habe dir alles plötzlich zugerufen.
PRESS
Aber er tut so ...
... als wäre das nichts ...
Hah!
Ich ...
... mag das nicht ...

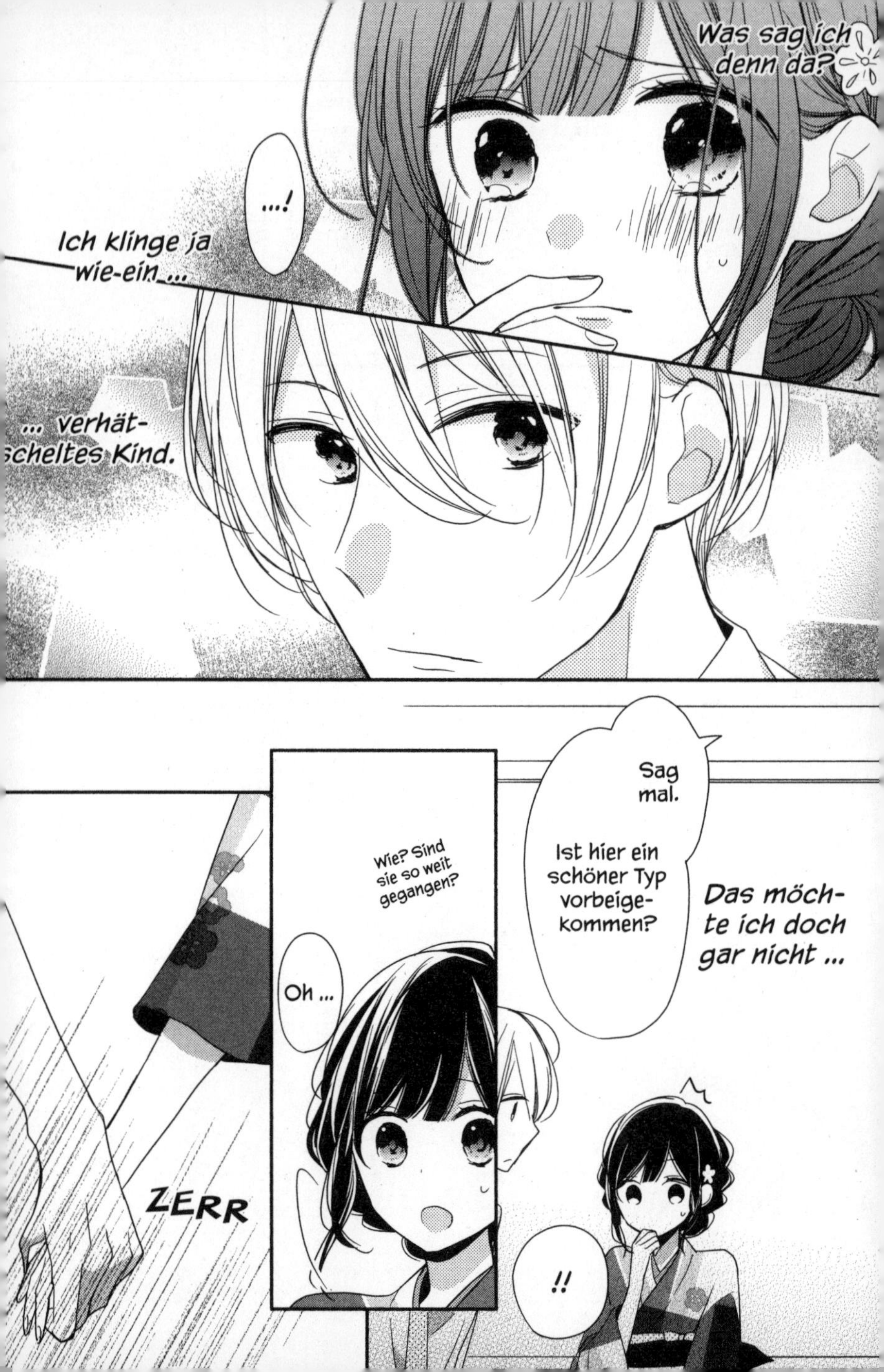
Was sag ich denn da?
...!
Ich klinge ja wie ein ...
... verhätscheltes Kind.
Sag mal.
Ist hier ein schöner Typ vorbeigekommen?
Das möchte ich doch gar nicht ...
Wie? Sind sie so weit gegangen?
Oh ...
ZERR
!!

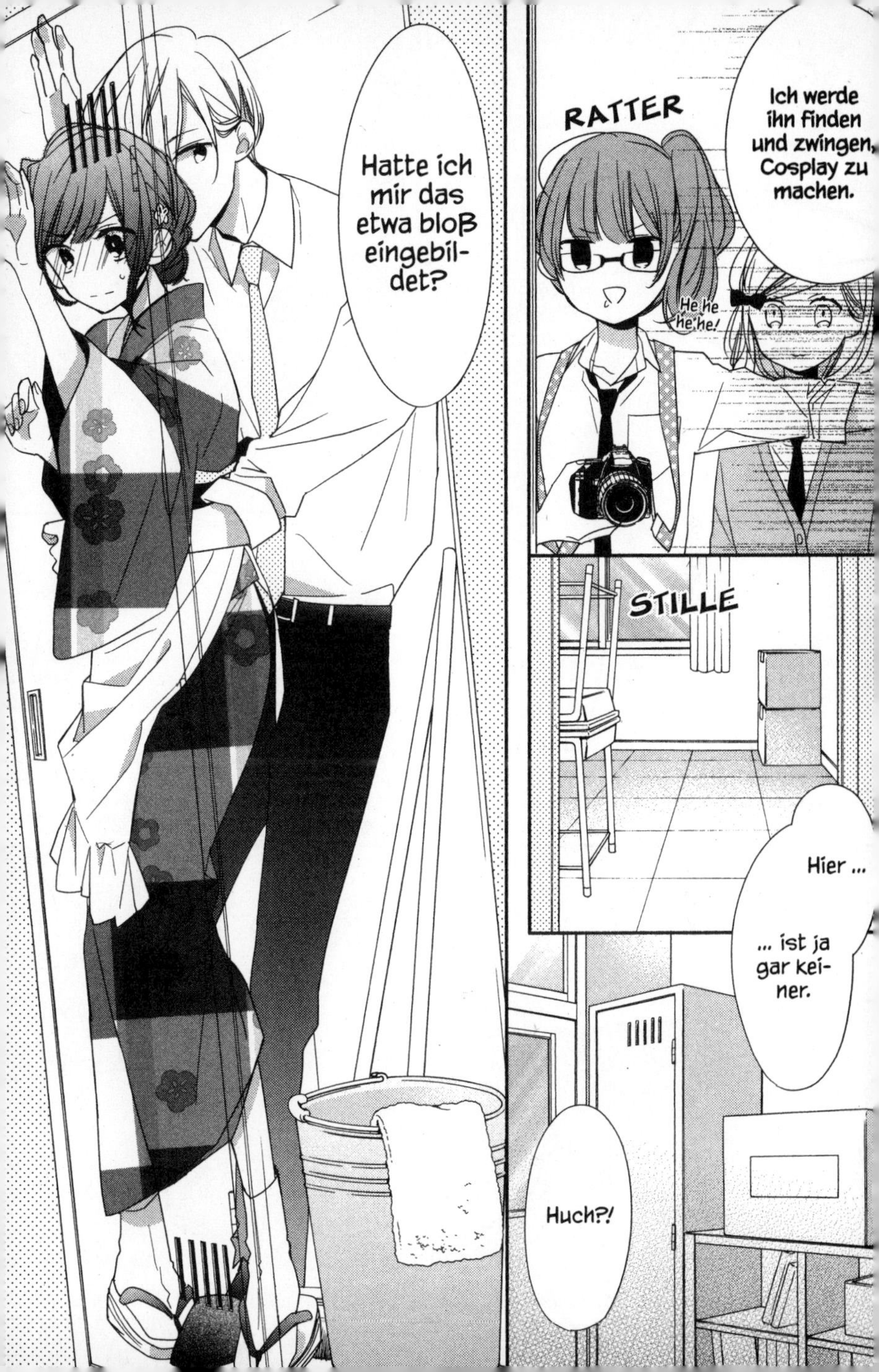
Ich werde ihn finden und zwingen, Cosplay zu machen.
RATTER
He he he he!
STILLE
Hier ...
... ist ja gar keiner.
Huch?!
Hatte ich mir das etwa bloß eingebildet?

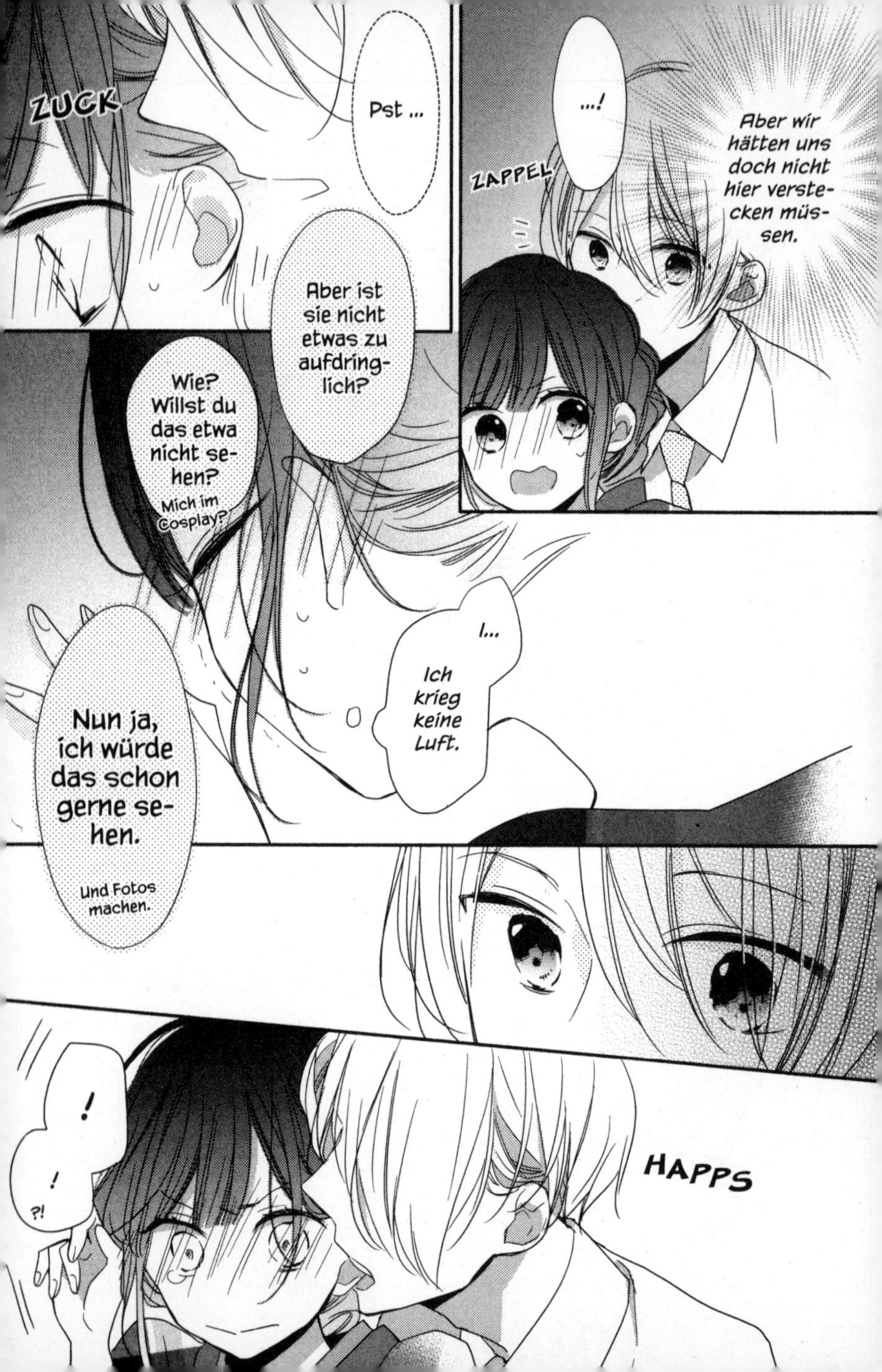
Aber wir hätten uns doch nicht hier verstecken müssen.
…!
ZAPPEL
Pst …
ZUCK
Aber ist sie nicht etwas zu aufdringlich?
Wie? Willst du das etwa nicht sehen?
Mich im Cosplay?
I…
Ich krieg keine Luft.
Nun ja, ich würde das schon gerne sehen.
Und Fotos machen.
HAPPS
!
!
?!

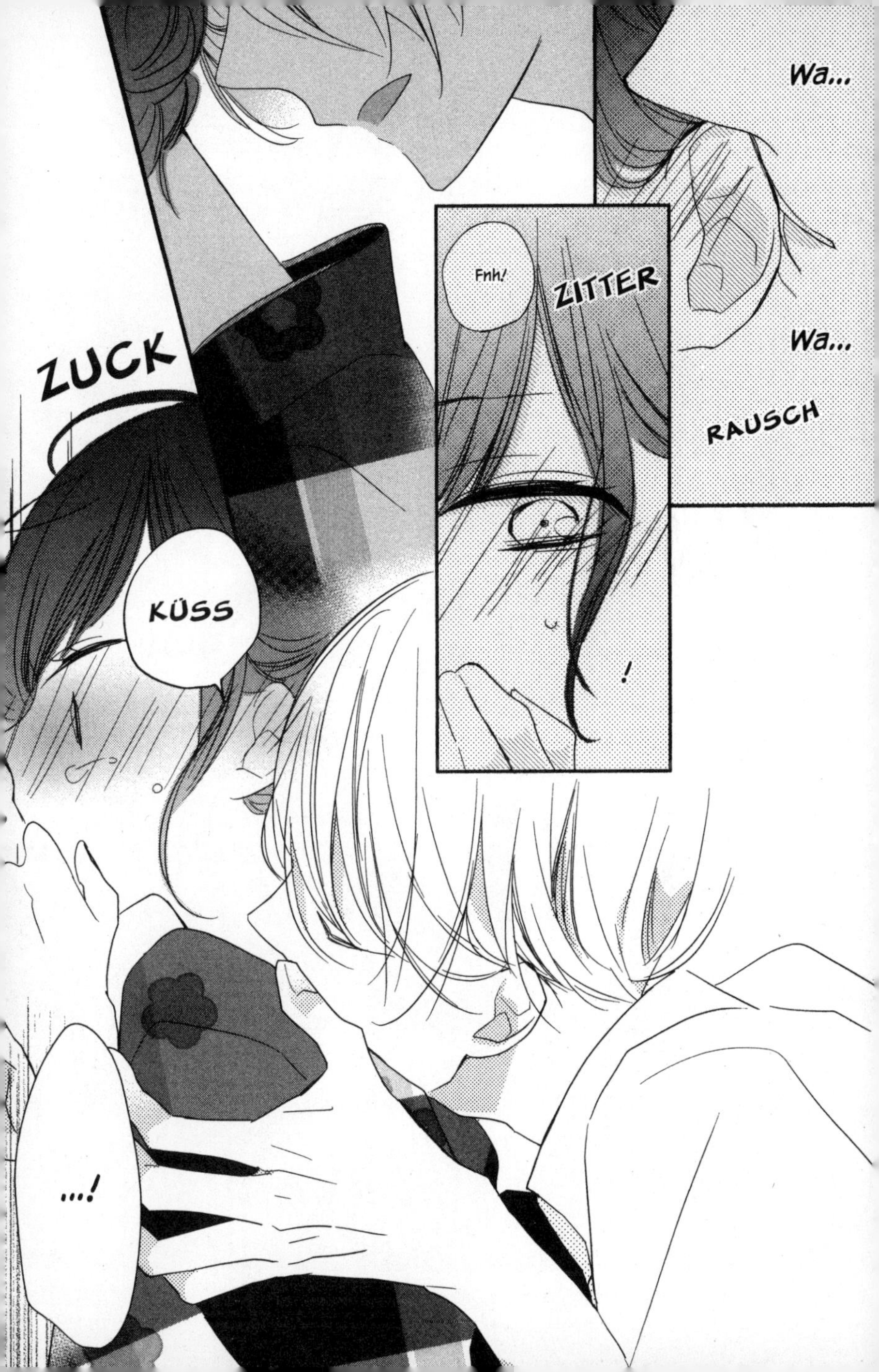
Wa...
Wa...
RAUSCH
ZITTER
Fnh!
!
ZUCK
KÜSS
...!

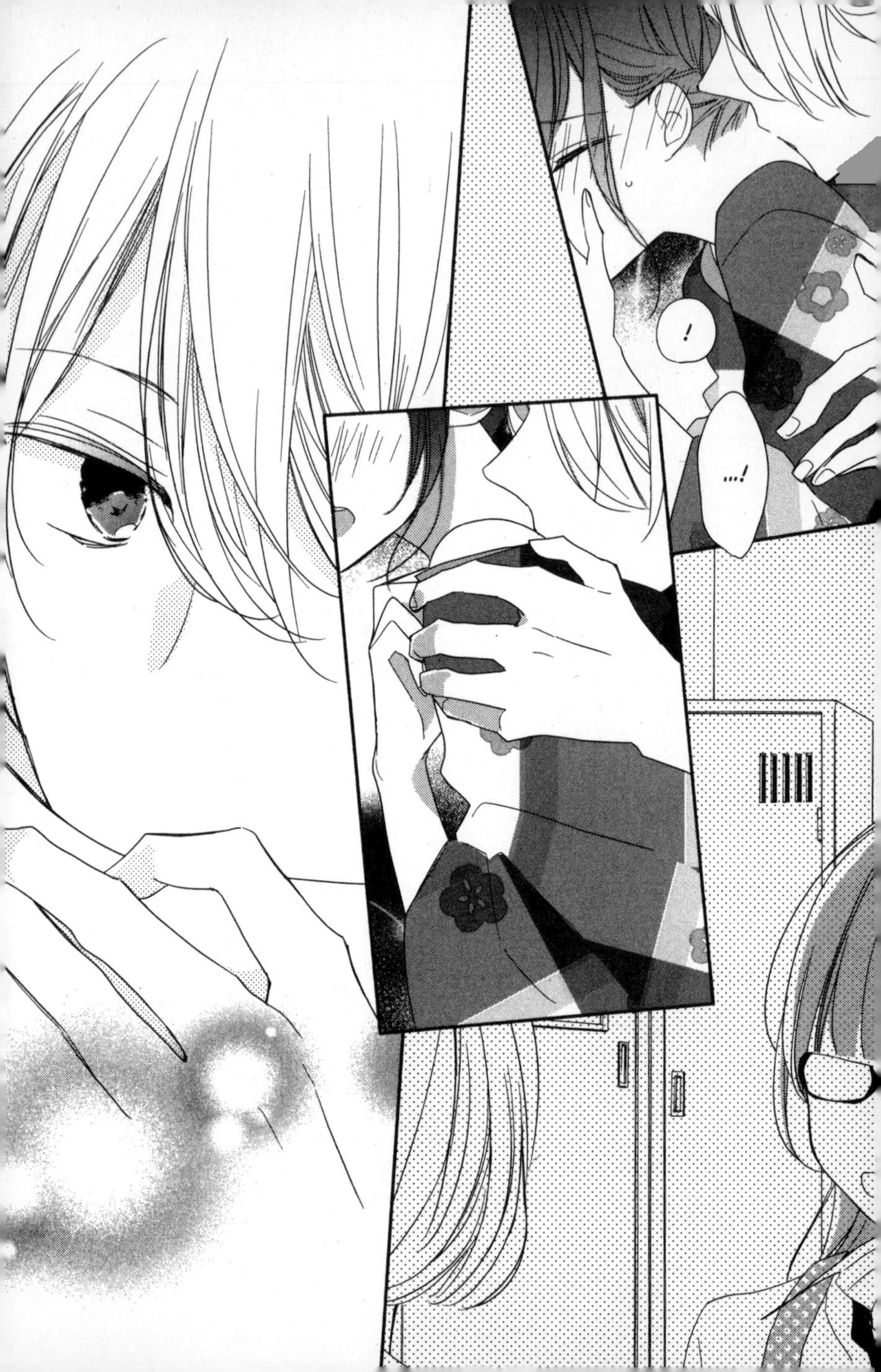

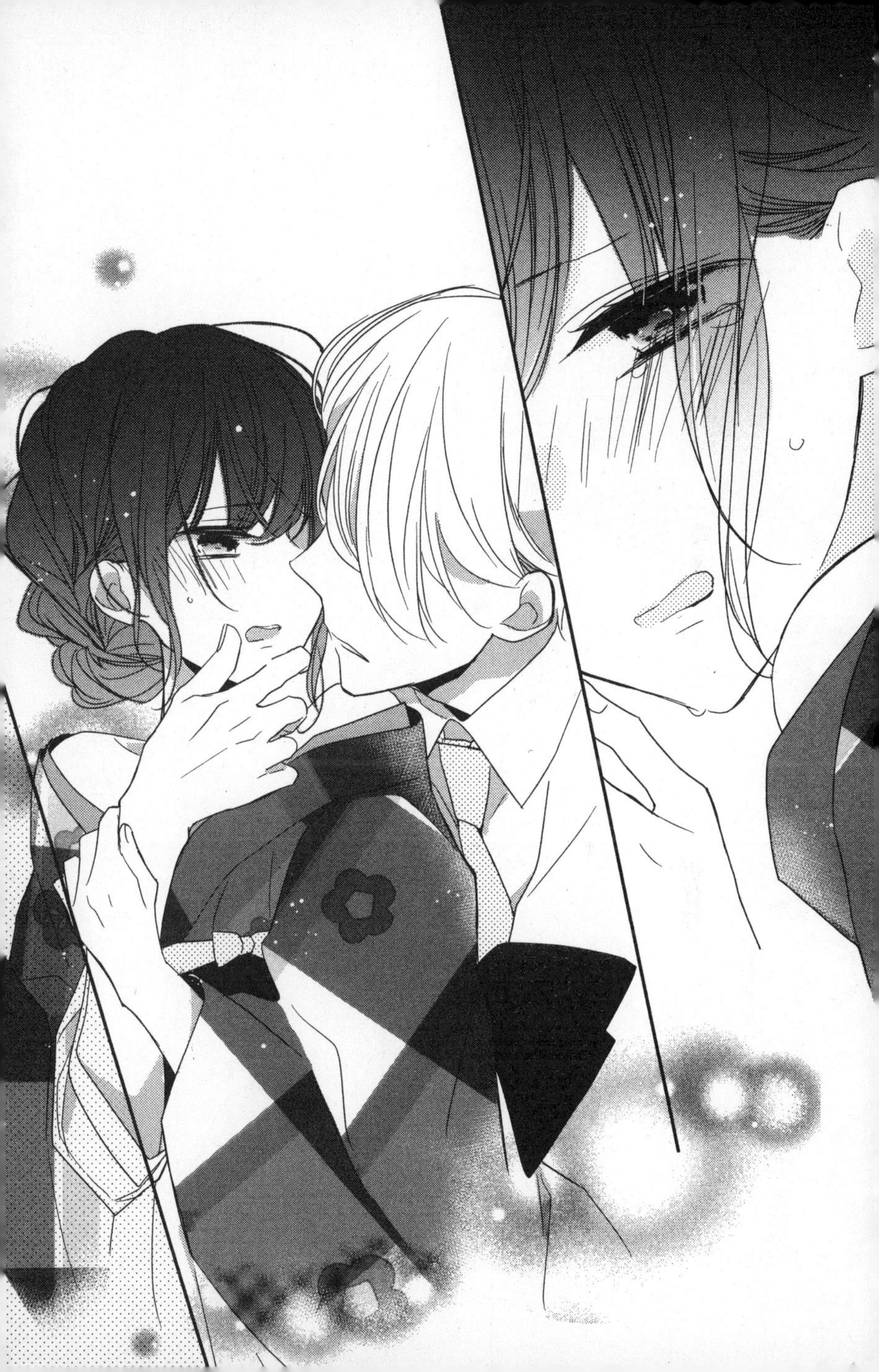

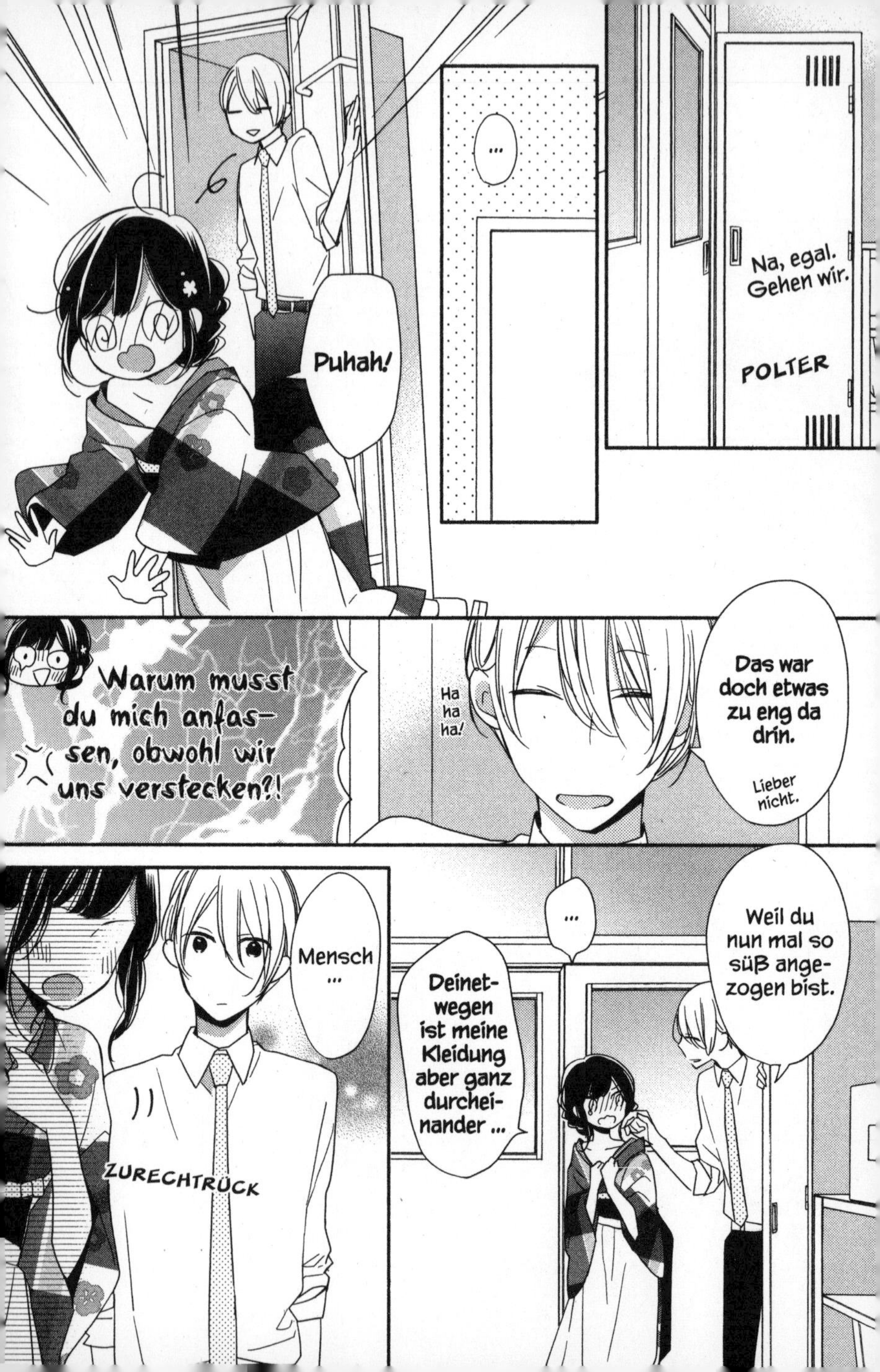
Na, egal. Gehen wir.
POLTER
…
Puhah!
Das war doch etwas zu eng da drin.
Lieber nicht.
Ha ha ha!
Warum musst du mich anfassen, obwohl wir uns verstecken?!
Weil du nun mal so süß angezogen bist.
…
Deinetwegen ist meine Kleidung aber ganz durcheinander …
Mensch …
ZURECHTRÜCK

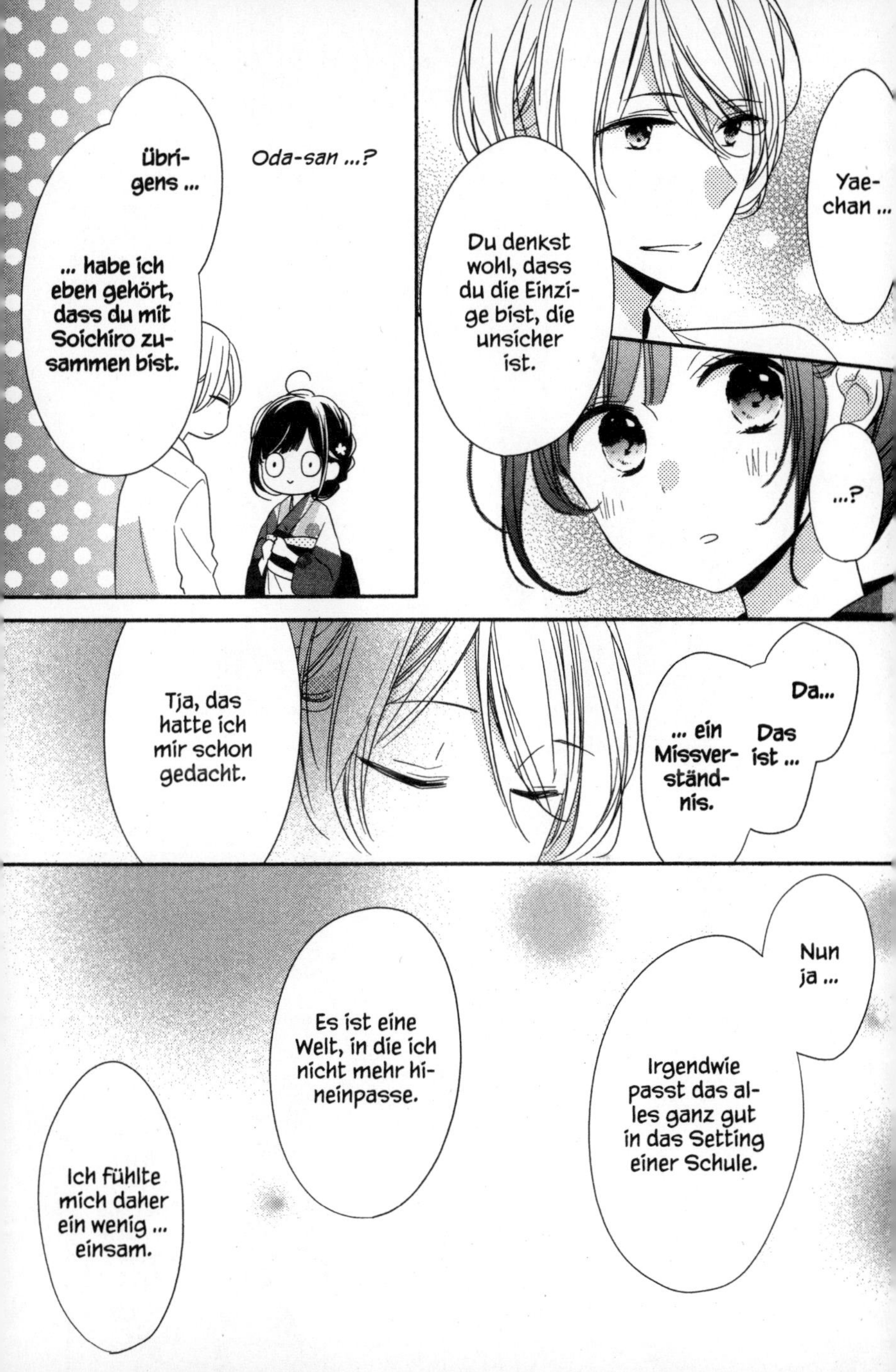
Yae-chan ...
Du denkst wohl, dass du die Einzige bist, die unsicher ist.
...?
Oda-san ...?
Übrigens ...
... habe ich eben gehört, dass du mit Soichiro zusammen bist.
Da... Das ist ...
... ein Missverständnis.
Tja, das hatte ich mir schon gedacht.
Nun ja ...
Irgendwie passt das alles ganz gut in das Setting einer Schule.
Es ist eine Welt, in die ich nicht mehr hineinpasse.
Ich fühlte mich daher ein wenig ... einsam.

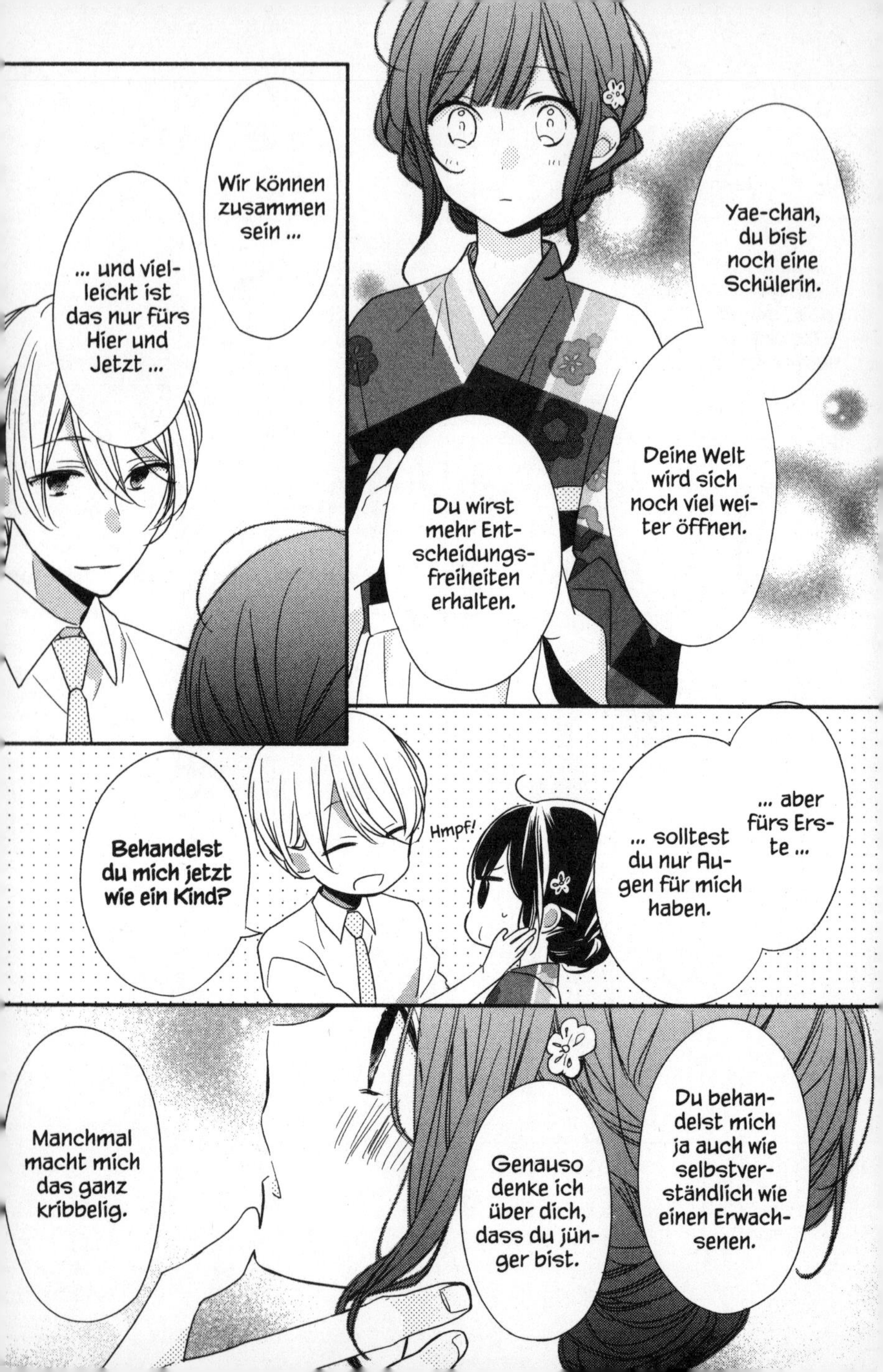
Yae-chan, du bist noch eine Schülerin.
Deine Welt wird sich noch viel weiter öffnen.
Du wirst mehr Entscheidungsfreiheiten erhalten.
Wir können zusammen sein ...
... und vielleicht ist das nur fürs Hier und Jetzt ...
... aber fürs Erste ...
... solltest du nur Augen für mich haben.
Hmpf!
Behandelst du mich jetzt wie ein Kind?
Du behandelst mich ja auch wie selbstverständlich wie einen Erwachsenen.
Genauso denke ich über dich, dass du jünger bist.
Manchmal macht mich das ganz kribbelig.

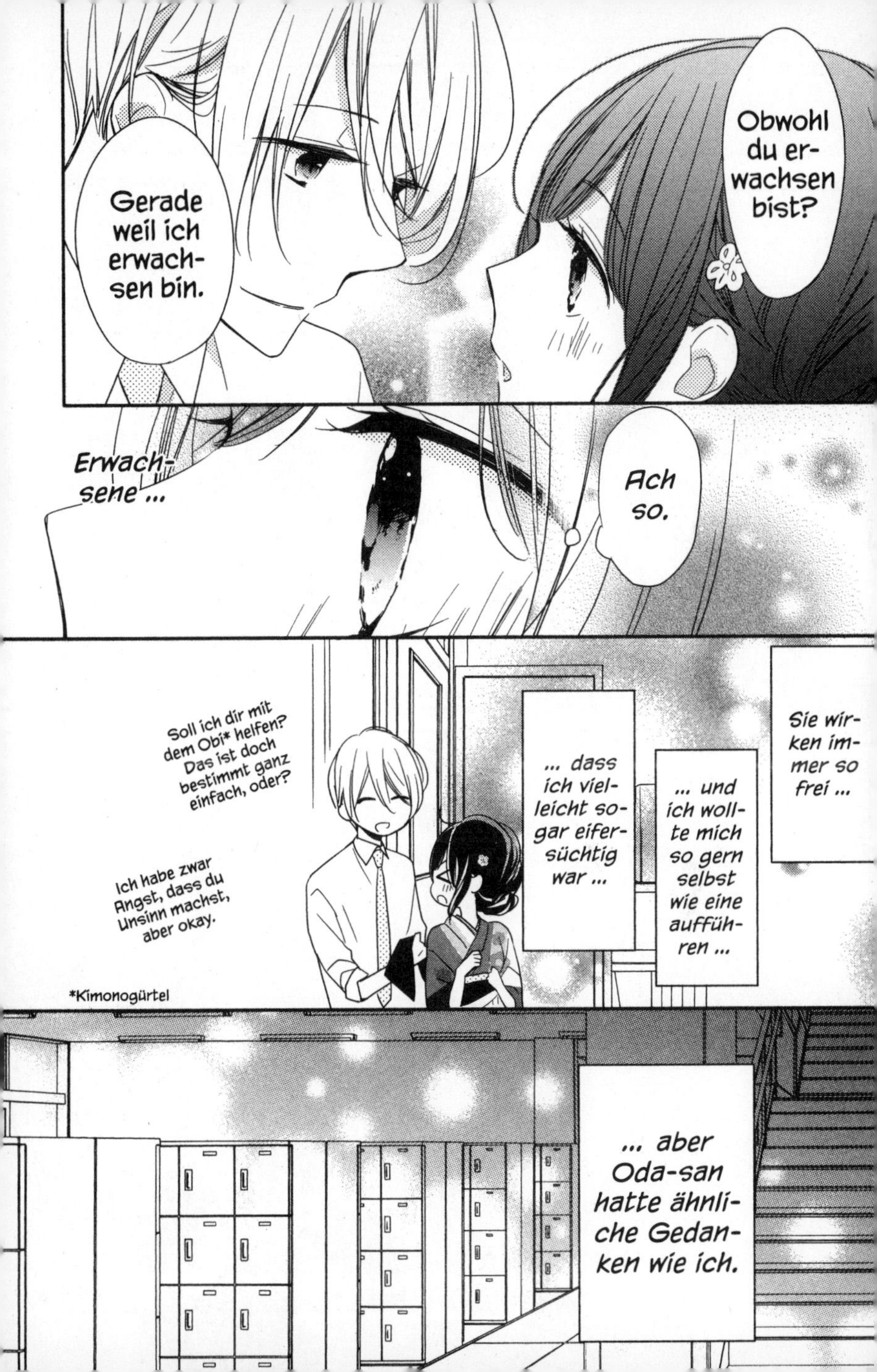
Obwohl du erwachsen bist?
Gerade weil ich erwachsen bin.
Ach so.
Erwachsene ...
Sie wirken immer so frei ...
... und ich wollte mich so gern selbst wie eine aufführen ...
... dass ich vielleicht sogar eifersüchtig war ...
Soll ich dir mit dem Obi* helfen? Das ist doch bestimmt ganz einfach, oder?
Ich habe zwar Angst, dass du Unsinn machst, aber okay.
*Kimonogürtel
... aber Oda-san hatte ähnliche Gedanken wie ich.

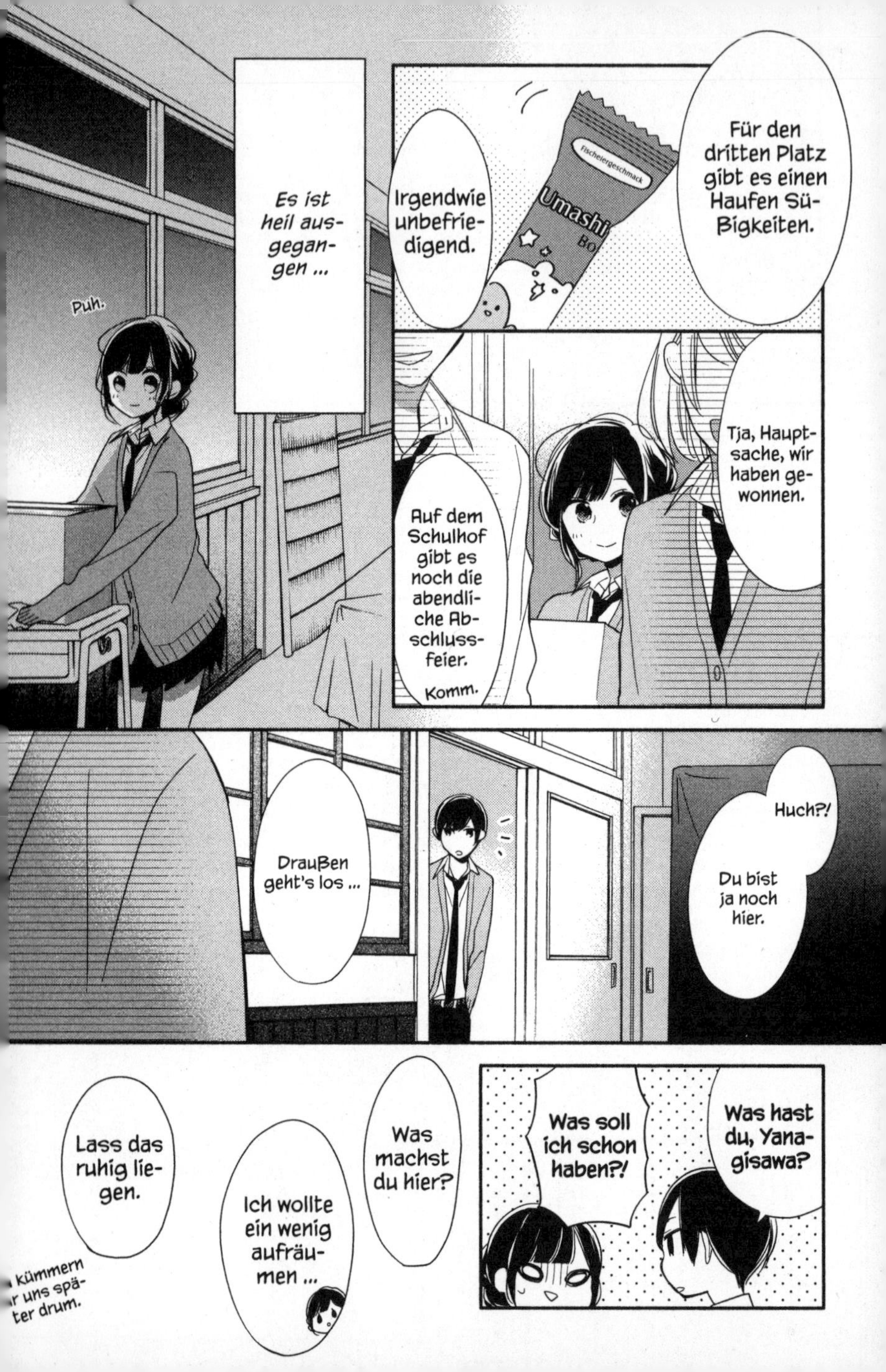

Für den dritten Platz gibt es einen Haufen Süßigkeiten.
Irgendwie unbefriedigend.
Fischeiergeschmack
Umashi
Es ist heil ausgegangen ...
Puh.
Tja, Hauptsache, wir haben gewonnen.
Auf dem Schulhof gibt es noch die abendliche Abschlussfeier.
Komm.
Huch?!
Du bist ja noch hier.
Draußen geht's los ...

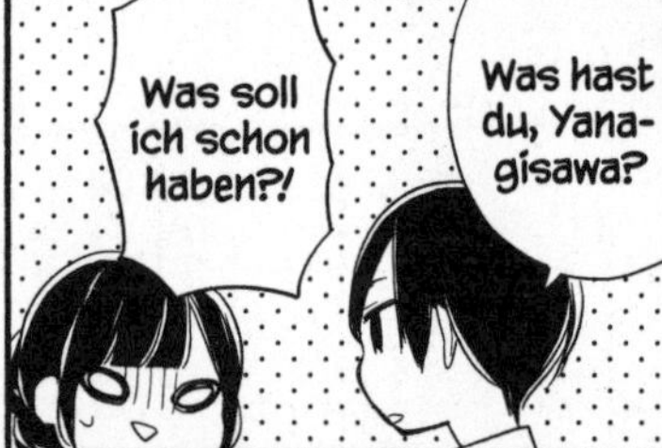

Was machst du hier?
Ich wollte ein wenig aufräumen ...
Lass das ruhig liegen.
kümmern
uns später drum.

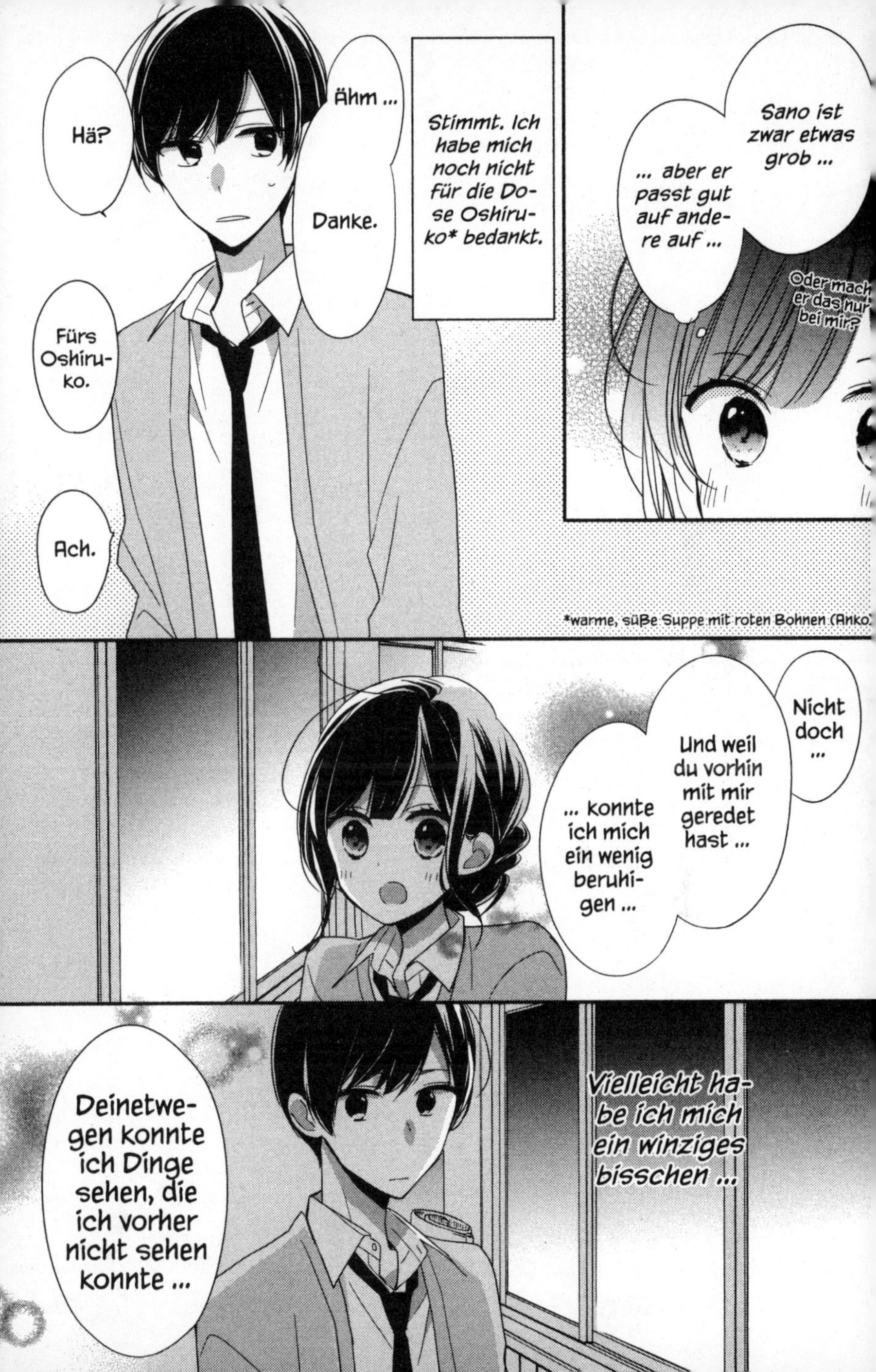
Sano ist zwar etwas grob ...
... aber er passt gut auf andere auf ...
Oder mach er das nur bei mir?
Stimmt. Ich habe mich noch nicht für die Dose Oshiruko* bedankt.
Ähm ...
Danke.
Hä?
Fürs Oshiruko.
Ach.
*warme, süße Suppe mit roten Bohnen (Anko)
Nicht doch ...
Und weil du vorhin mit mir geredet hast ...
... konnte ich mich ein wenig beruhigen ...
Vielleicht habe ich mich ein winziges bisschen ...
Deinetwegen konnte ich Dinge sehen, die ich vorher nicht sehen konnte ...

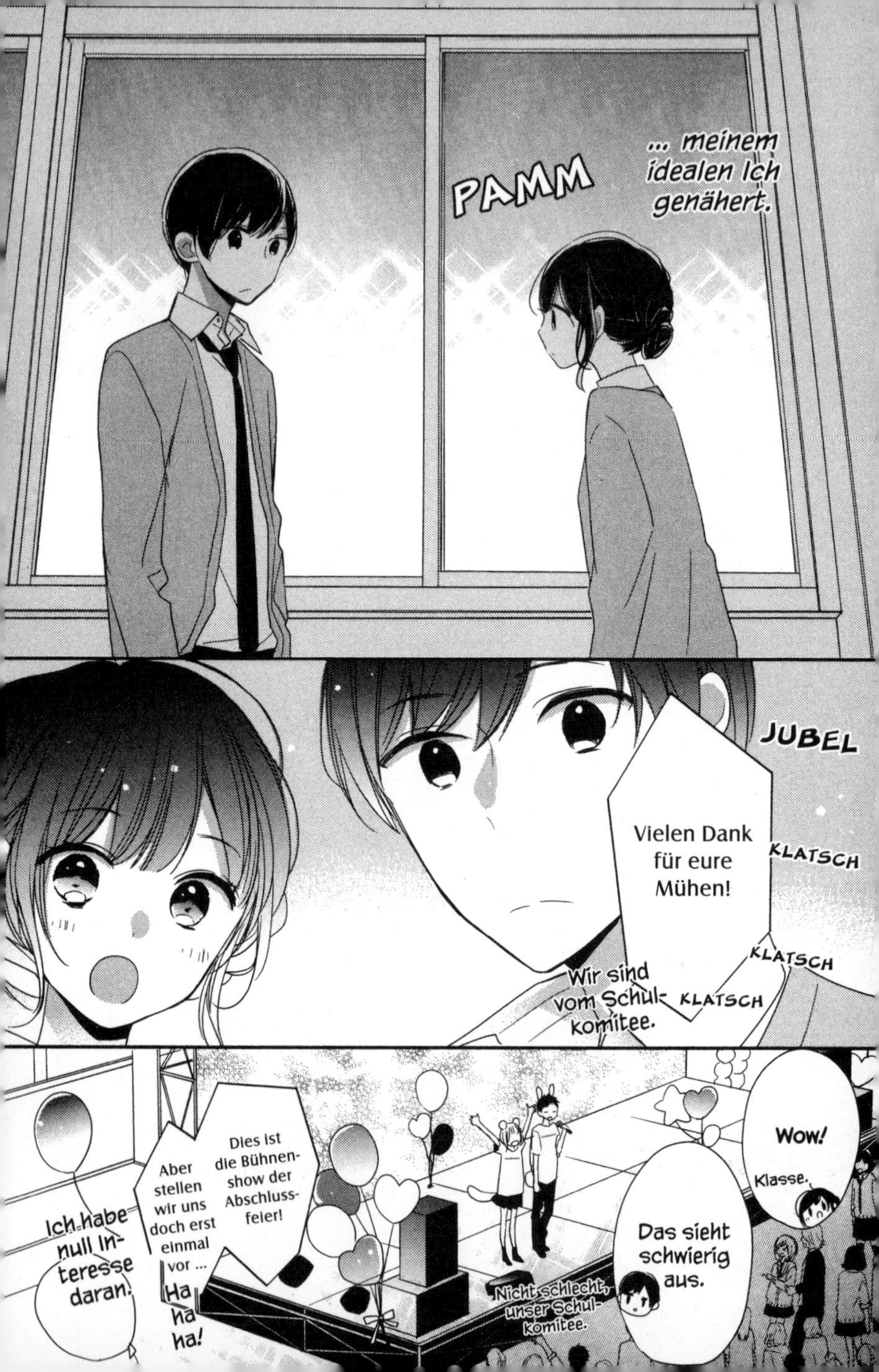
... meinem idealen Ich genähert.
PAMM
JUBEL
Vielen Dank für eure Mühen!
KLATSCH
KLATSCH
KLATSCH
Wir sind vom Schulkomitee.
Wow!
Klasse.
Das sieht schwierig aus.
Nicht schlecht, unser Schulkomitee.
Dies ist die Bühnenshow der Abschlussfeier!
Aber stellen wir uns doch erst einmal vor ...
Ha ha ha!
Ich habe null Interesse daran.

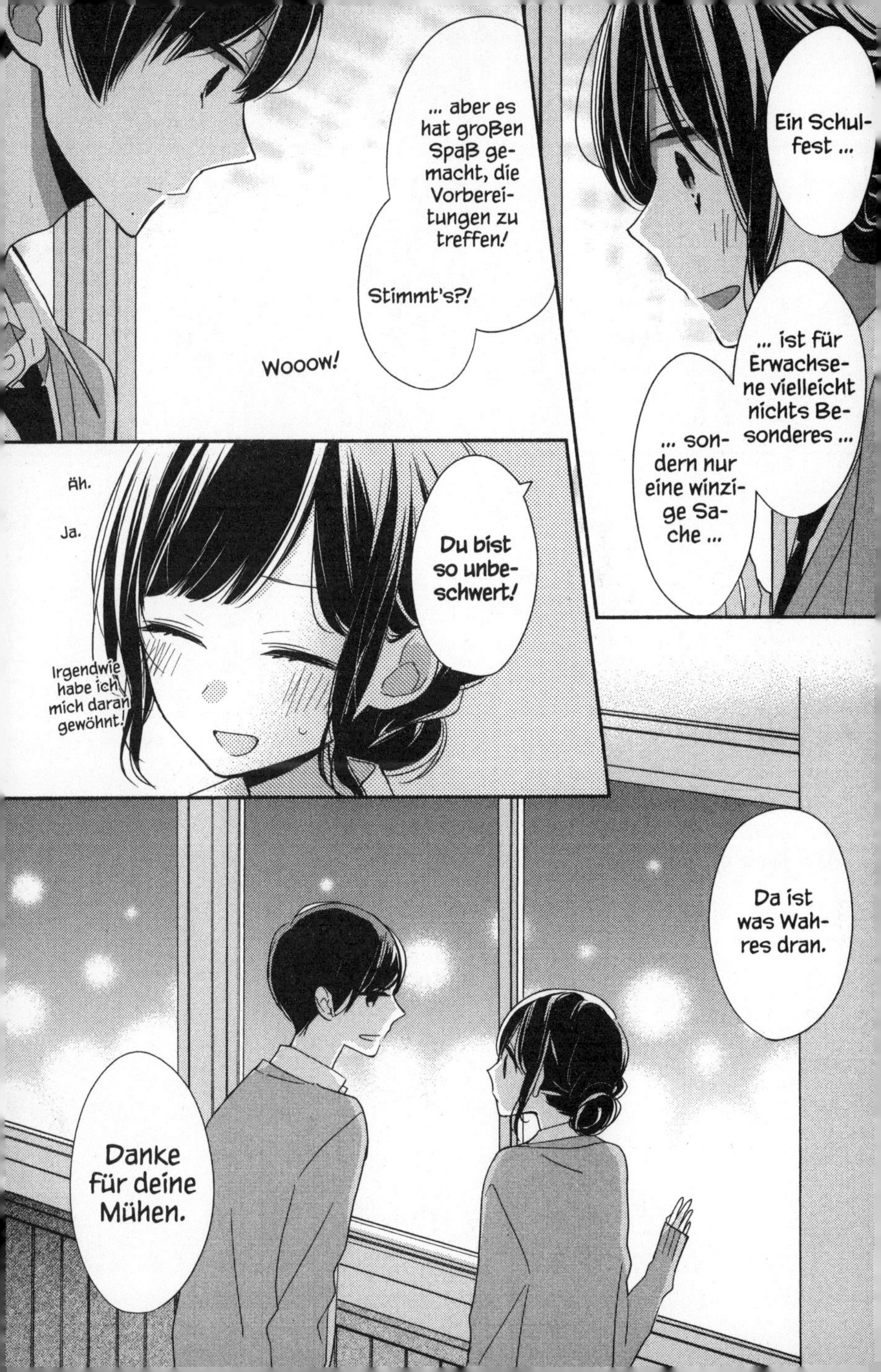
Ein Schulfest ...
... ist für Erwachsene vielleicht nichts Besonderes ...
... sondern nur eine winzige Sache ...
... aber es hat großen Spaß gemacht, die Vorbereitungen zu treffen!
Stimmt's?!
Wooow!
Du bist so unbeschwert!
Äh.
Ja.
Irgendwie habe ich mich daran gewöhnt!
Da ist was Wahres dran.
Danke für deine Mühen.

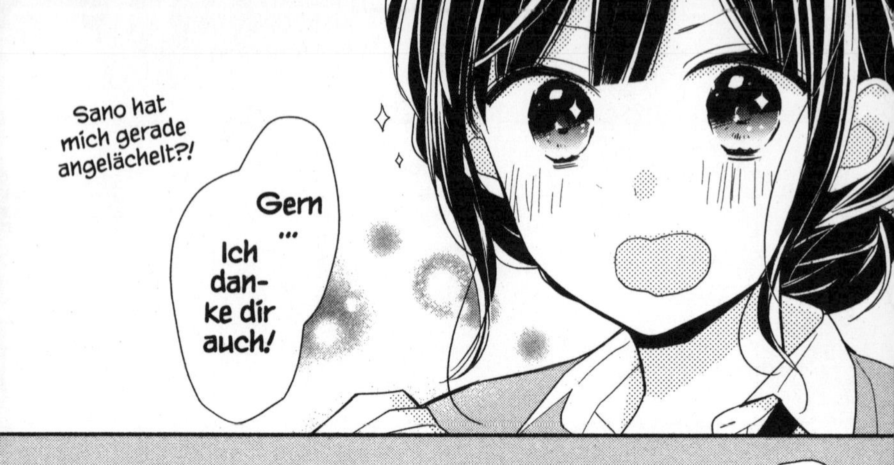

Ich ...

... werde mich noch viel mehr anstrengen, damit ich Oda-san noch näher komme!

Ich muss es nicht überstürzen ...

... sondern kann geruhsam meinen Weg gehen.

Hä?!

Darüber haben wir doch gar nicht geredet?!

Was hast du denn für Gedankengänge?

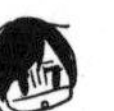

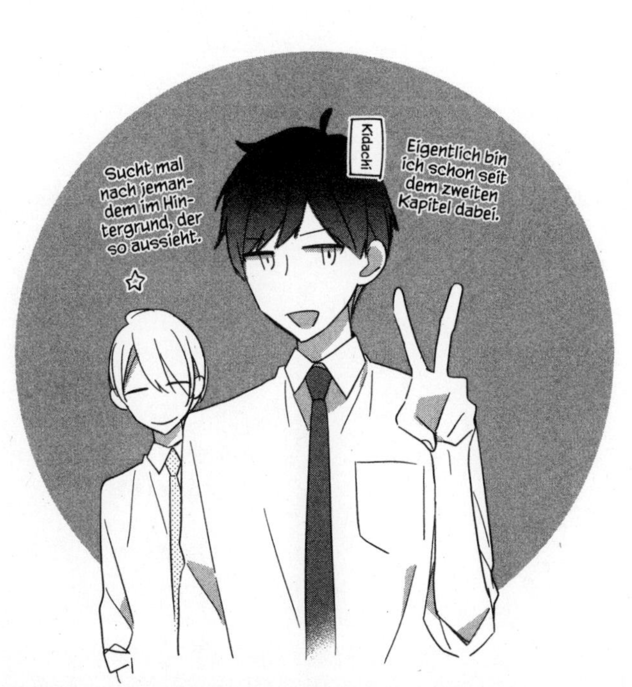
Kidachi
Eigentlich bin ich schon seit dem zweiten Kapitel dabei.
Sucht mal nach jemandem im Hintergrund, der so aussieht. ☆

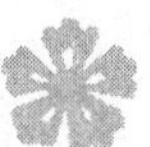

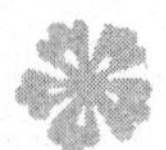

If I was given a second chance …

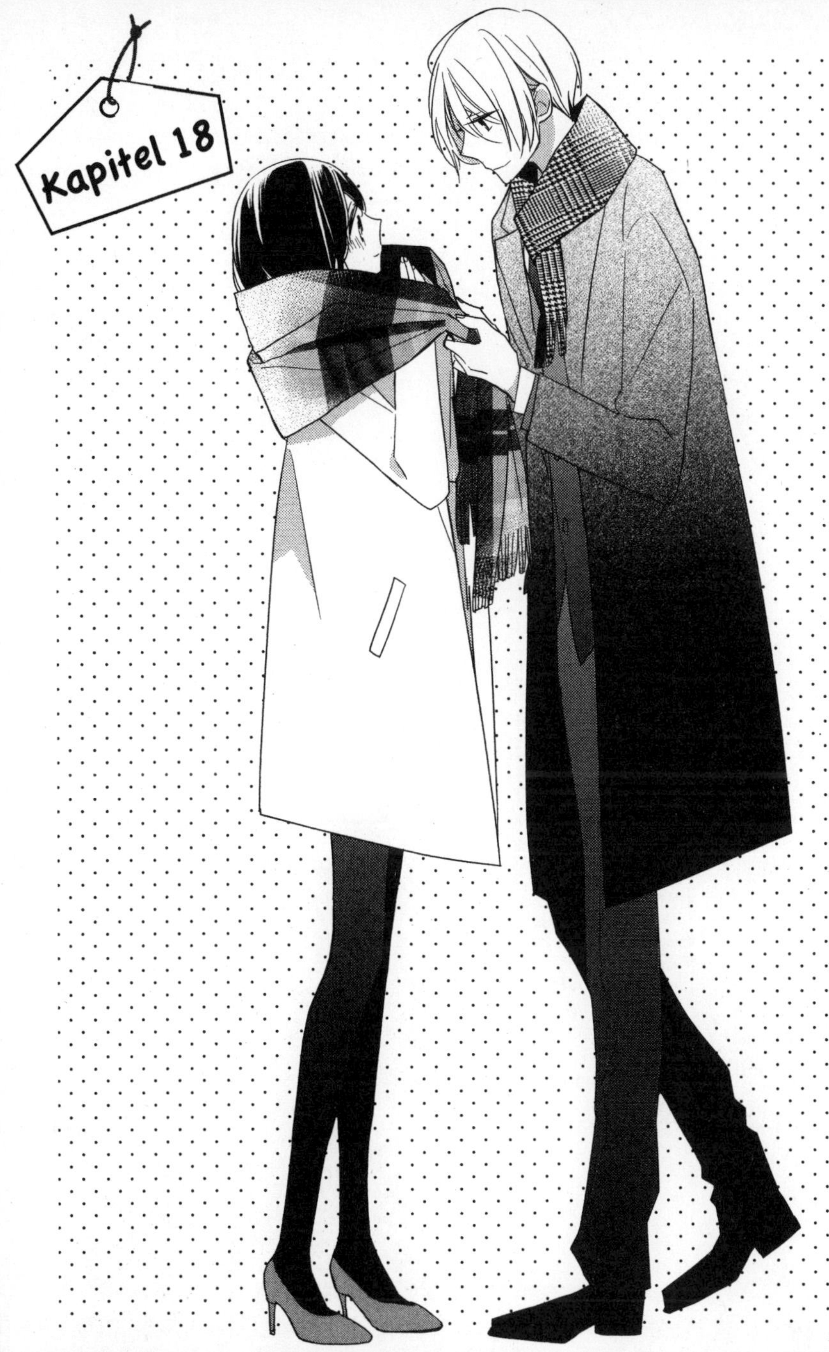
Kapitel 18

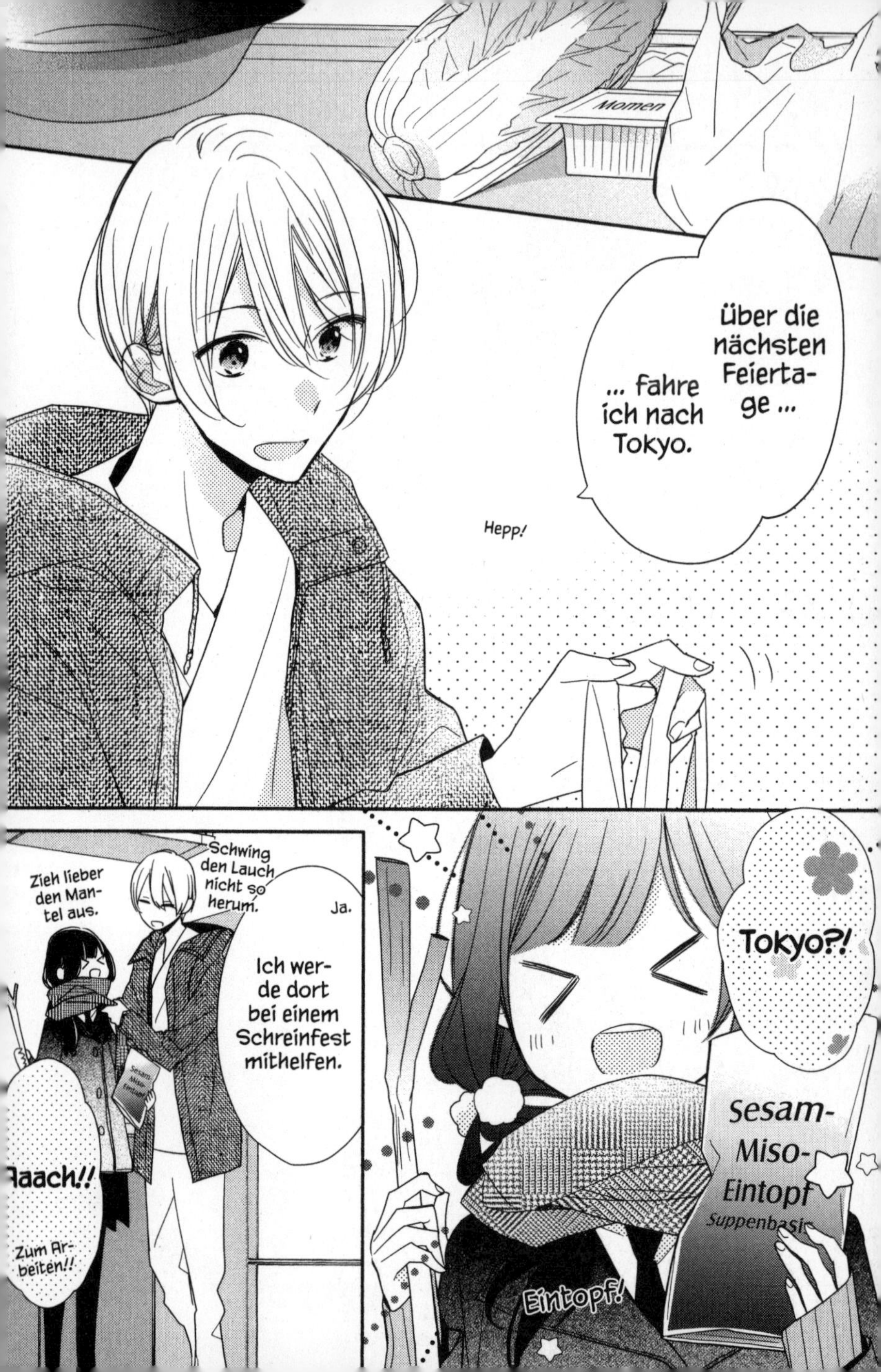
Momen
über die nächsten Feiertage ...
... fahre ich nach Tokyo.
Hepp!
Tokyo?!
Sesam-Miso-Eintopf Suppenbasis
Eintopf!
Ja.
Ich werde dort bei einem Schreinfest mithelfen.
Schwing den Lauch nicht so herum.
Zieh lieber den Mantel aus.
Aaach!!
Zum Arbeiten!!

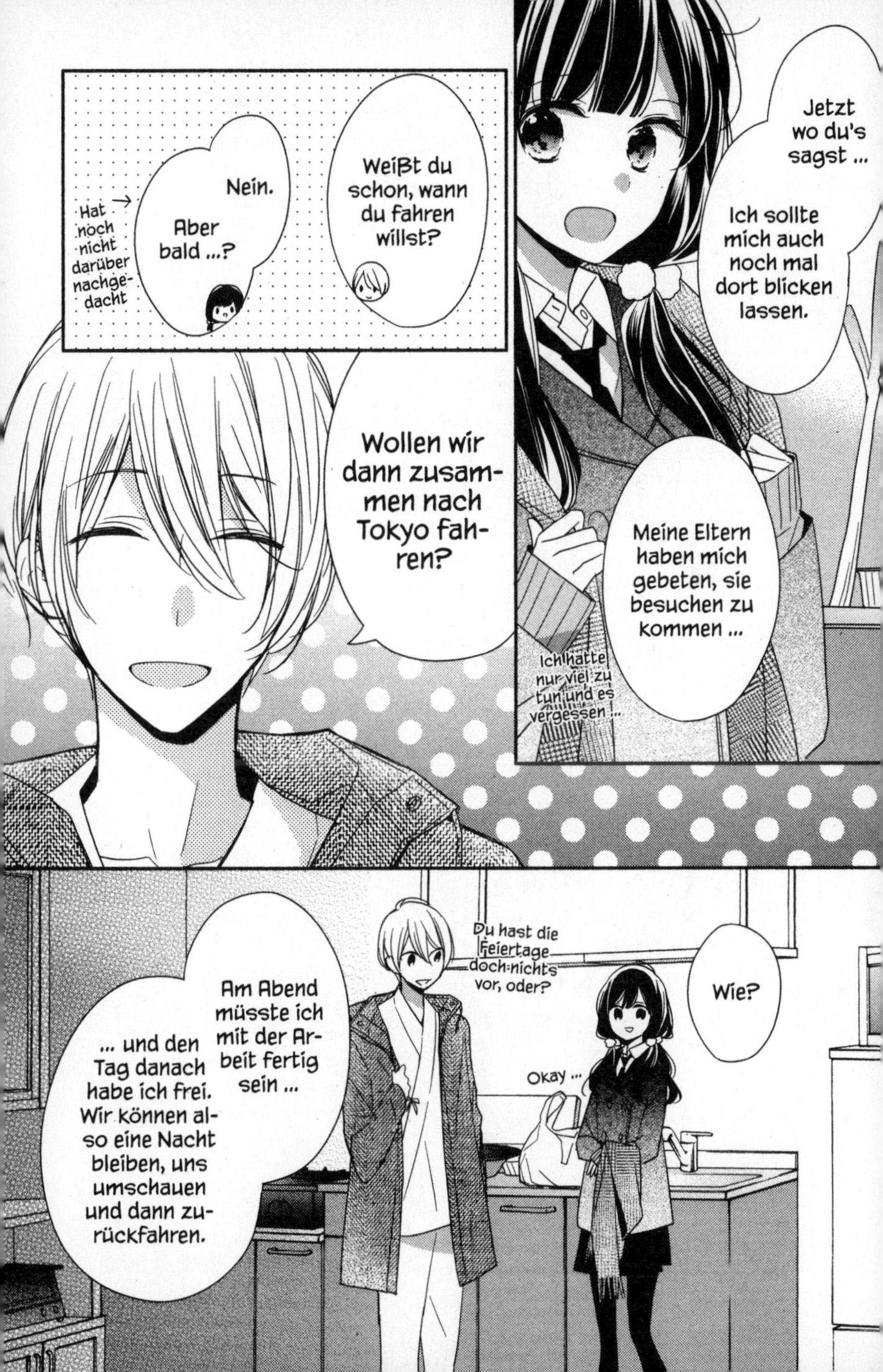
Jetzt wo du's sagst ...
Ich sollte mich auch noch mal dort blicken lassen.
Meine Eltern haben mich gebeten, sie besuchen zu kommen ...
Ich hatte nur viel zu tun und es vergessen ...
Weißt du schon, wann du fahren willst?
Nein.
Aber bald ...?
Hat noch nicht darüber nachgedacht
Wollen wir dann zusammen nach Tokyo fahren?
Wie?
Okay ...
Du hast die Feiertage doch nichts vor, oder?
Am Abend müsste ich mit der Arbeit fertig sein ...
... und den Tag danach habe ich frei. Wir können also eine Nacht bleiben, uns umschauen und dann zurückfahren.

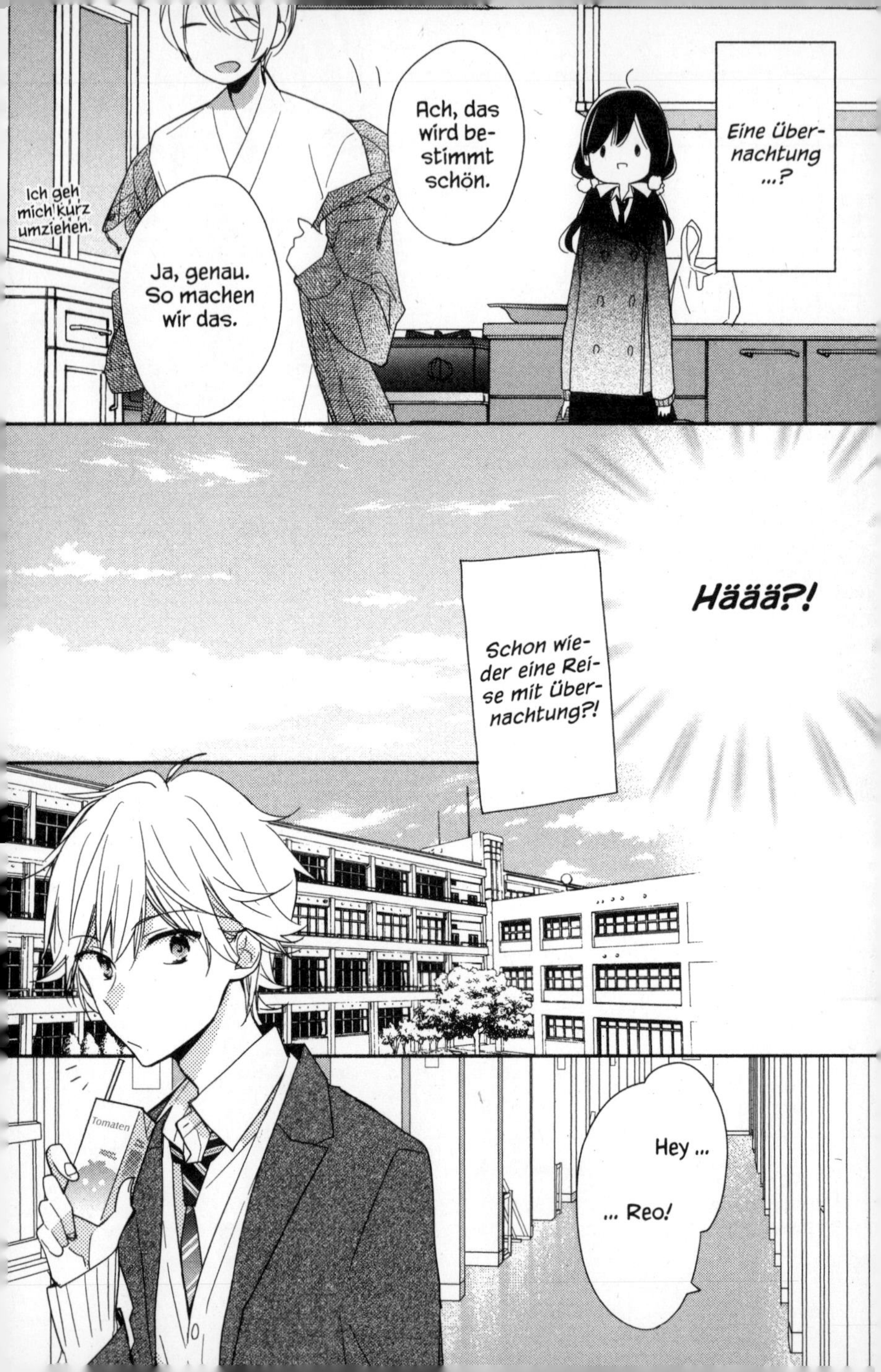

Eine Übernachtung ...?
Ach, das wird bestimmt schön.
Ja, genau. So machen wir das.
Ich geh mich kurz umziehen.
Häää?!
Schon wieder eine Reise mit Übernachtung?!
Tomaten
Hey ...
... Reo!

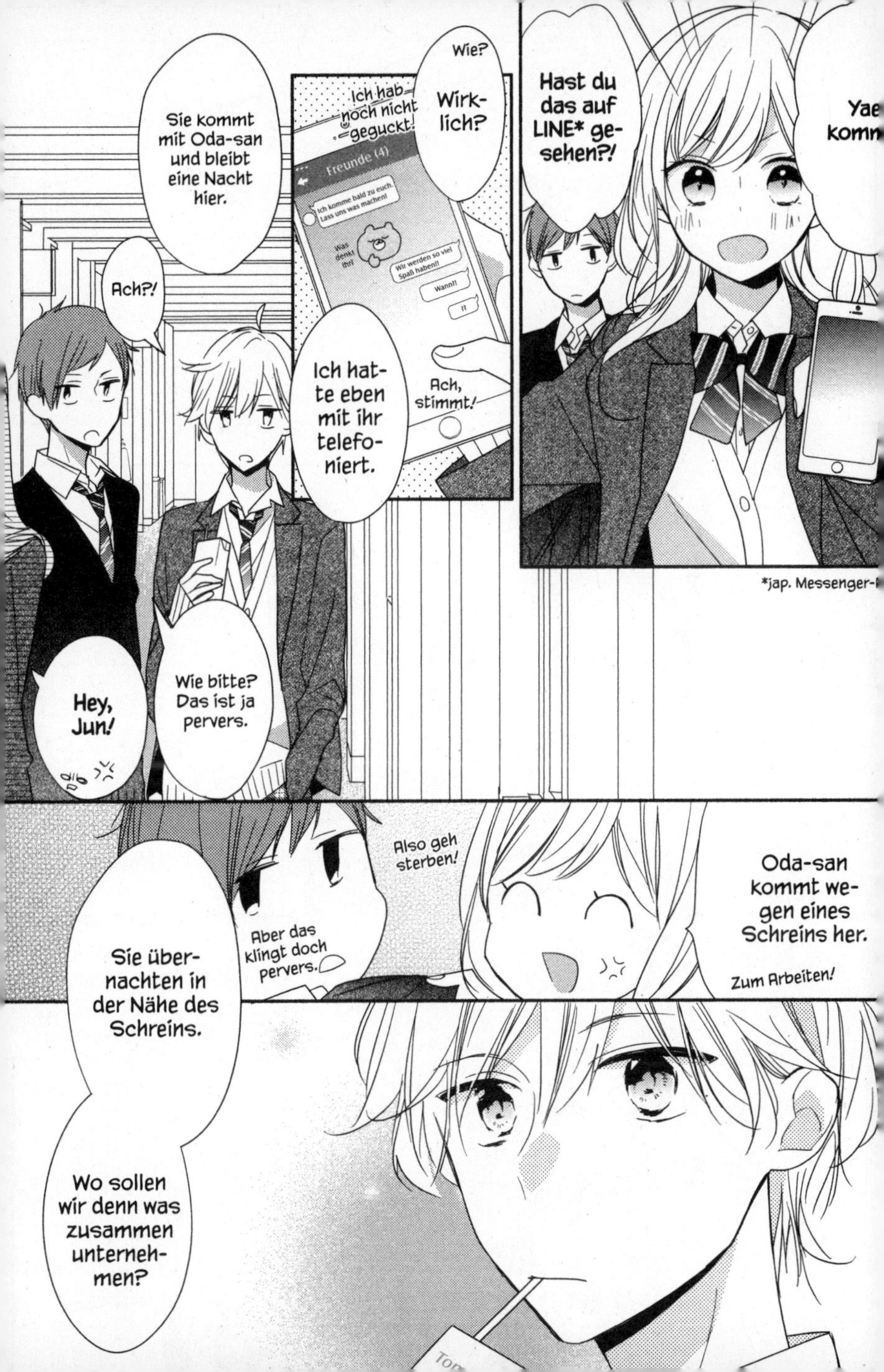
Yae komm
Hast du das auf LINE* gesehen?!
Wie? Wirklich?
Ich hab noch nicht geguckt!
Freunde (4)
Ich komme bald zu euch. Lass uns was machen!
Was denkt ihr!
Wir werden so viel Spaß haben!!
Wann!!
Ach, stimmt!
Ich hatte eben mit ihr telefoniert.
Sie kommt mit Oda-san und bleibt eine Nacht hier.
Ach?!
Wie bitte? Das ist ja pervers.
Hey, Jun!
*jap. Messenger-
Oda-san kommt wegen eines Schreins her.
Zum Arbeiten!
Also geh sterben!
Aber das klingt doch pervers.
Sie übernachten in der Nähe des Schreins.
Wo sollen wir denn was zusammen unternehmen?

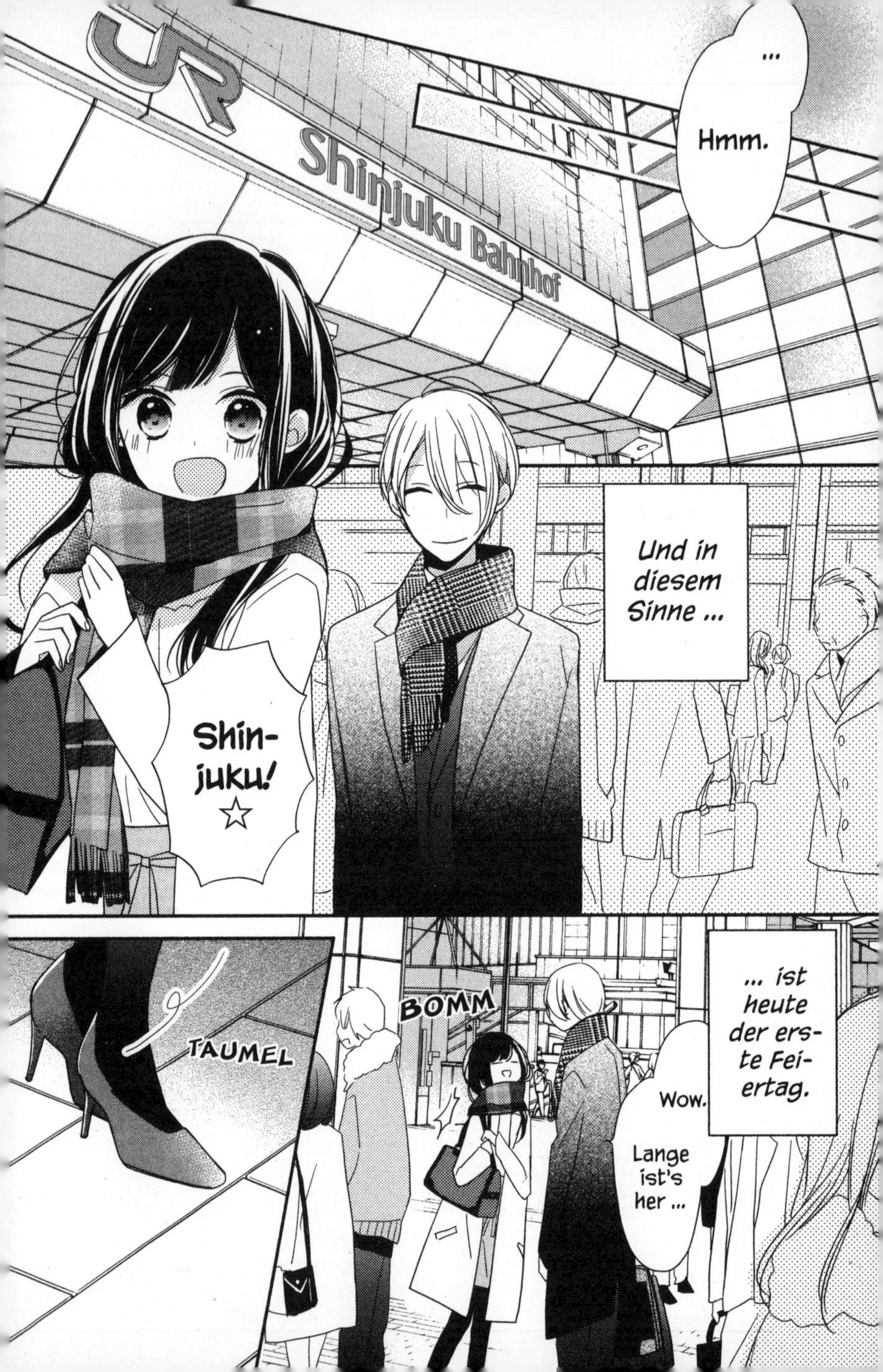
JR
Shinjuku Bahnhof
... Hmm.
Und in diesem Sinne ...
Shin-juku! ☆
... ist heute der ers-te Fei-ertag.
Wow.
Lange ist's her ...
BOMM
TAUMEL

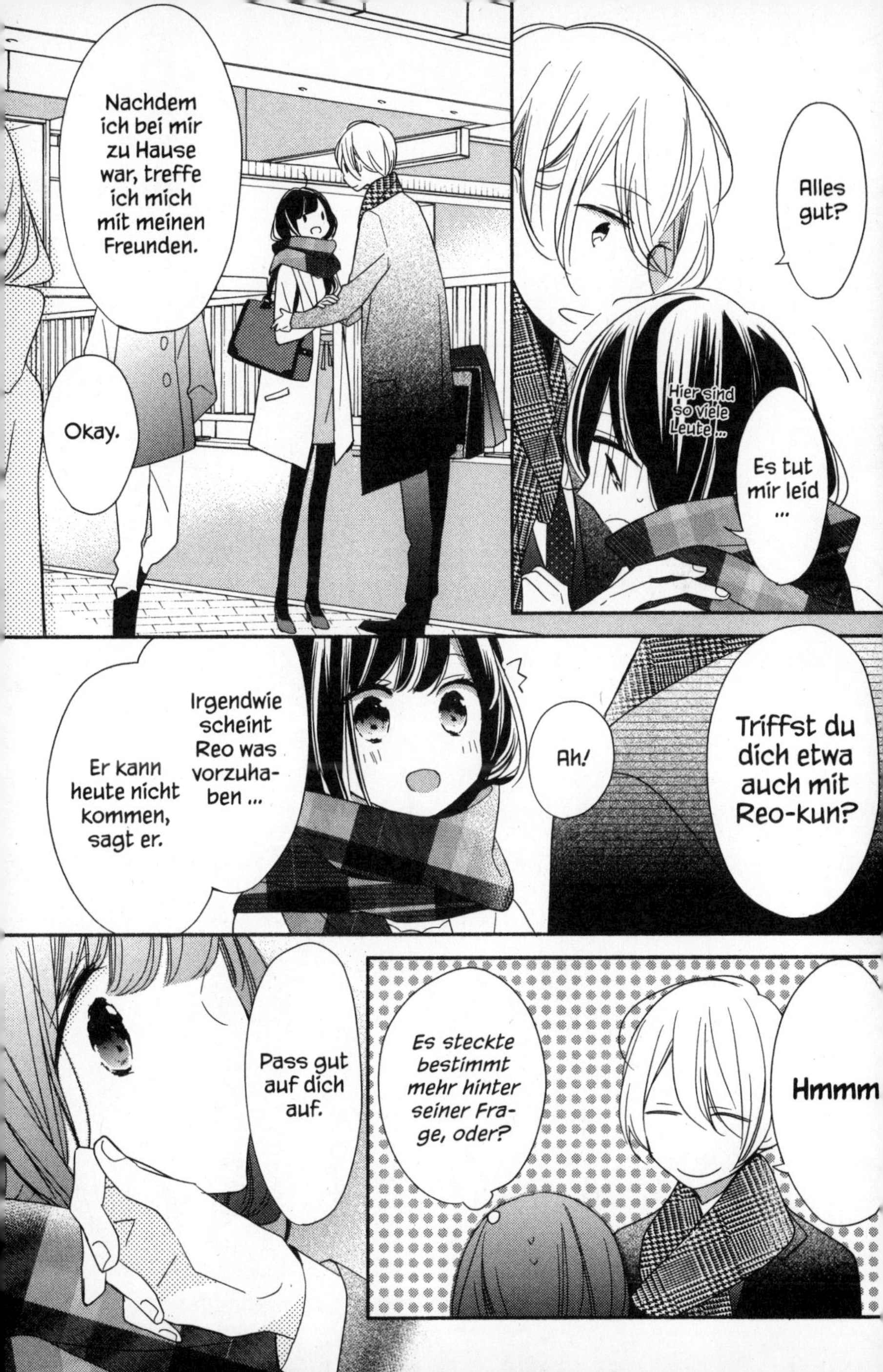
Alles gut?
Hier sind so viele Leute ...
Es tut mir leid ...
Nachdem ich bei mir zu Hause war, treffe ich mich mit meinen Freunden.
Okay.
Triffst du dich etwa auch mit Reo-kun?
Ah!
Irgendwie scheint Reo was vorzuhaben ...
Er kann heute nicht kommen, sagt er.
Hmmm
Es steckte bestimmt mehr hinter seiner Frage, oder?
Pass gut auf dich auf.

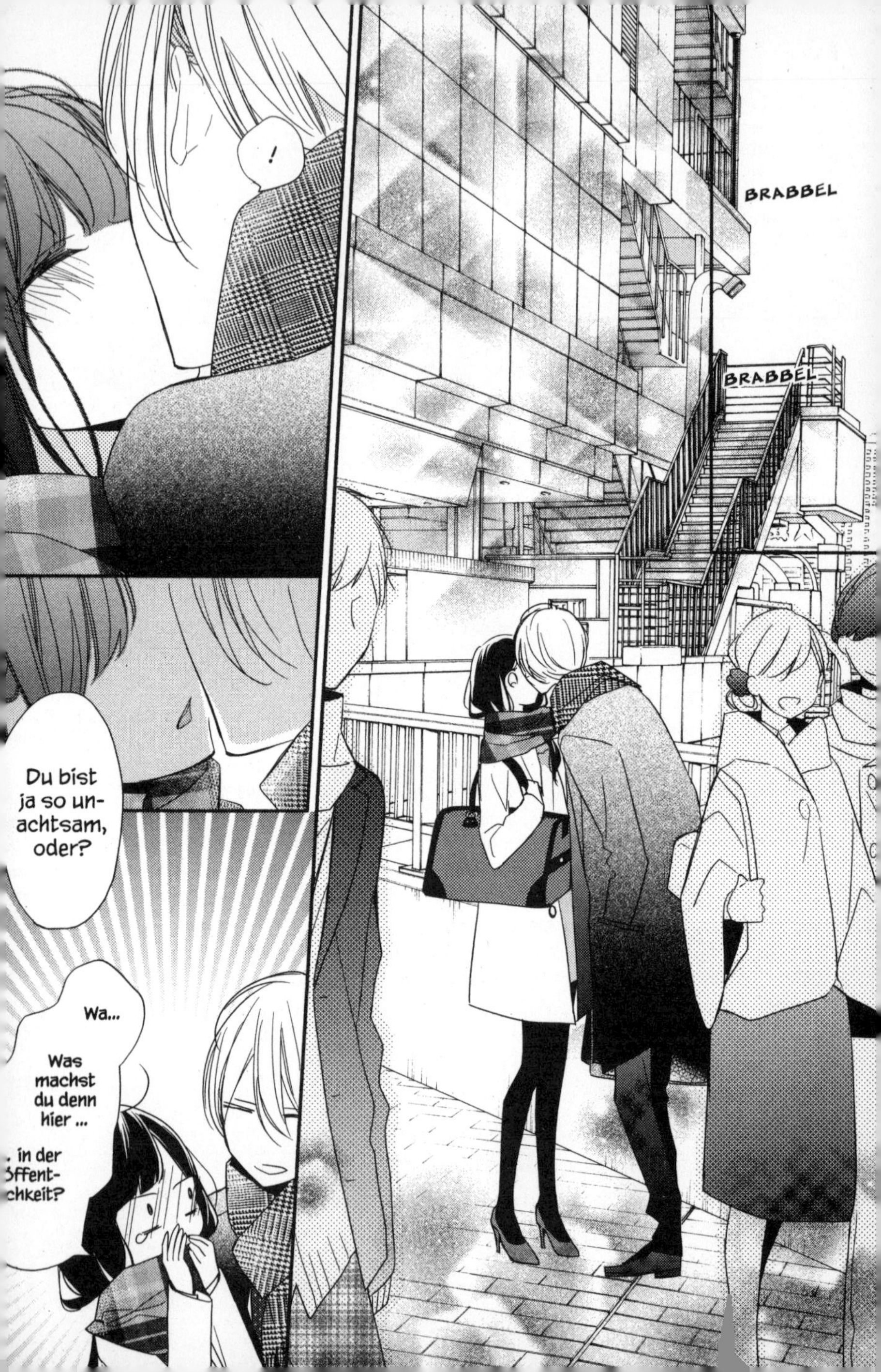
BRABBEL
BRABBEL
!
Du bist ja so unachtsam, oder?
Wa...
Was machst du denn hier ...
. in der Öffent-
chkeit?

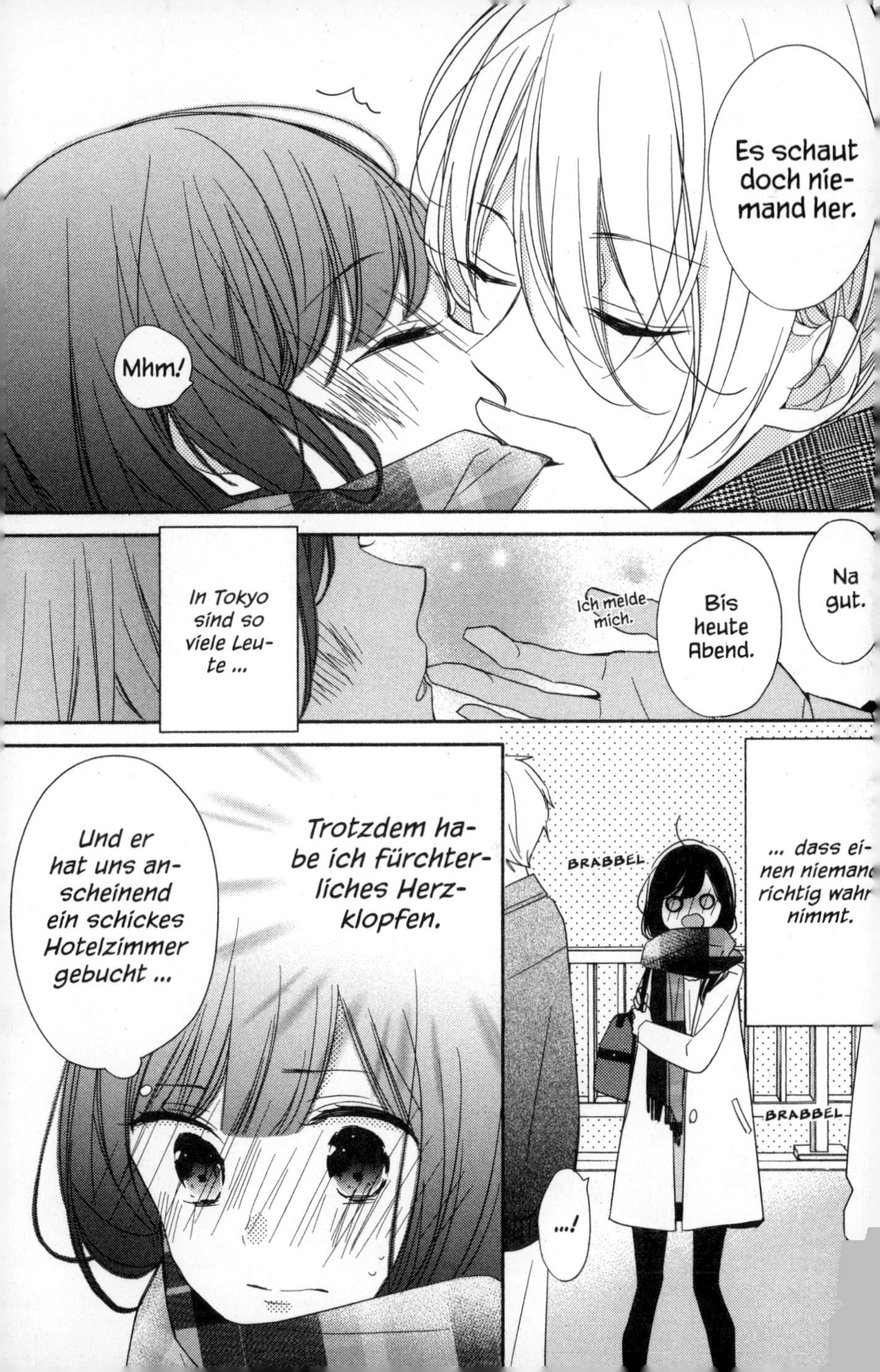
Es schaut doch niemand her.
Mhm!
Na gut.
Bis heute Abend.
Ich melde mich.
In Tokyo sind so viele Leute ...
... dass einen niemand richtig wahr nimmt.
BRABBEL
BRABBEL
Trotzdem habe ich fürchterliches Herzklopfen.
Und er hat uns anscheinend ein schickes Hotelzimmer gebucht ...
...!

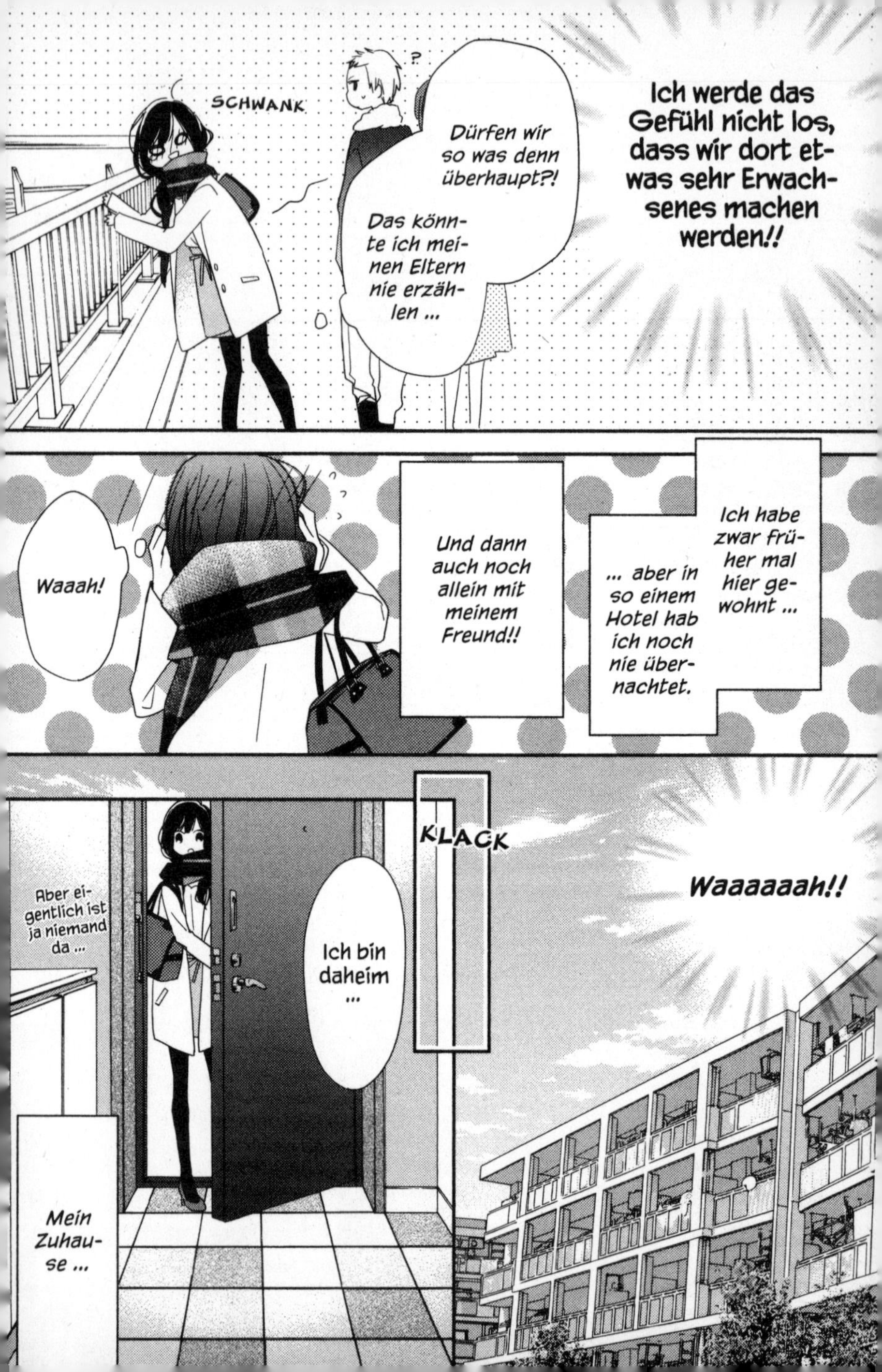

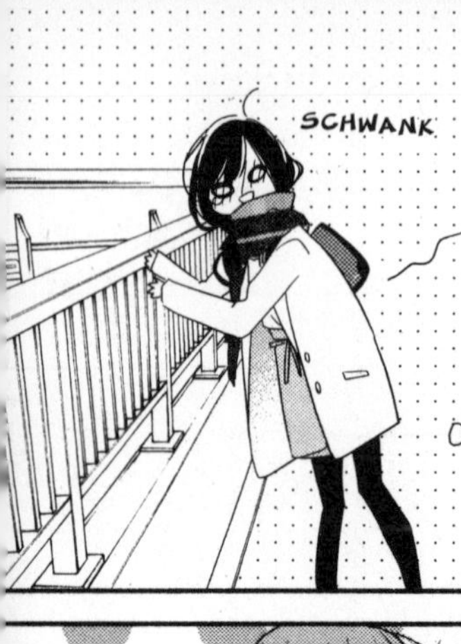

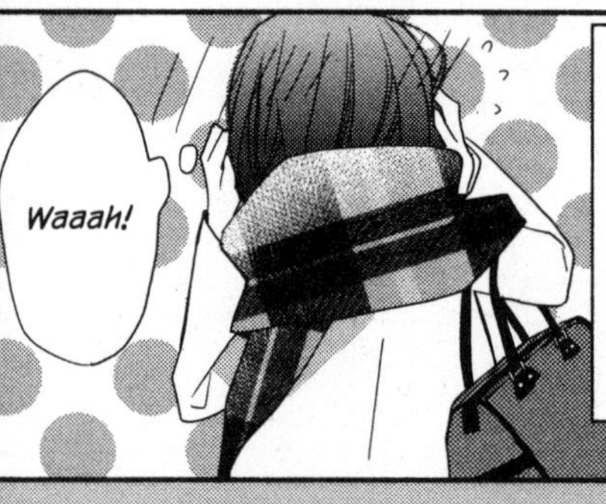

Waaaaaah!!

KLACK

Ich bin daheim ...

Aber eigentlich ist ja niemand da ...

Mein Zuhause ...

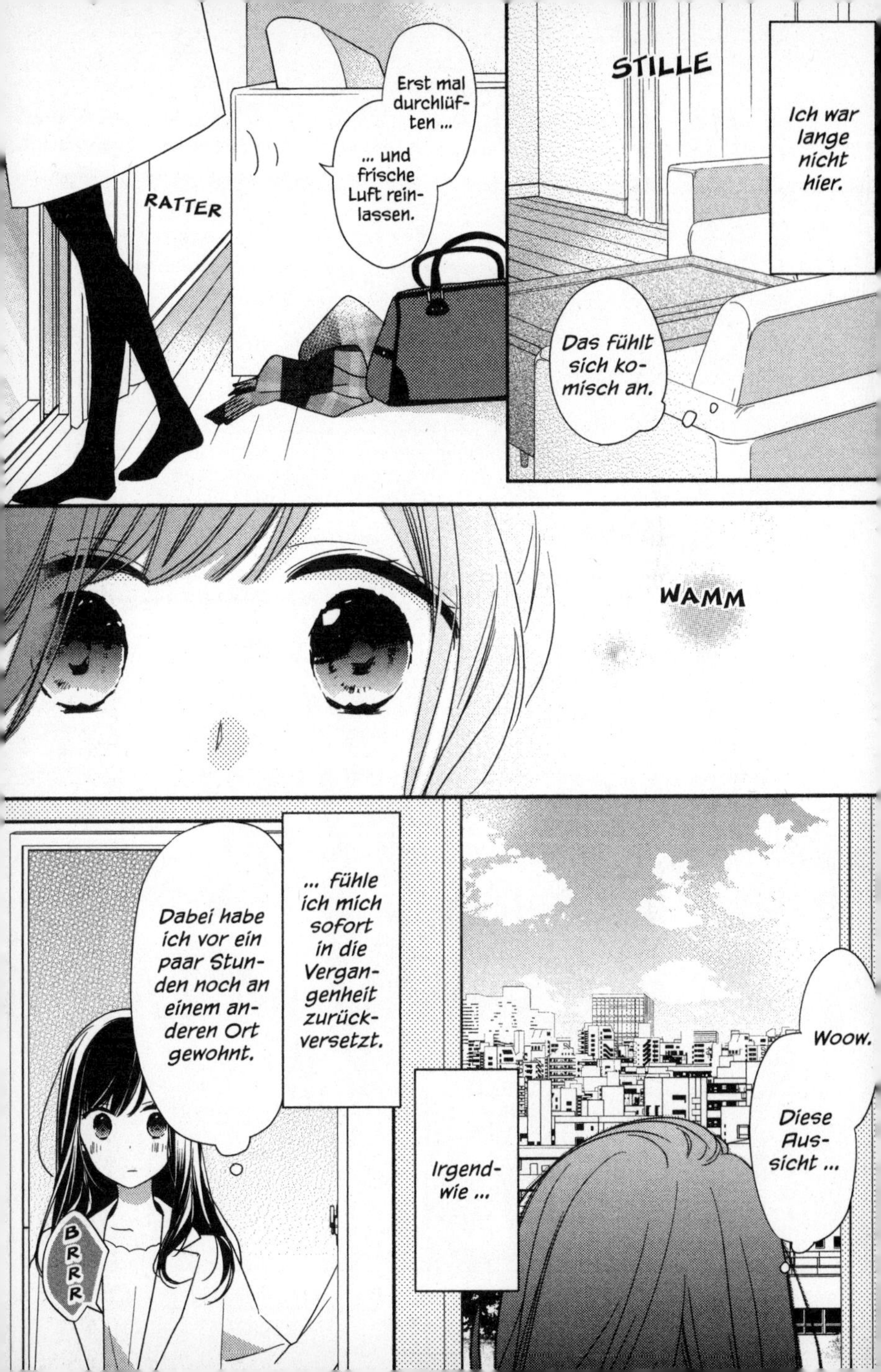
STILLE
Ich war lange nicht hier.
Das fühlt sich komisch an.
Erst mal durchlüften ...
... und frische Luft reinlassen.
RATTER
WAMM
Woow.
Diese Aussicht ...
Irgendwie ...
... fühle ich mich sofort in die Vergangenheit zurückversetzt.
Dabei habe ich vor ein paar Stunden noch an einem anderen Ort gewohnt.
BRRR

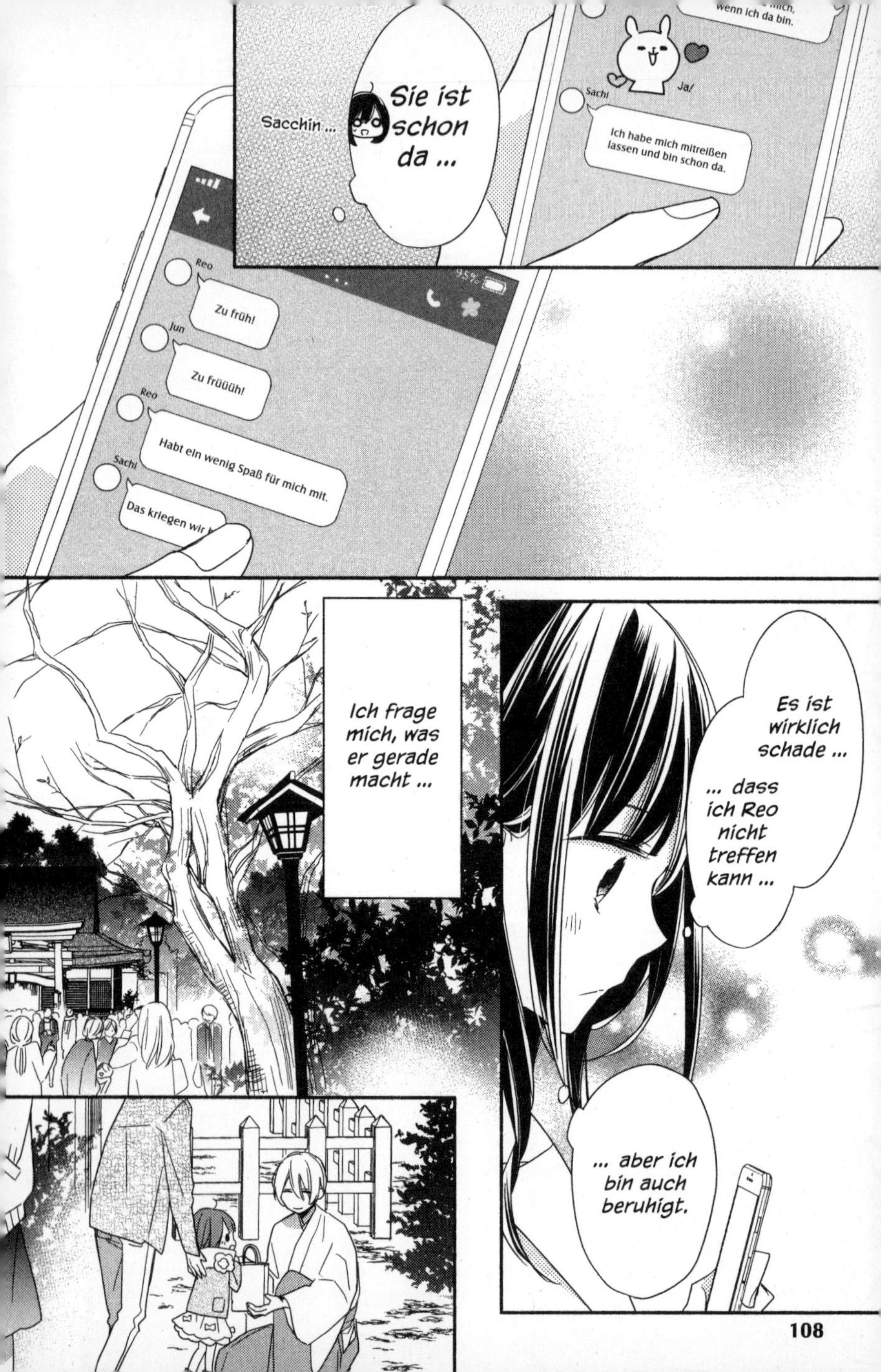
wenn ich da bin.
Ja!
Sachi
Ich habe mich mitreißen lassen und bin schon da.
Sie ist schon da ...
Sacchin ...
Reo
Zu früh!
Jun
Zu früüüh!
Reo
Habt ein wenig Spaß für mich mit.
Sachi
Das kriegen wir
Es ist wirklich schade ...
... dass ich Reo nicht treffen kann ...
... aber ich bin auch beruhigt.
Ich frage mich, was er gerade macht ...

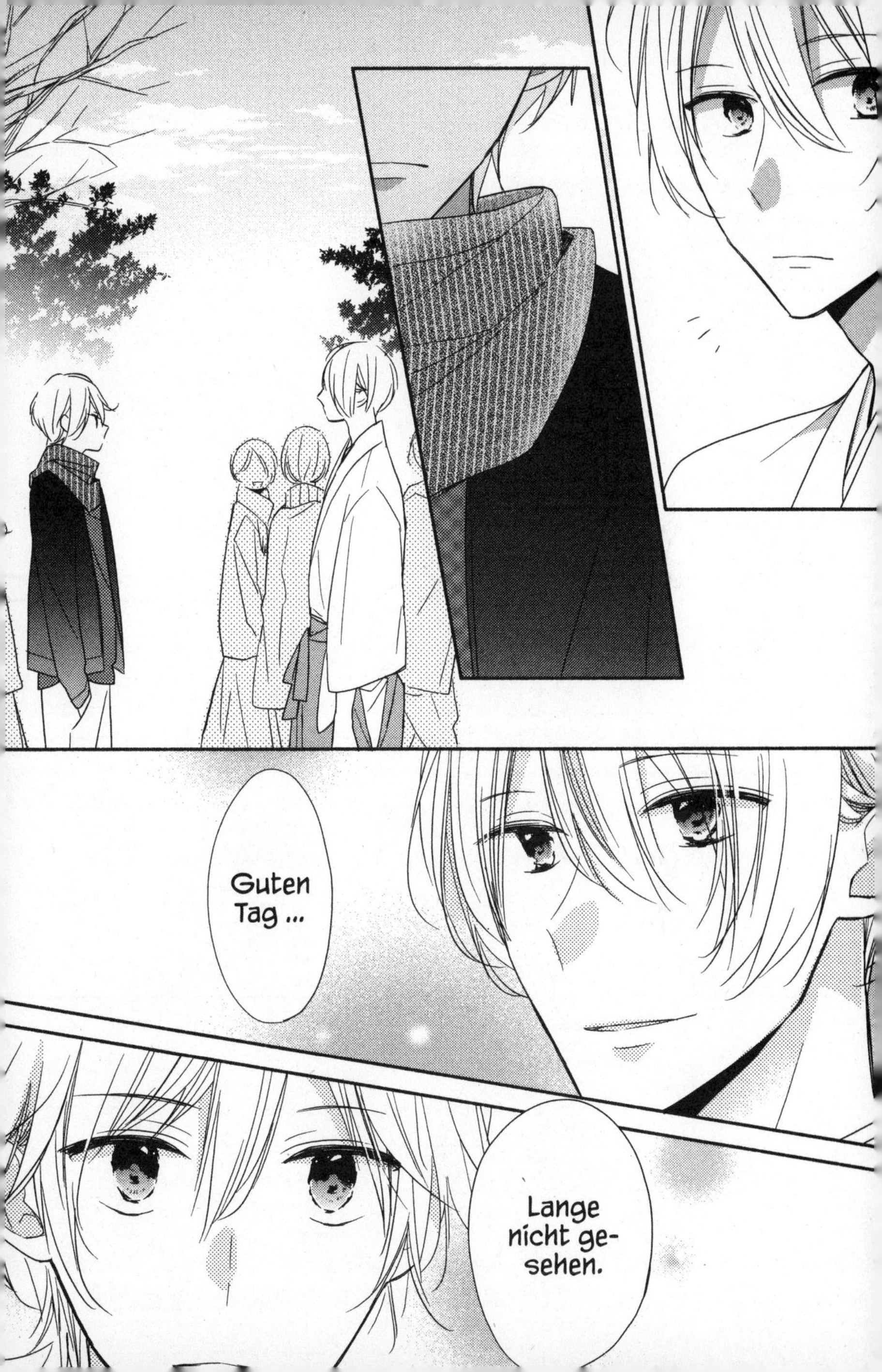
Guten Tag ...
Lange nicht gesehen.

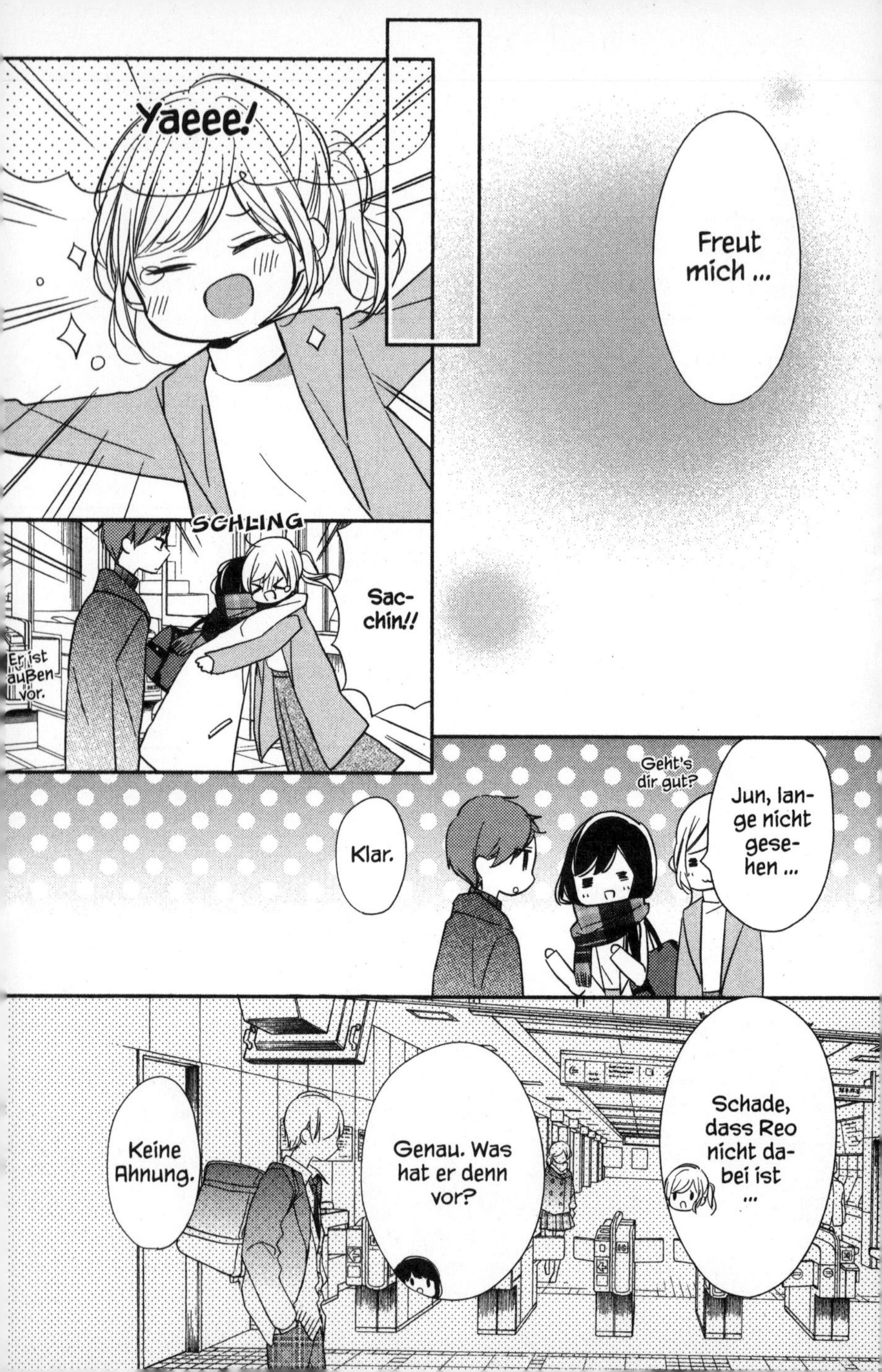
Freut mich ...
Yaeee!
SCHLING
Sac-chin!!
Er ist außen vor.
Jun, lange nicht gesehen ...
Geht's dir gut?
Klar.
Schade, dass Reo nicht dabei ist ...
Genau. Was hat er denn vor?
Keine Ahnung.

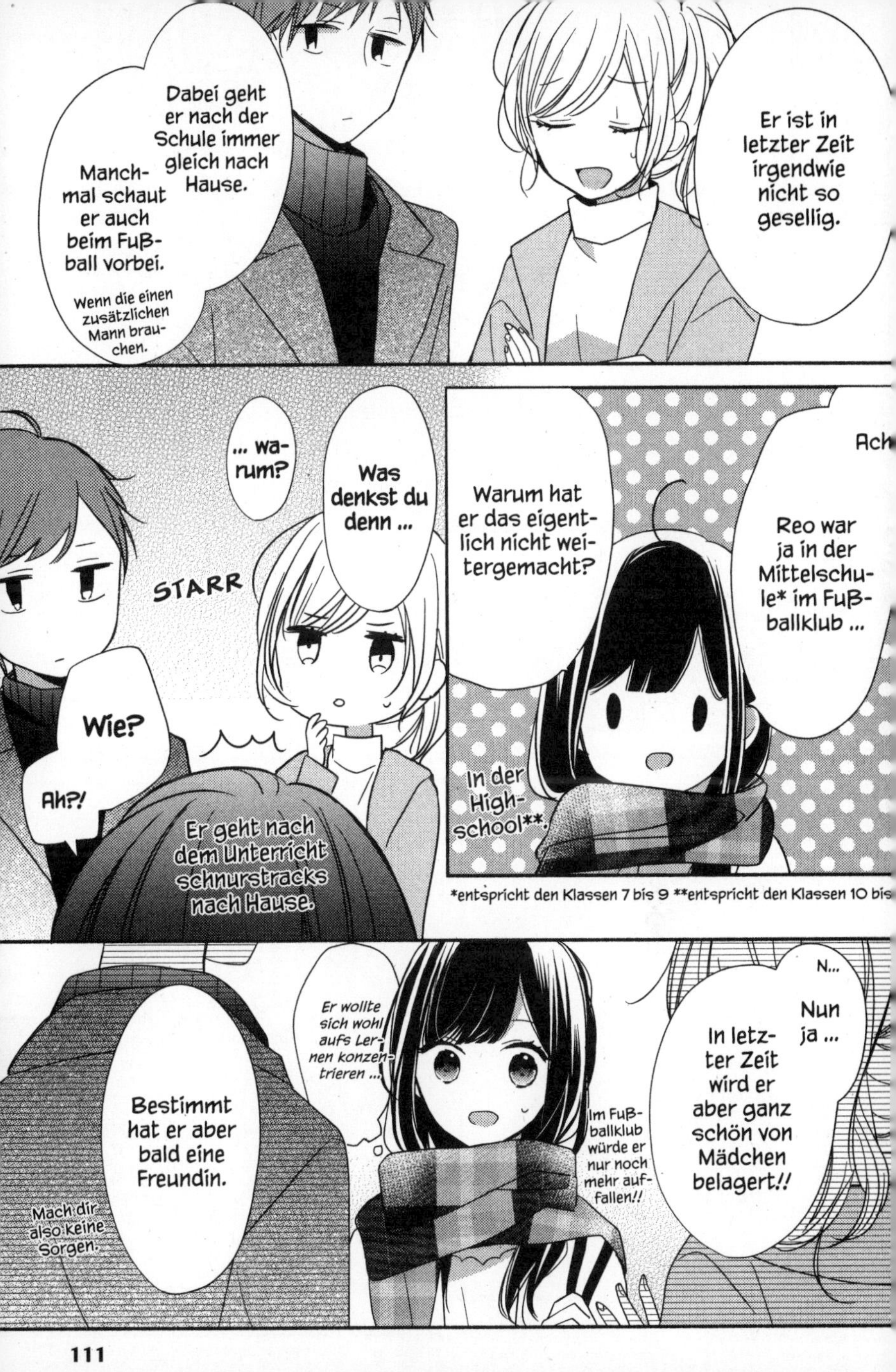
Er ist in letzter Zeit irgendwie nicht so gesellig.
Dabei geht er nach der Schule immer gleich nach Hause.
Manchmal schaut er auch beim Fußball vorbei.
Wenn die einen zusätzlichen Mann brauchen.
Ach
Reo war ja in der Mittelschule* im Fußballklub ...
In der Highschool**.
Warum hat er das eigentlich nicht weitergemacht?
Was denkst du denn ...
... warum?
STARR
Wie?
Ah?!
Er geht nach dem Unterricht schnurstracks nach Hause.
*entspricht den Klassen 7 bis 9 **entspricht den Klassen 10 bis
N...
Nun ja ...
In letzter Zeit wird er aber ganz schön von Mädchen belagert!!
Im Fußballklub würde er nur noch mehr auffallen!!
Er wollte sich wohl aufs Lernen konzentrieren ...
Bestimmt hat er aber bald eine Freundin.
Mach dir also keine Sorgen.

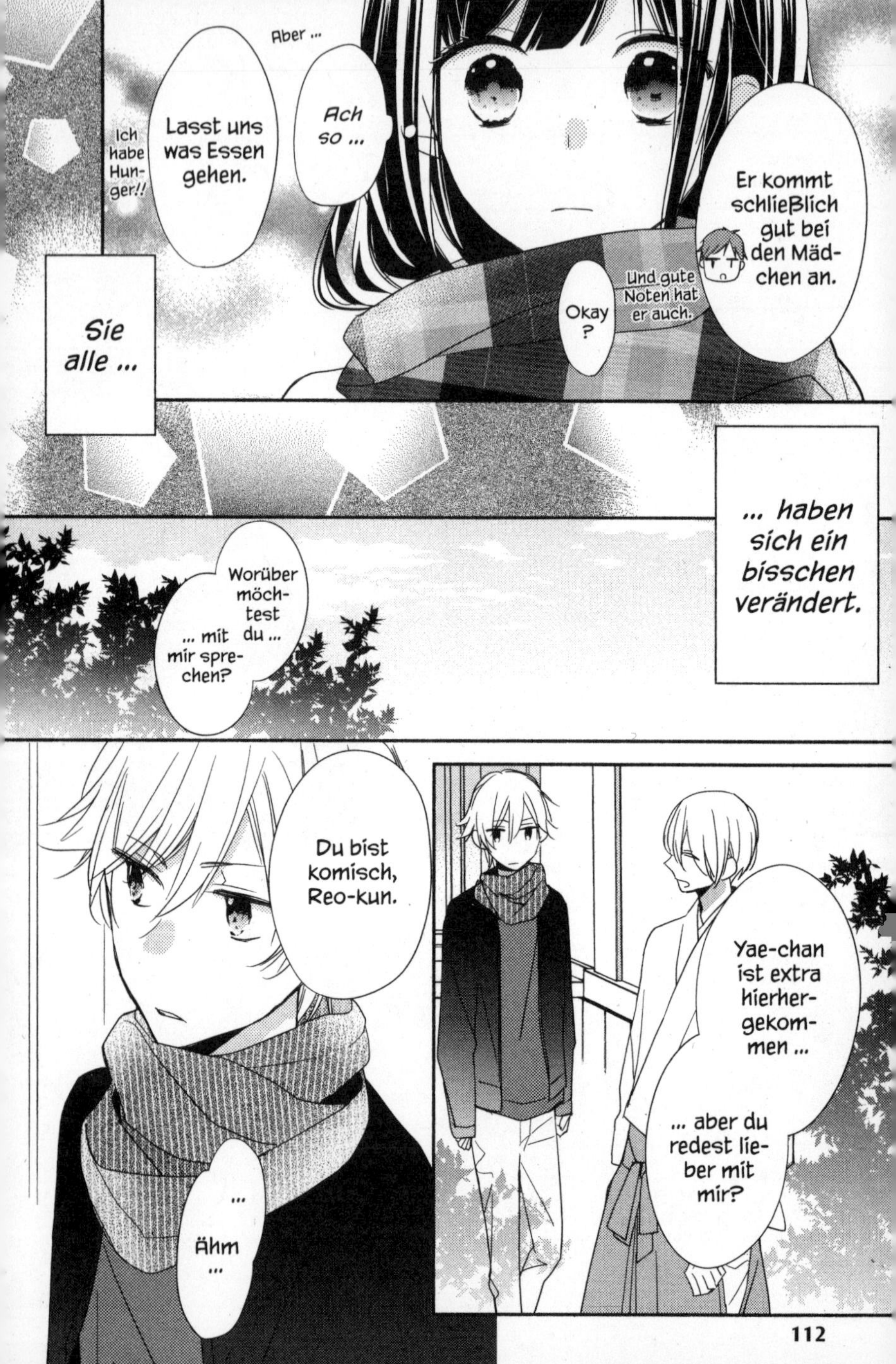
Er kommt schließlich gut bei den Mädchen an.
Und gute Noten hat er auch.
Okay?
Aber ...
Ach so ...
Lasst uns was Essen gehen.
Ich habe Hunger!!
Sie alle ...
... haben sich ein bisschen verändert.
Worüber möchtest du ...
... mit mir sprechen?
Yae-chan ist extra hierhergekommen ...
... aber du redest lieber mit mir?
Du bist komisch, Reo-kun.
...
Ähm ...

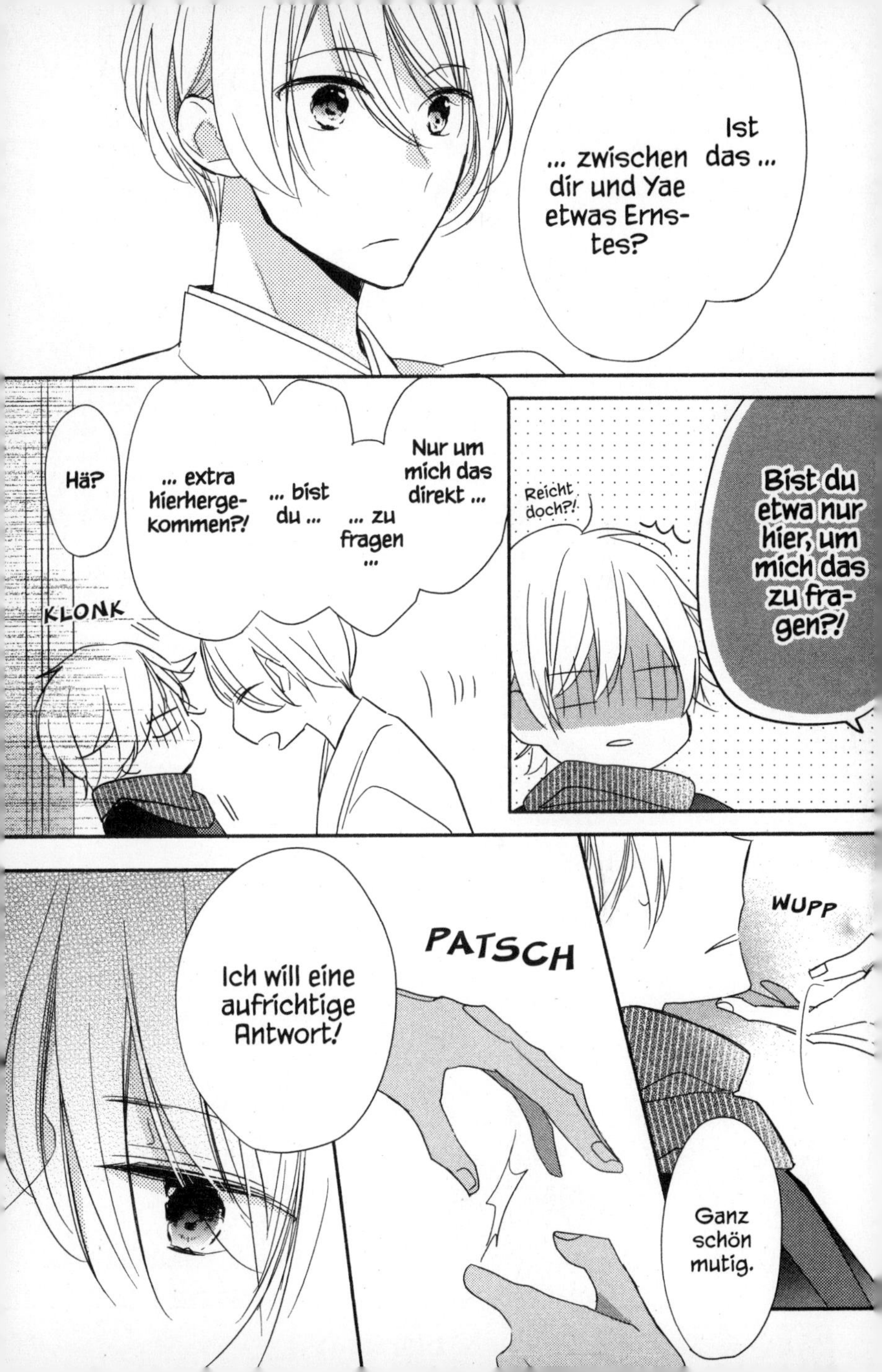
Ist das ...
... zwischen dir und Yae etwas Ernstes?
Bist du etwa nur hier, um mich das zu fragen?!
Reicht doch?!
Nur um mich das direkt ...
... zu fragen ...
... bist du ...
... extra hierhergekommen?!
Hä?
KLONK
WUPP
PATSCH
Ich will eine aufrichtige Antwort!
Ganz schön mutig.

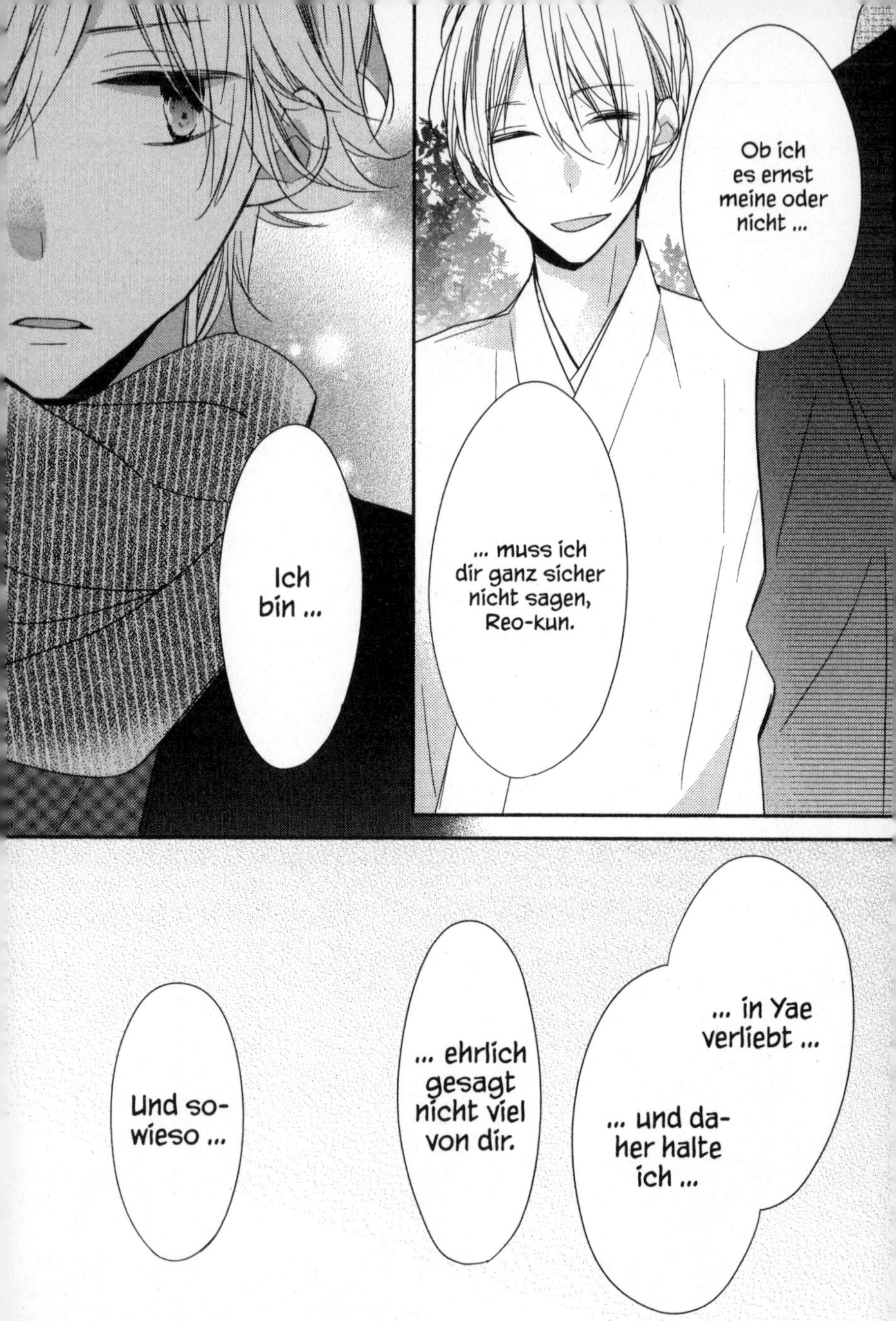
Ob ich es ernst meine oder nicht ...
... muss ich dir ganz sicher nicht sagen, Reo-kun.
Ich bin ...
... in Yae verliebt ...
... und daher halte ich ...
... ehrlich gesagt nicht viel von dir.
Und sowieso ...

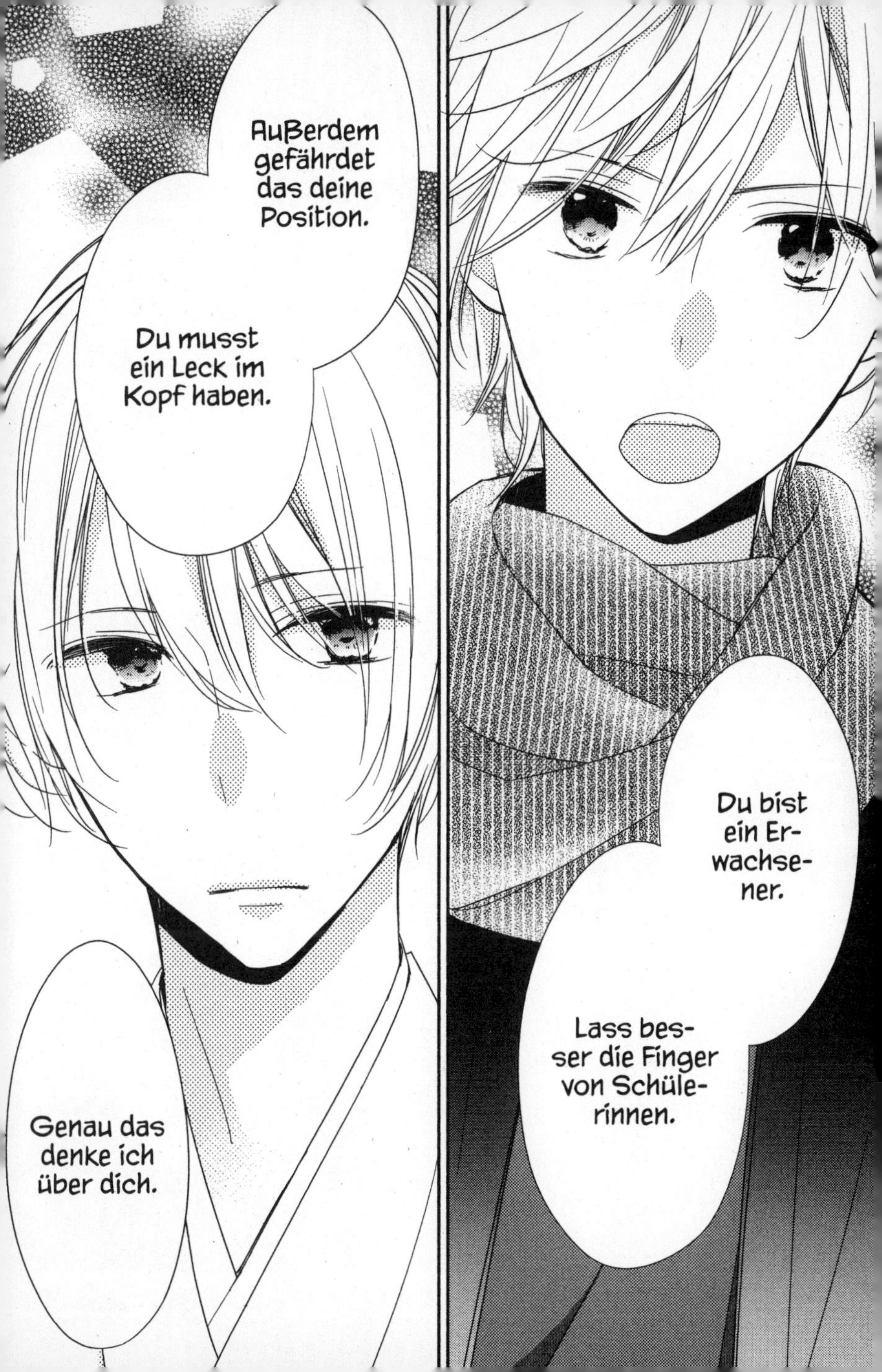
Du bist ein Er-wachse-ner.
Lass bes-ser die Finger von Schüle-rinnen.
Genau das denke ich über dich.
Du musst ein Leck im Kopf haben.
Außerdem gefährdet das deine Position.

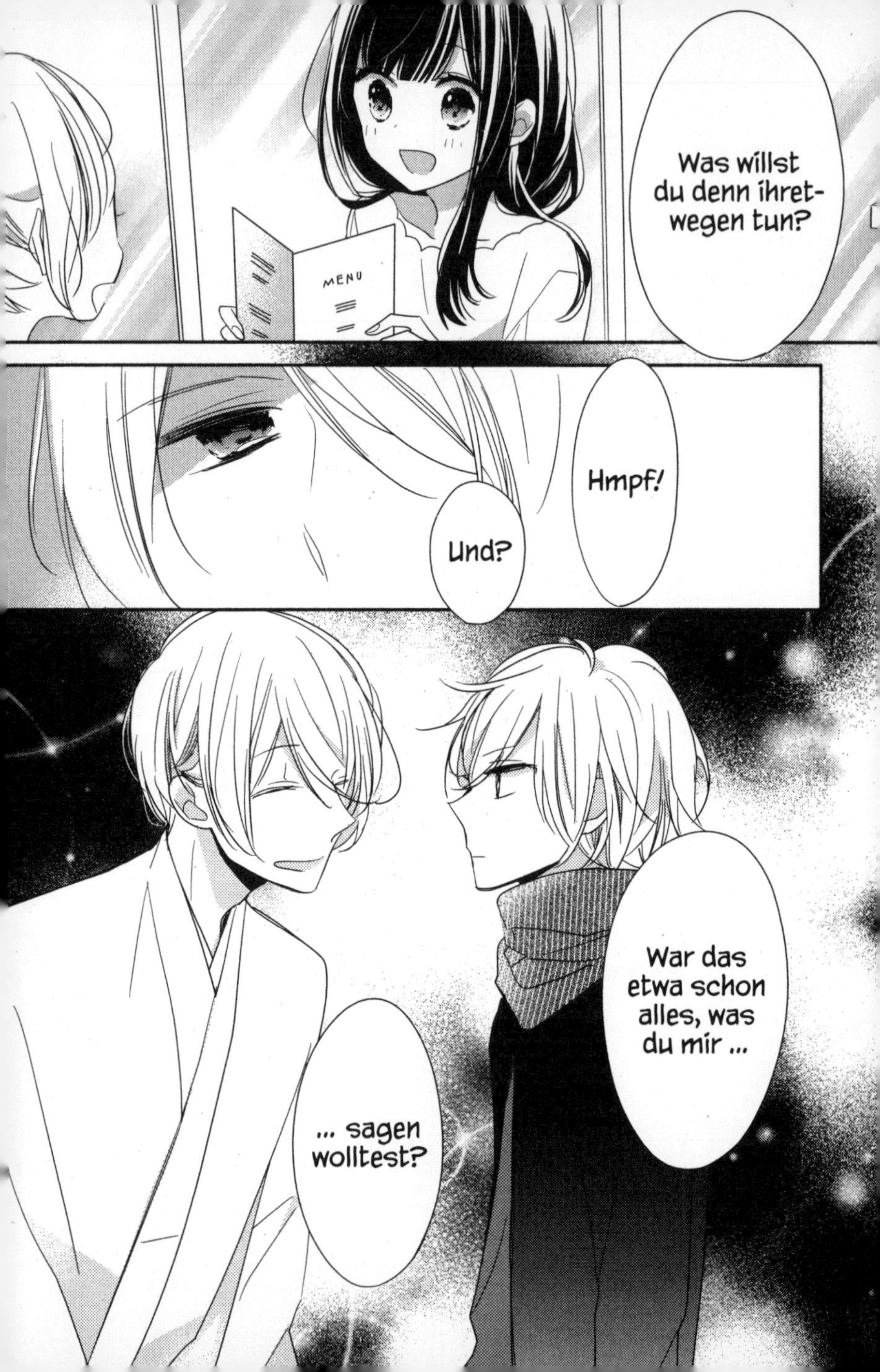
Was willst du denn ihret-wegen tun?
MENU
Hmpf!
Und?
War das etwa schon alles, was du mir ...
... sagen wolltest?

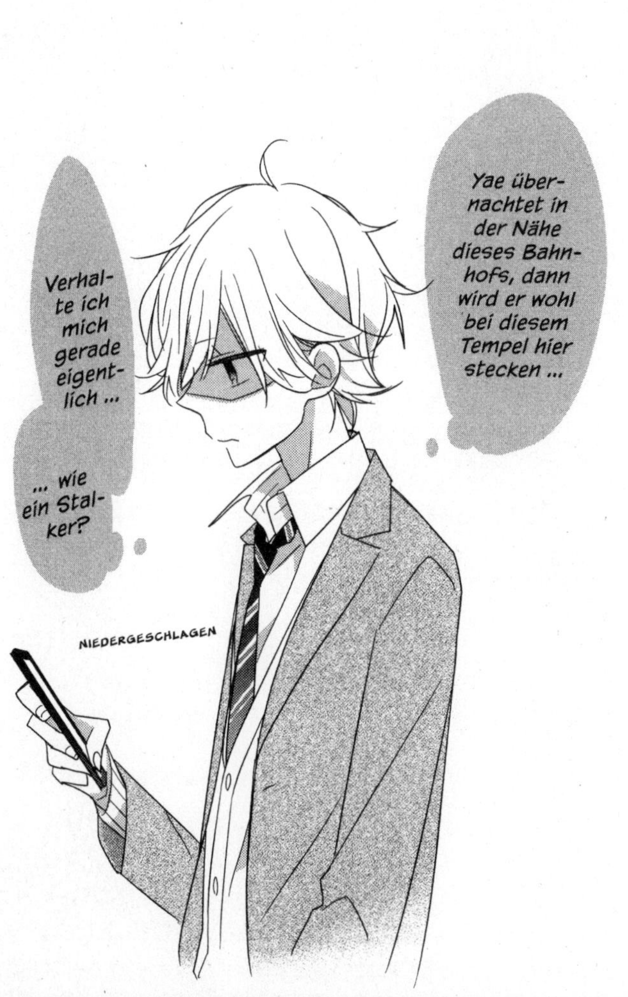
Yae über-nachtet in der Nähe dieses Bahn-hofs, dann wird er wohl bei diesem Tempel hier stecken ...
Verhal-te ich mich gerade eigent-lich ...
... wie ein Stal-ker?
NIEDERGESCHLAGEN

Autorenkommentar

Beim vierten Band habe ich den Charakteren viele neue Outfits verpasst. Es war echt erfrischend, sie so zu zeichnen. Ich hoffe, ihr habt auch Spaß mit dem Band.

Rika Enoki

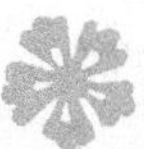

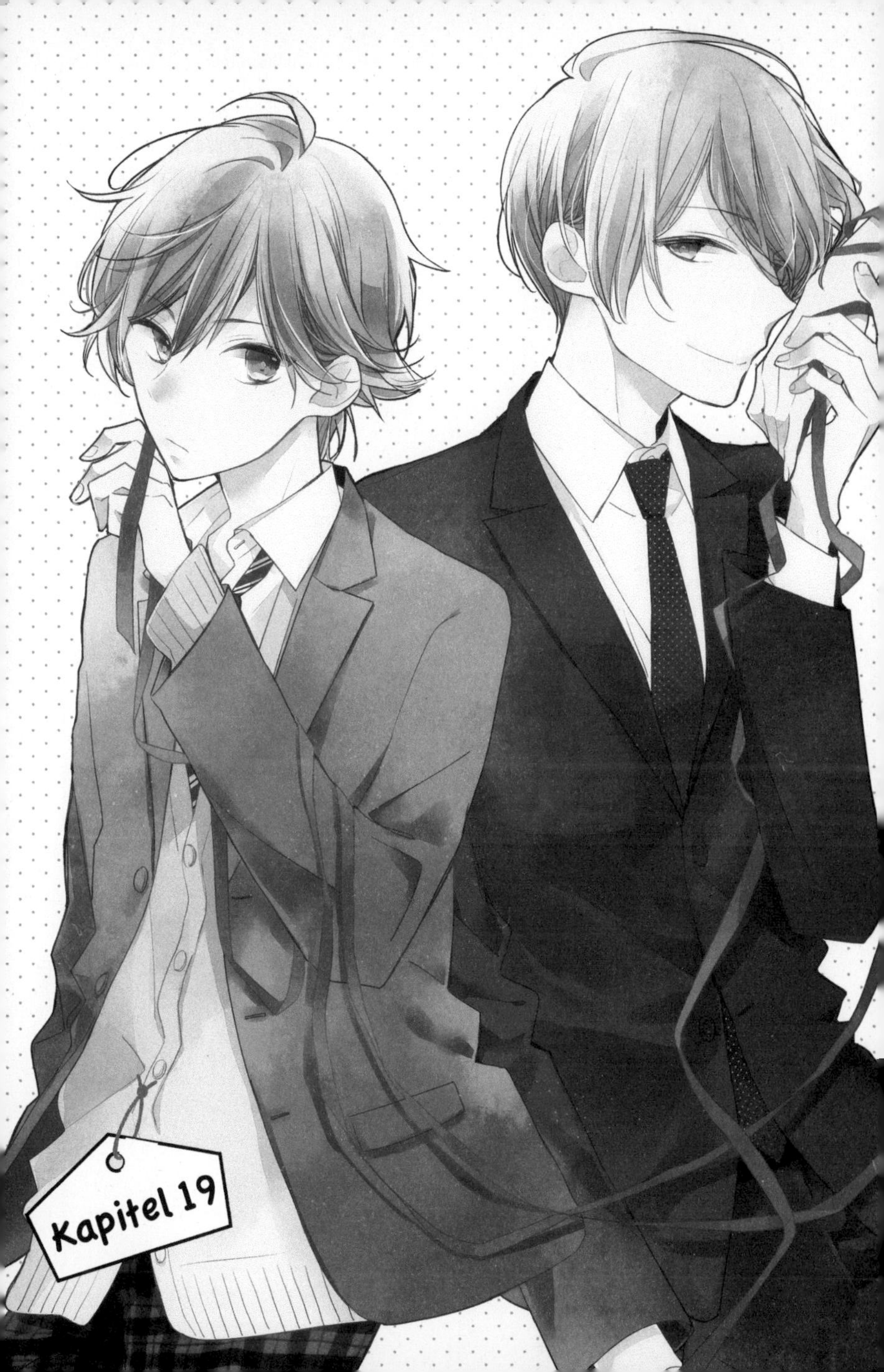
Kapitel 19

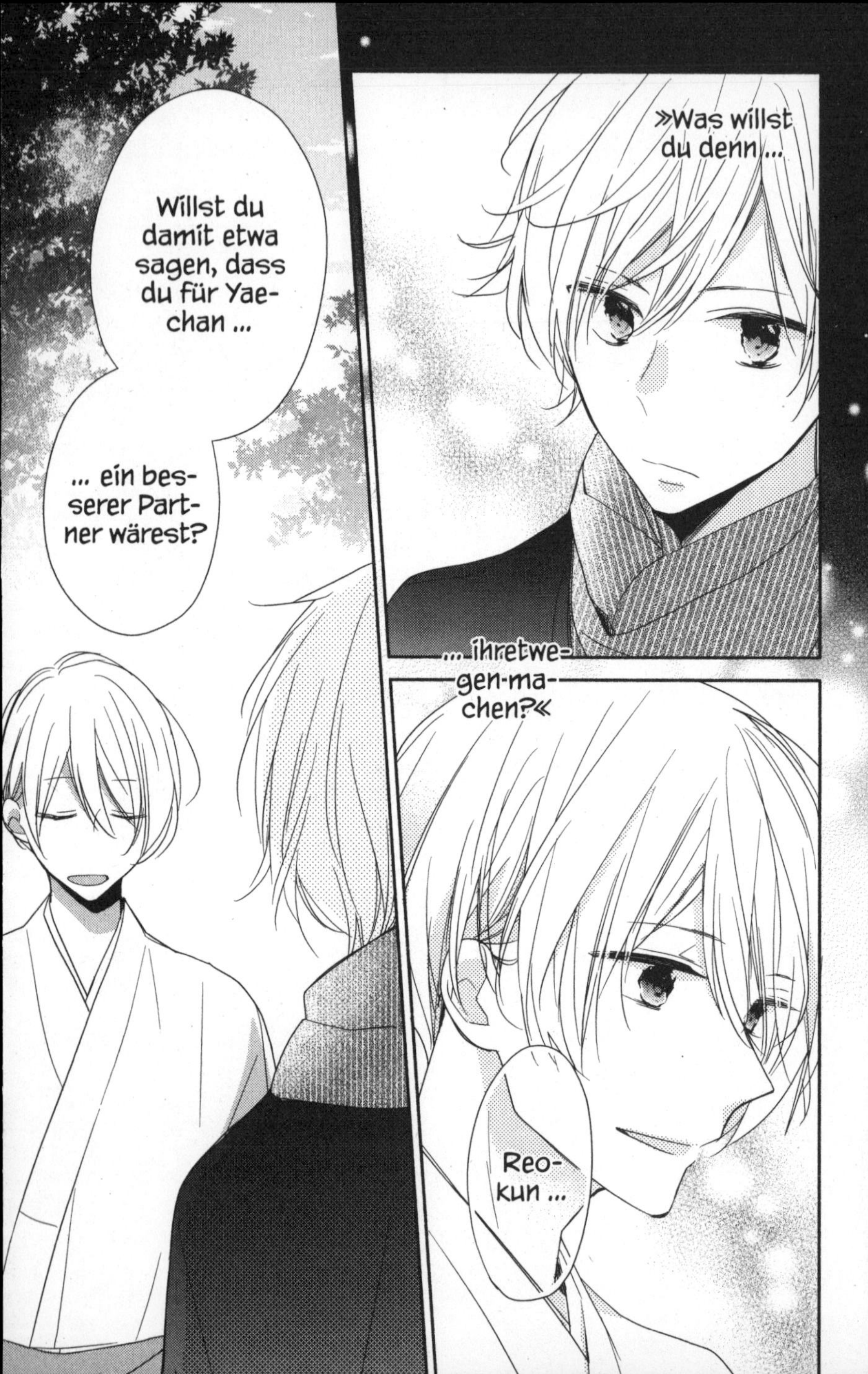

Willst du damit etwa sagen, dass du für Yae-chan ...
... ein besserer Partner wärest?
»Was willst du denn ...
... ihretwegen-machen?«
Reo-kun ...

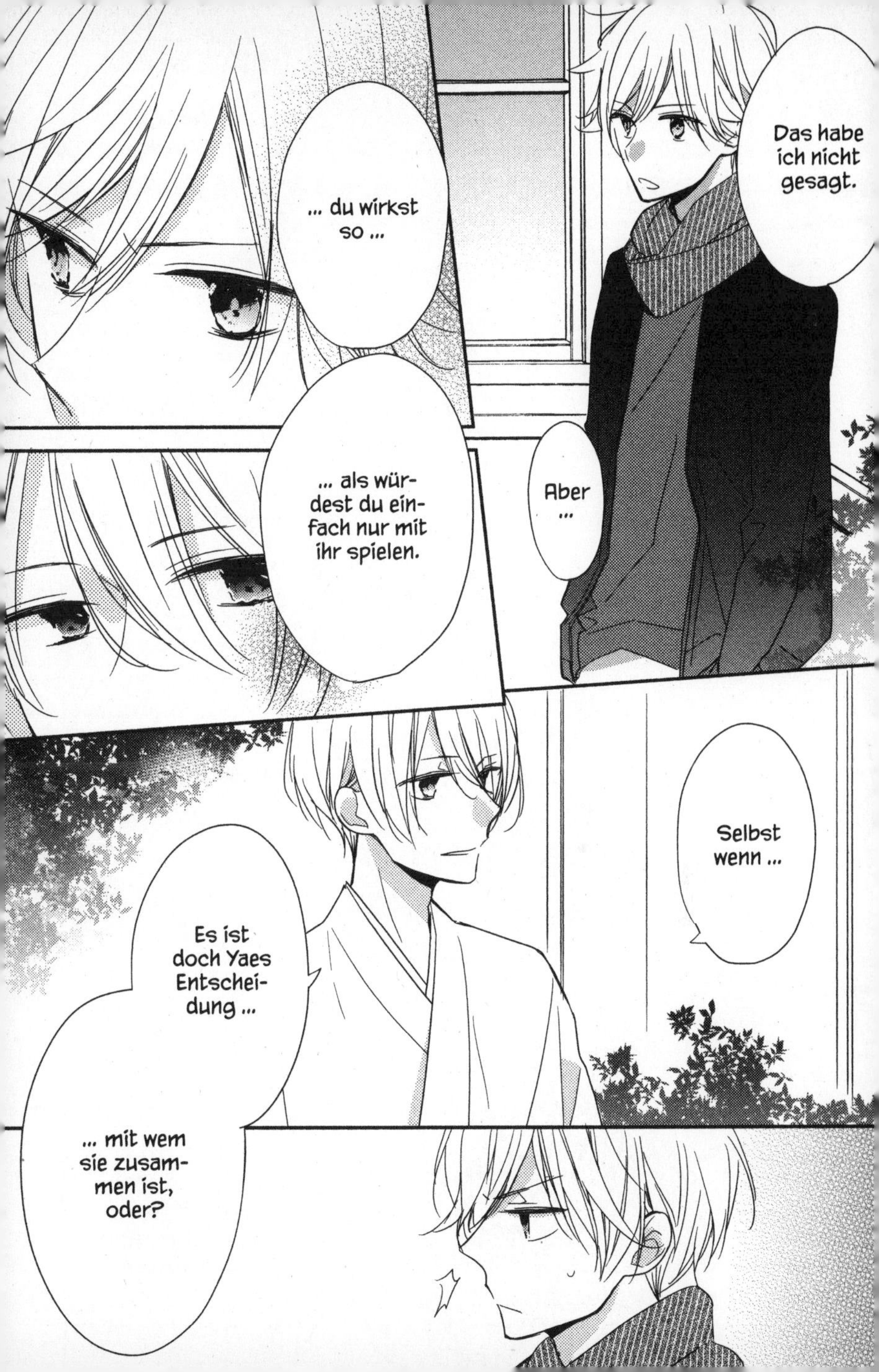
Das habe ich nicht gesagt.
Aber ...
... du wirkst so ...
... als würdest du einfach nur mit ihr spielen.
Selbst wenn ...
Es ist doch Yaes Entscheidung ...
... mit wem sie zusammen ist, oder?

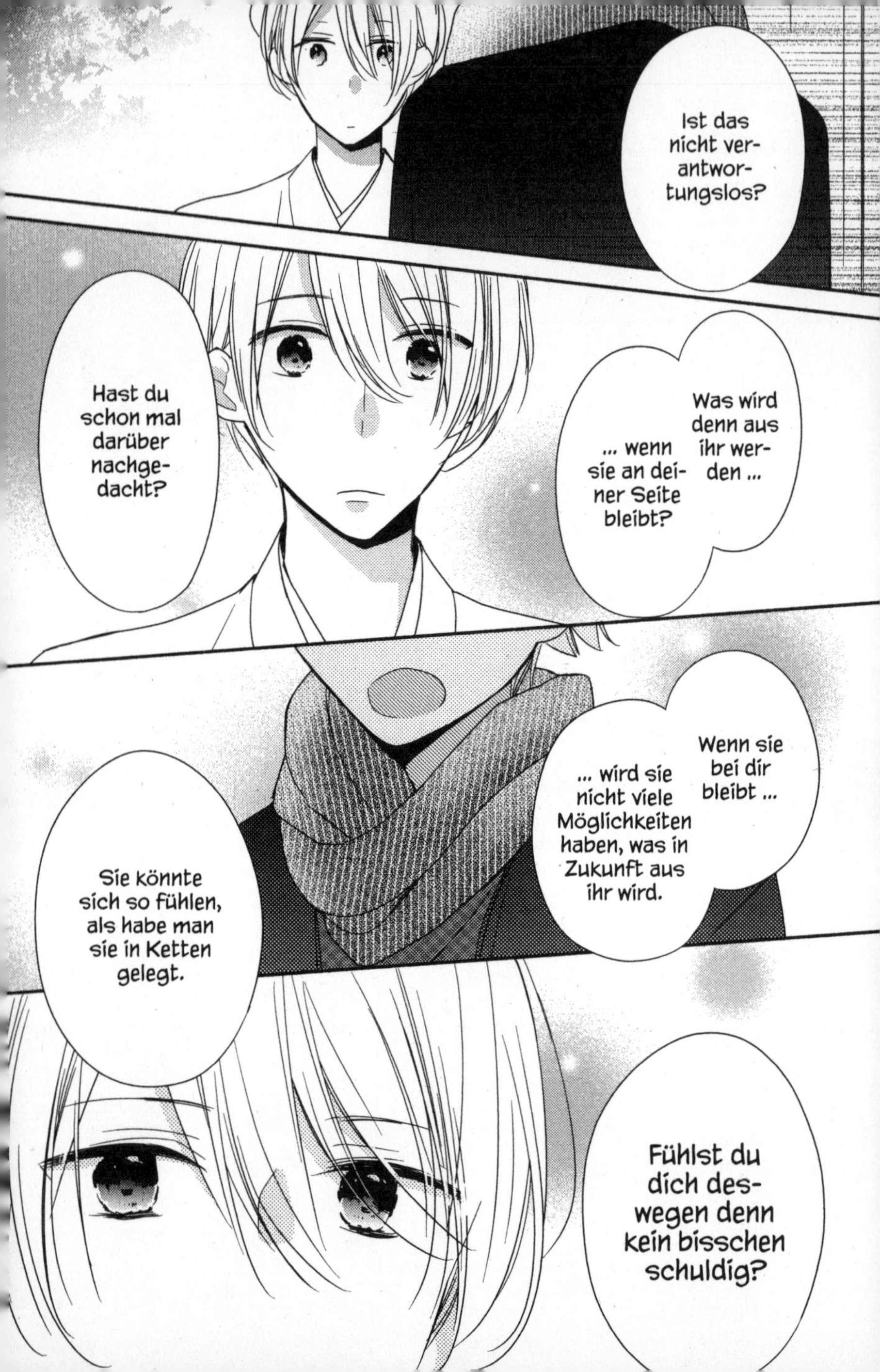
Ist das nicht verantwortungslos?
Was wird denn aus ihr werden ...
... wenn sie an deiner Seite bleibt?
Hast du schon mal darüber nachgedacht?
Wenn sie bei dir bleibt ...
... wird sie nicht viele Möglichkeiten haben, was in Zukunft aus ihr wird.
Sie könnte sich so fühlen, als habe man sie in Ketten gelegt.
Fühlst du dich deswegen denn kein bisschen schuldig?

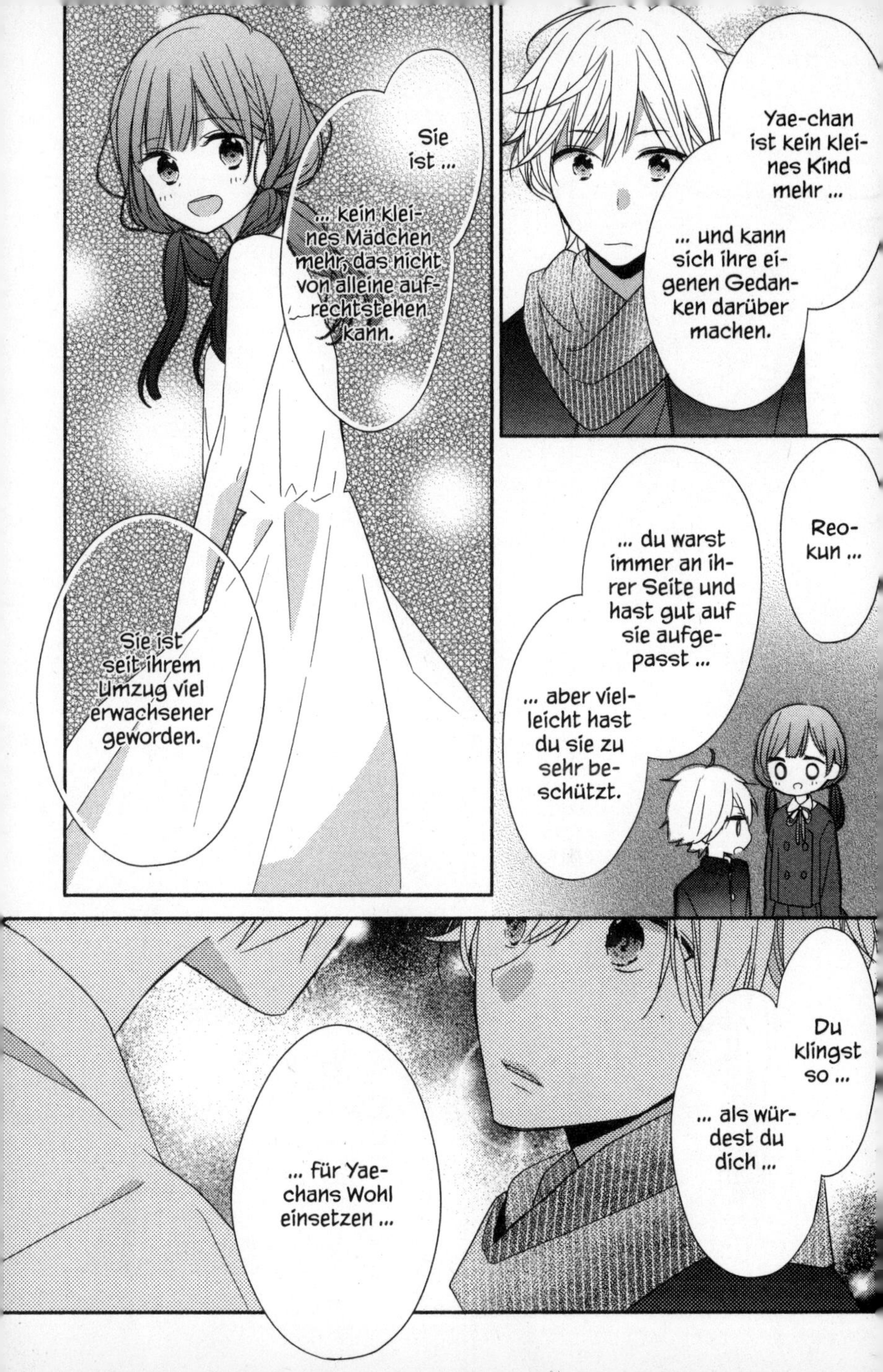
Yae-chan ist kein kleines Kind mehr ...
... und kann sich ihre eigenen Gedanken darüber machen.
Sie ist ...
... kein kleines Mädchen mehr, das nicht von alleine aufrechtstehen kann.
Reo-kun ...
... du warst immer an ihrer Seite und hast gut auf sie aufgepasst ...
... aber vielleicht hast du sie zu sehr beschützt.
Sie ist seit ihrem Umzug viel erwachsener geworden.
Du klingst so ...
... als würdest du dich ...
... für Yae-chans Wohl einsetzen ...

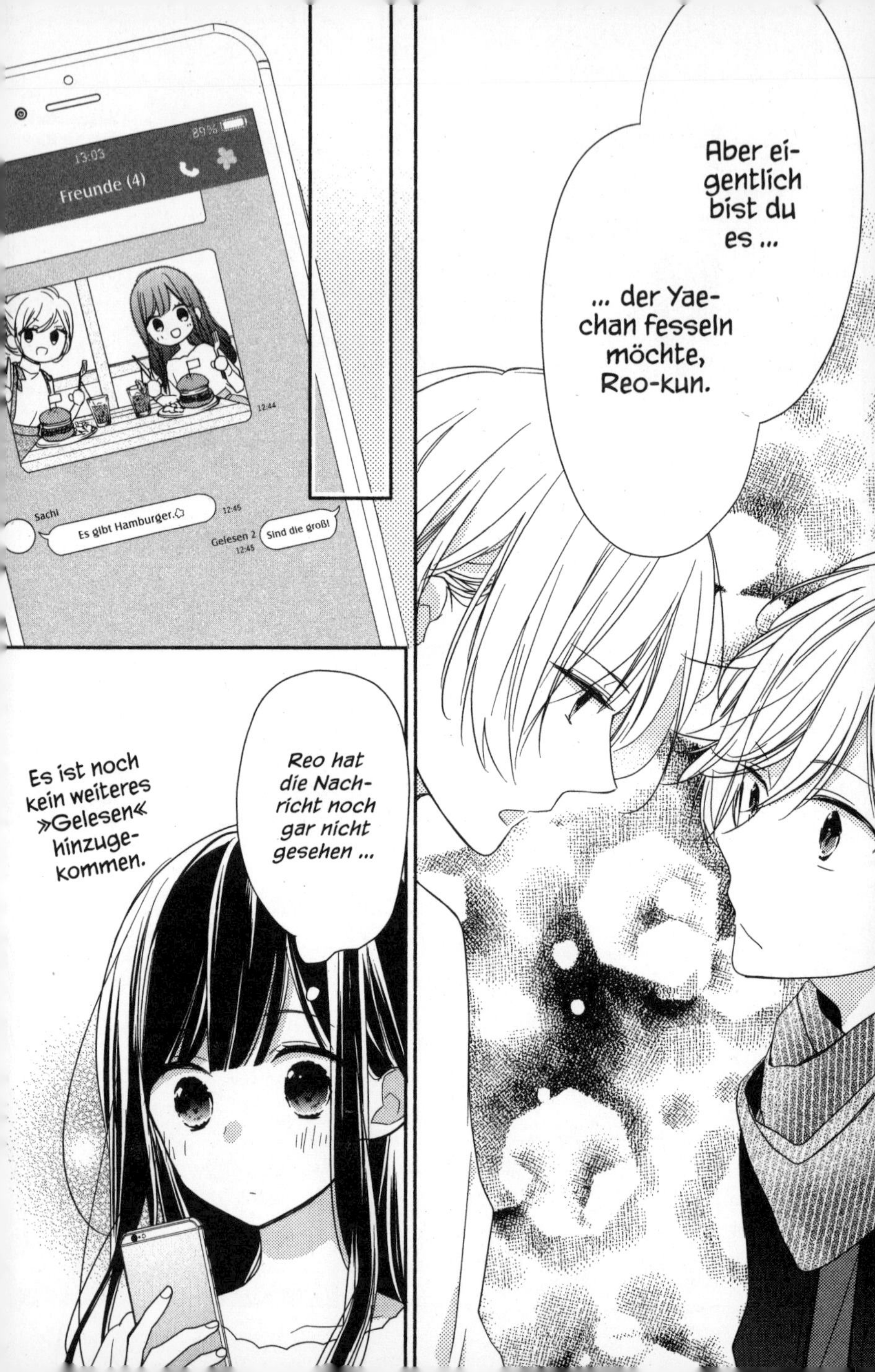

Aber eigentlich bist du es ...
... der Yae-chan fesseln möchte, Reo-kun.
Freunde (4)
Sachi
Es gibt Hamburger.
Gelesen 2
Sind die groß!
Reo hat die Nachricht noch gar nicht gesehen ...
Es ist noch kein weiteres »Gelesen« hinzugekommen.

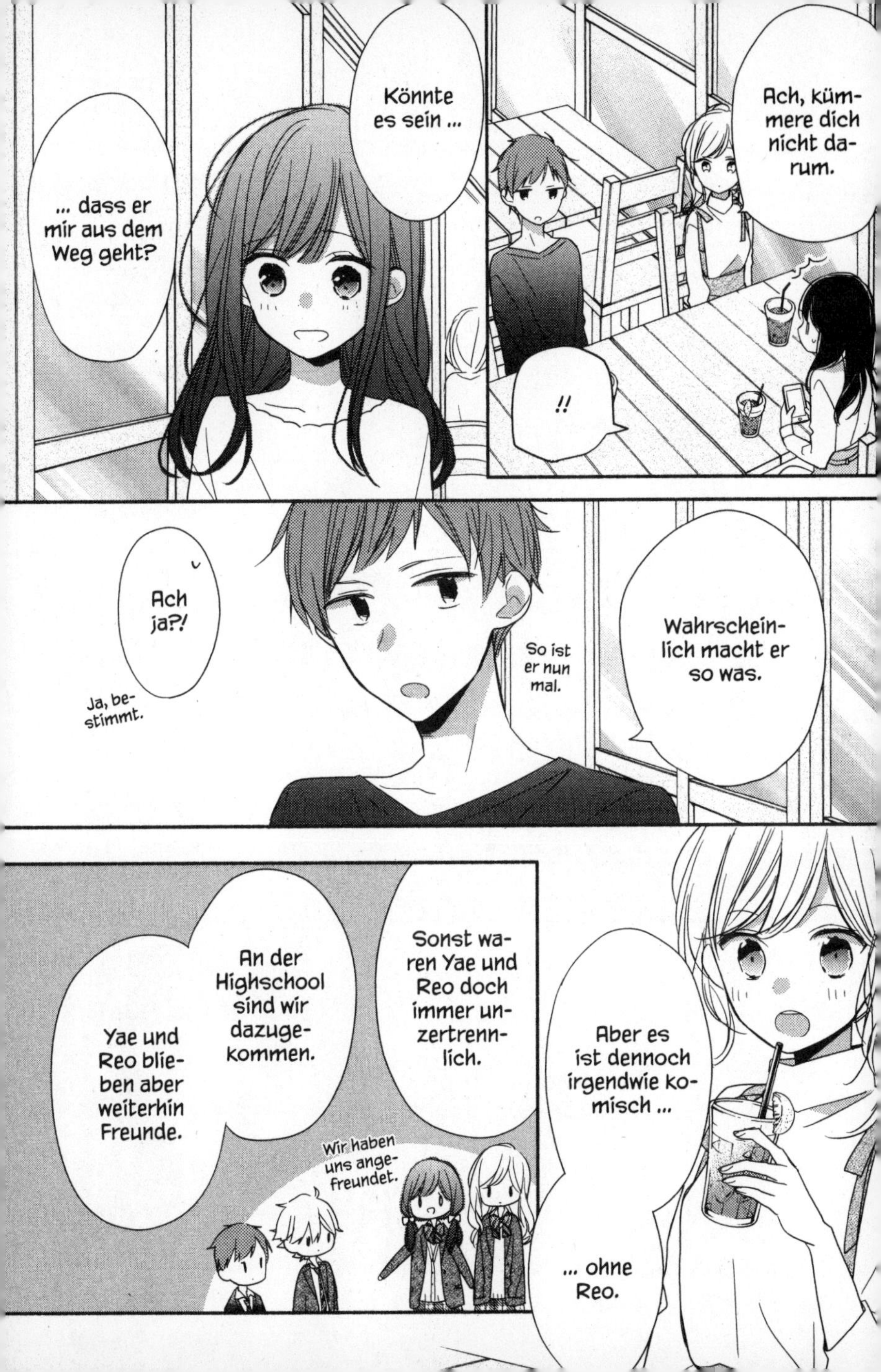
Ach, kümmere dich nicht darum.
!!
Könnte es sein ...
... dass er mir aus dem Weg geht?
Wahrscheinlich macht er so was.
So ist er nun mal.
Ach ja?!
Ja, bestimmt.
Aber es ist dennoch irgendwie komisch ...
... ohne Reo.
Sonst waren Yae und Reo doch immer unzertrennlich.
An der Highschool sind wir dazugekommen.
Wir haben uns angefreundet.
Yae und Reo blieben aber weiterhin Freunde.

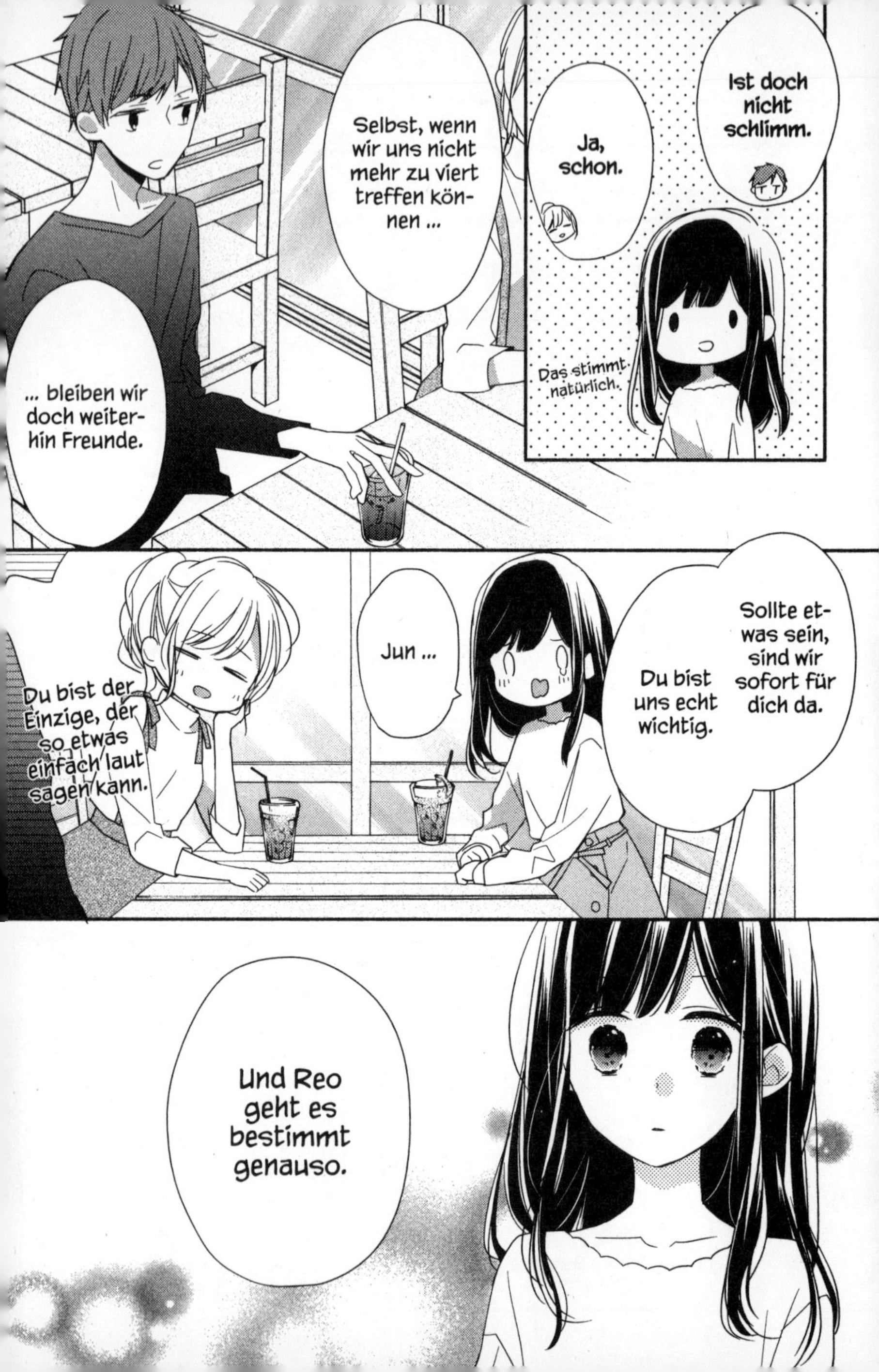
Ist doch nicht schlimm.
Ja, schon.
Das stimmt natürlich.
Selbst, wenn wir uns nicht mehr zu viert treffen können ...
... bleiben wir doch weiterhin Freunde.
Sollte etwas sein, sind wir sofort für dich da.
Du bist uns echt wichtig.
Jun ...
Du bist der Einzige, der so etwas einfach laut sagen kann.
Und Reo geht es bestimmt genauso.

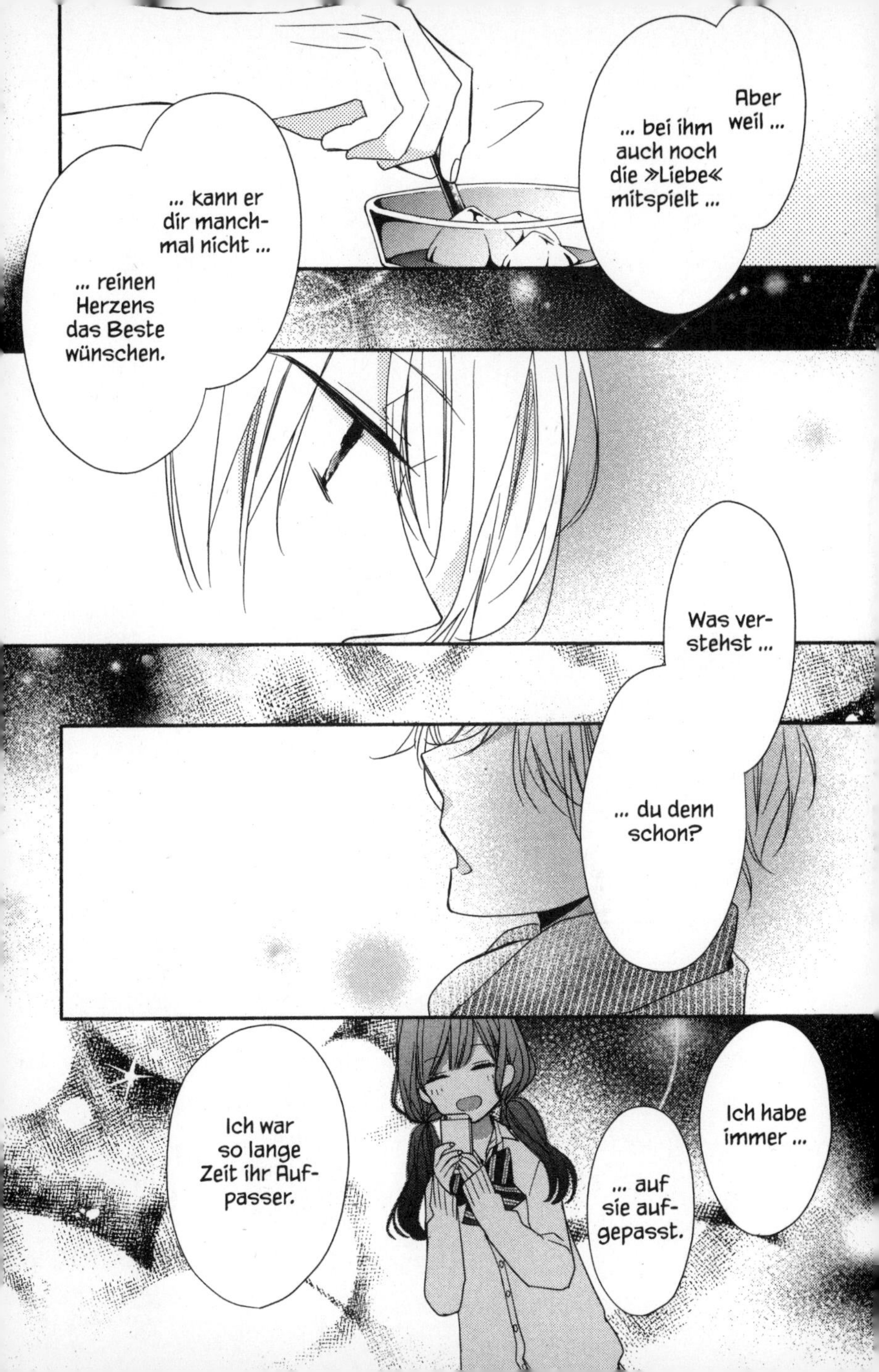
Aber weil ...
... bei ihm auch noch die »Liebe« mitspielt ...
... kann er dir manchmal nicht ...
... reinen Herzens das Beste wünschen.
Was verstehst ...
... du denn schon?
Ich habe immer ...
... auf sie aufgepasst.
Ich war so lange Zeit ihr Aufpasser.

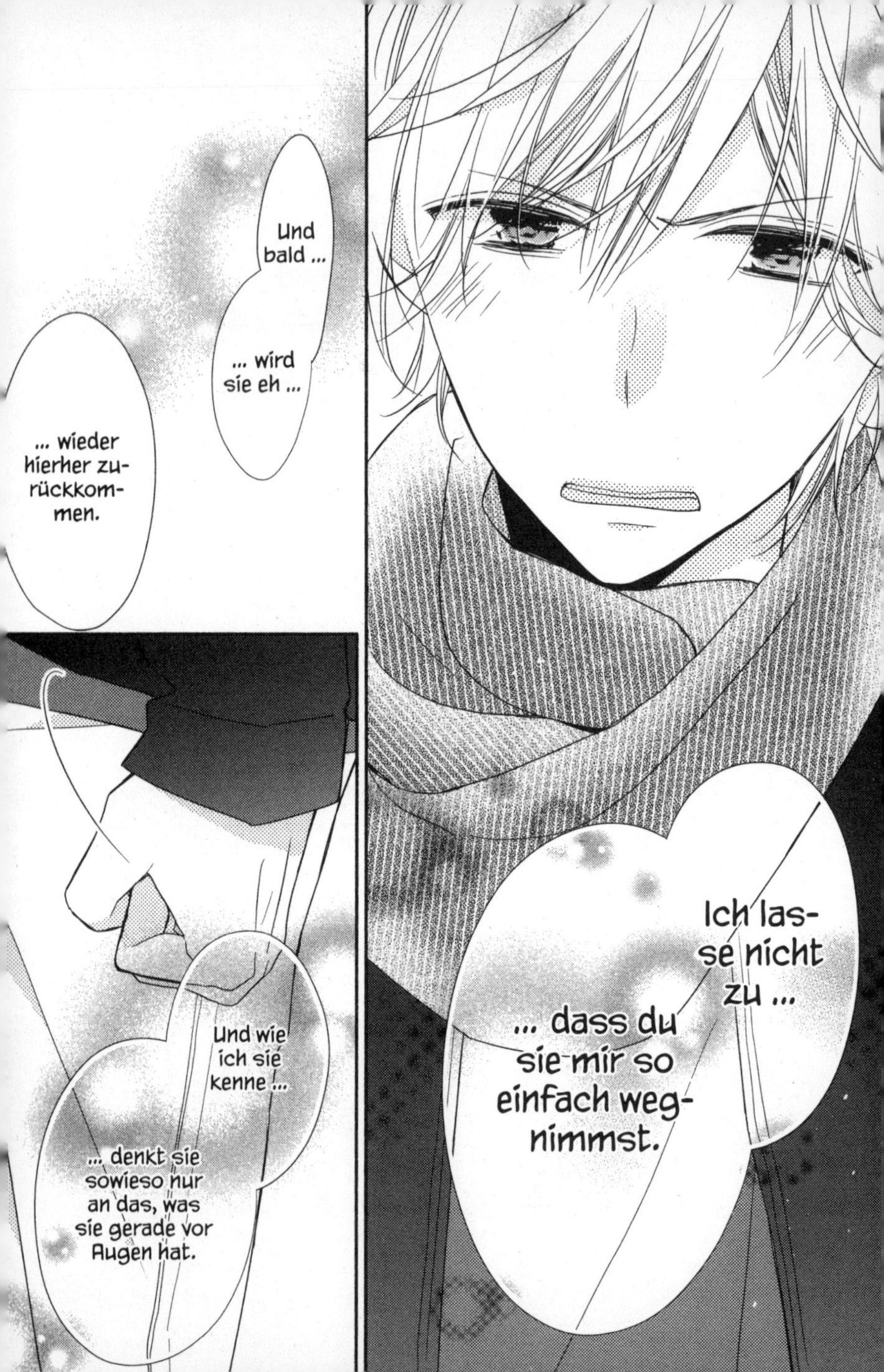
Und bald ...
... wird sie eh ...
... wieder hierher zurückkommen.
Und wie ich sie kenne ...
... denkt sie sowieso nur an das, was sie gerade vor Augen hat.
Ich lasse nicht zu ...
... dass du sie mir so einfach wegnimmst.

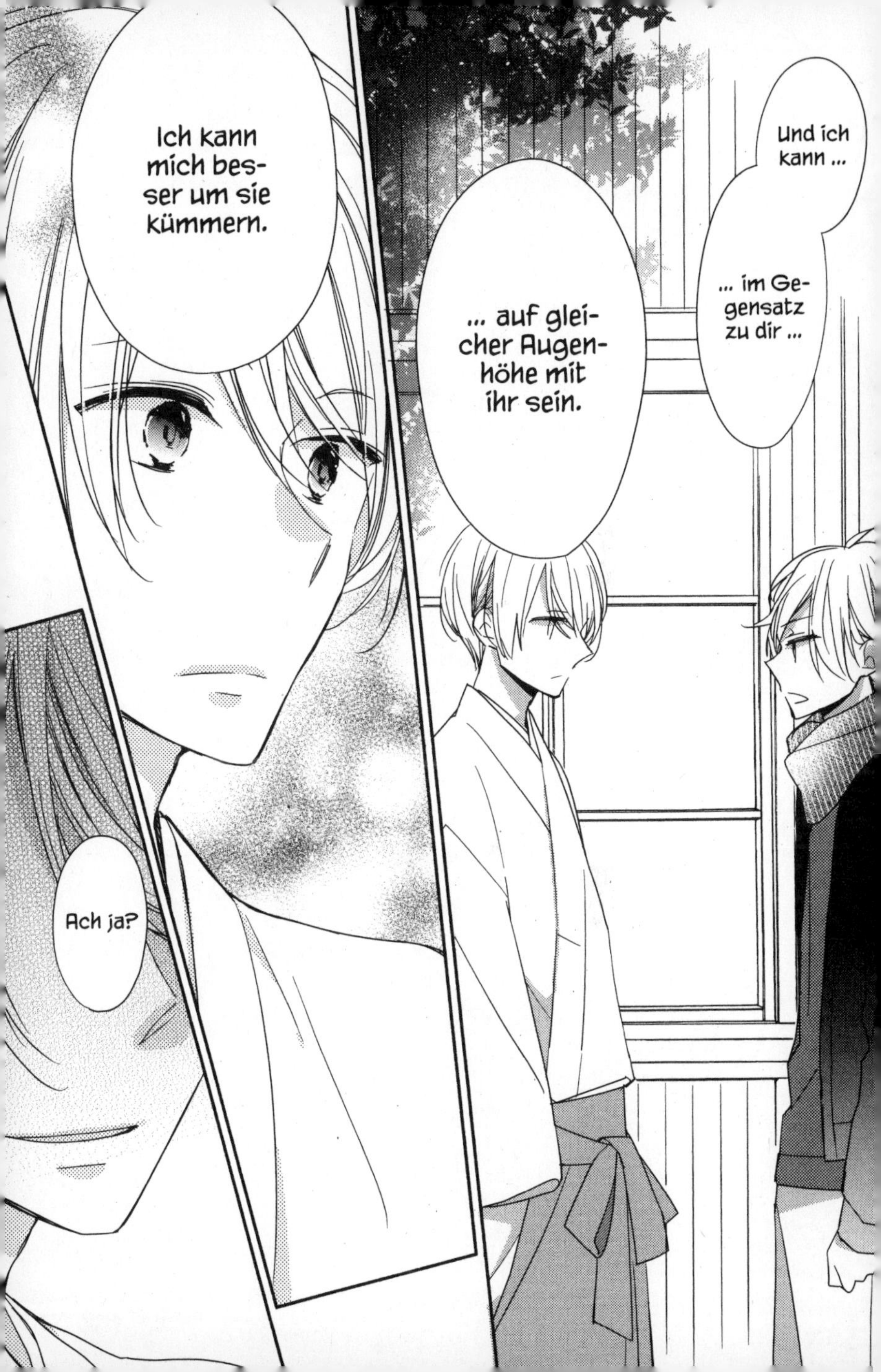

Und ich kann ...
... im Ge-gensatz zu dir ...
... auf glei-cher Augen-höhe mit ihr sein.
Ich kann mich bes-ser um sie kümmern.
Ach ja?

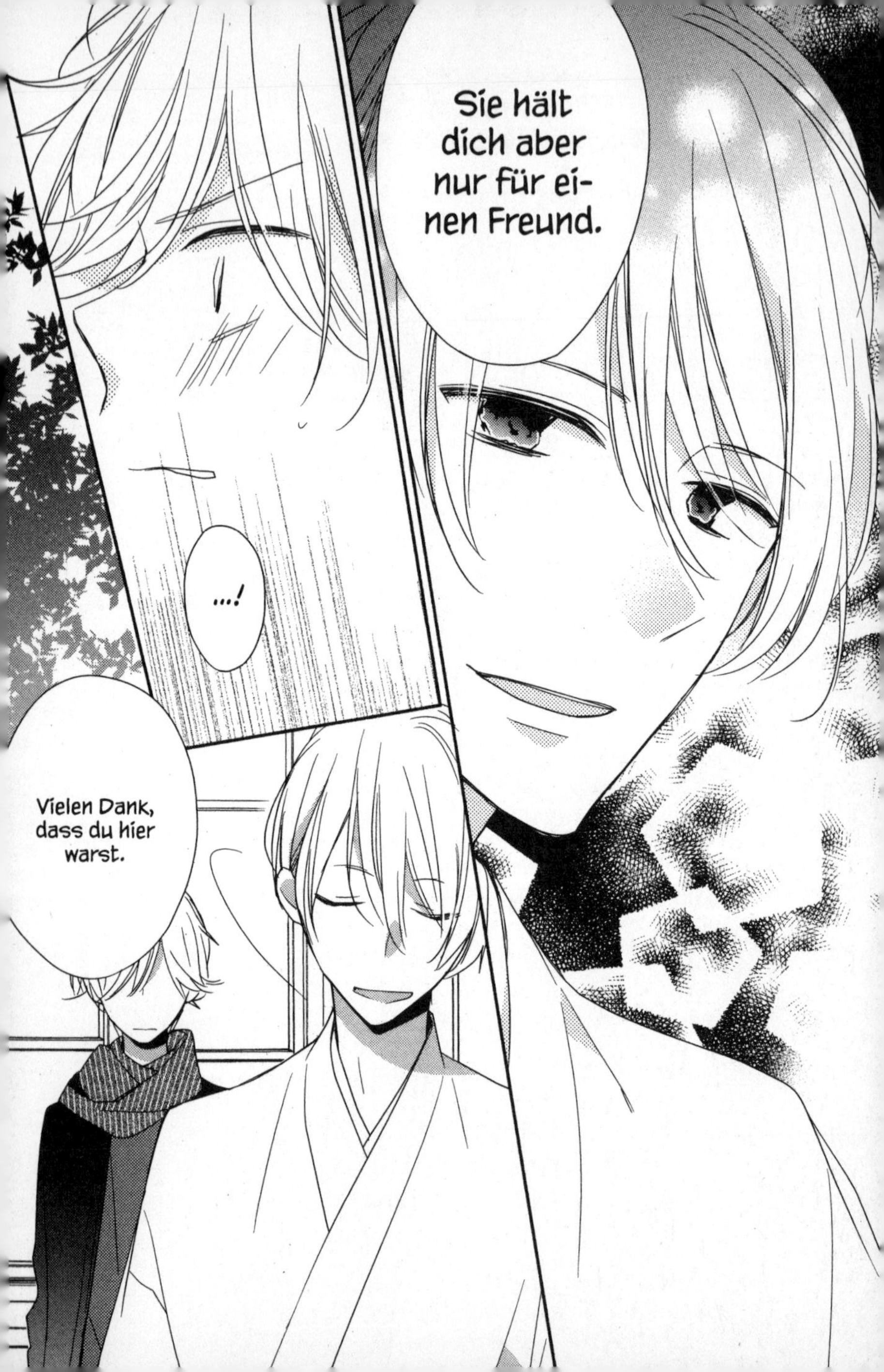
Sie hält dich aber nur für einen Freund.
...!
Vielen Dank, dass du hier warst.

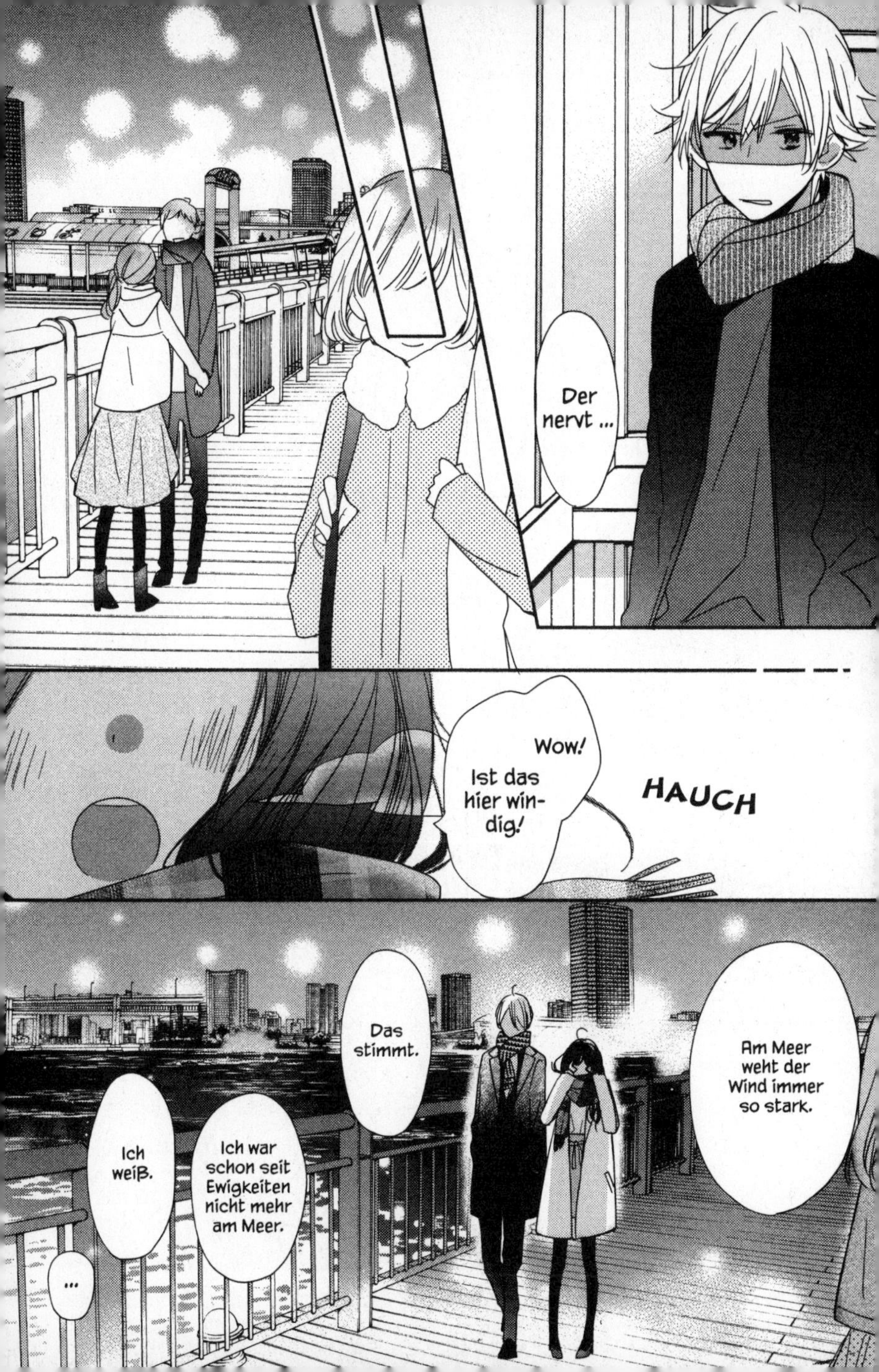
Der nervt ...
Wow! Ist das hier windig!
HAUCH
Am Meer weht der Wind immer so stark.
Das stimmt.
Ich war schon seit Ewigkeiten nicht mehr am Meer.
Ich weiß.
...

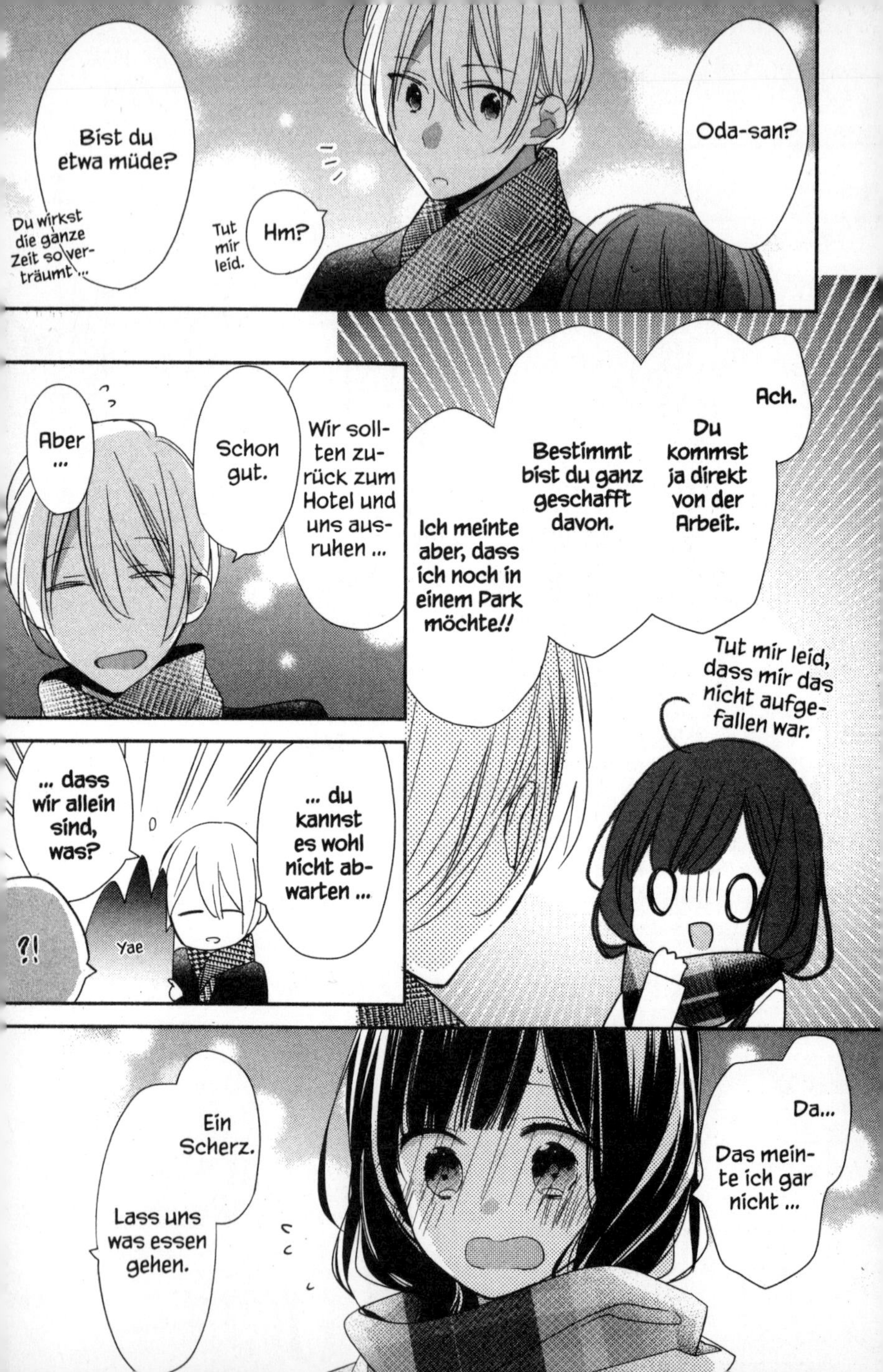
Oda-san?
Hm?
Tut mir leid.
Bist du etwa müde?
Du wirkst die ganze Zeit so verträumt ...
Ach.
Du kommst ja direkt von der Arbeit.
Bestimmt bist du ganz geschafft davon.
Ich meinte aber, dass ich noch in einem Park möchte!!
Tut mir leid, dass mir das nicht aufgefallen war.
Wir sollten zurück zum Hotel und uns ausruhen ...
Schon gut.
Aber ...
... du kannst es wohl nicht abwarten ...
... dass wir allein sind, was?
Yae
?!
Da...
Das meinte ich gar nicht ...
Ein Scherz.
Lass uns was essen gehen.

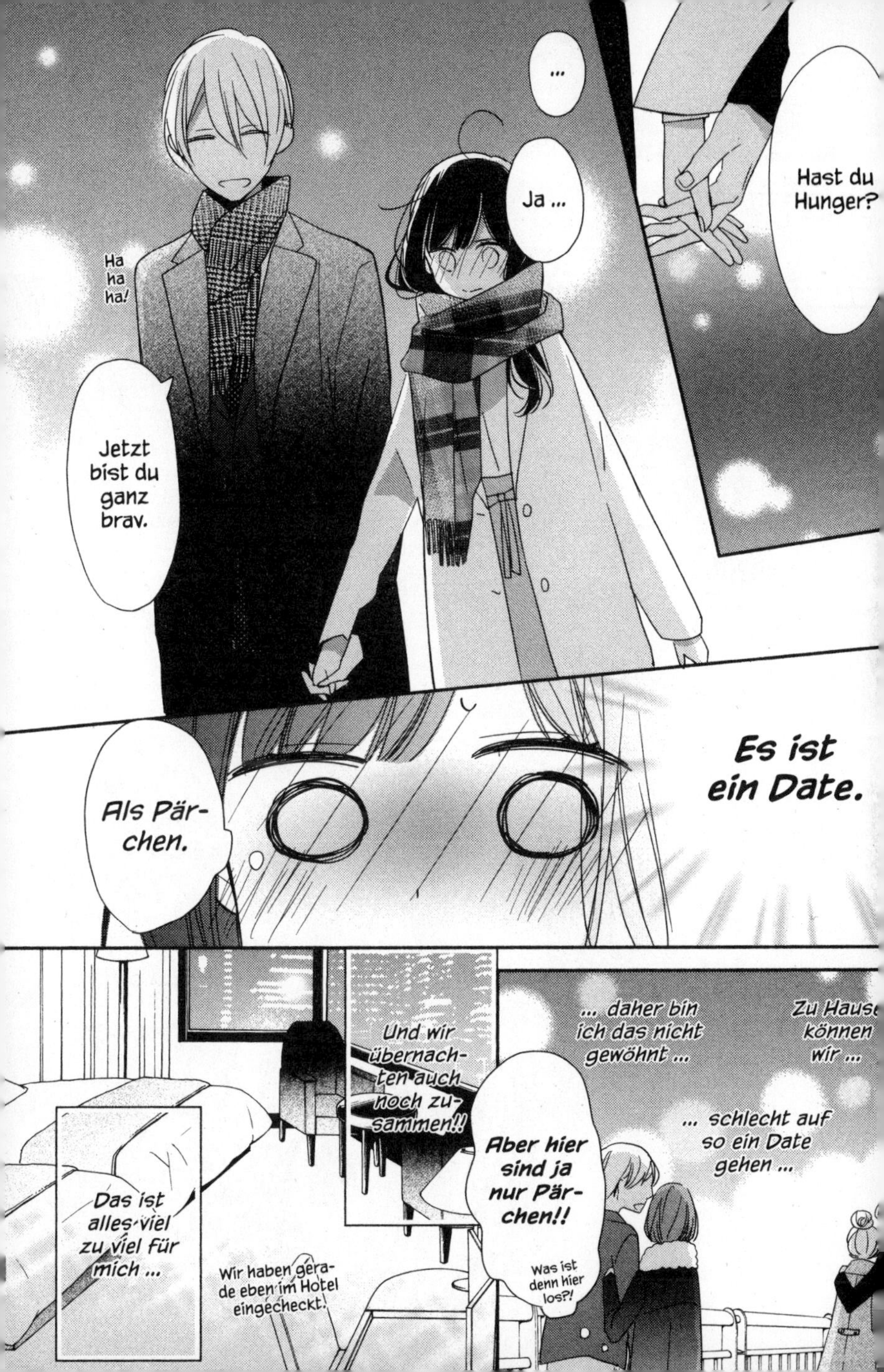
Hast du Hunger?
...
Ja ...
Ha ha ha!
Jetzt bist du ganz brav.
Es ist ein Date.
Als Pärchen.
Zu Haus können wir ...
... schlecht auf so ein Date gehen ...
... daher bin ich das nicht gewöhnt ...
Aber hier sind ja nur Pärchen!!
Was ist denn hier los?!
Und wir übernachten auch noch zusammen!!
Wir haben gerade eben im Hotel eingecheckt!
Das ist alles viel zu viel für mich ...

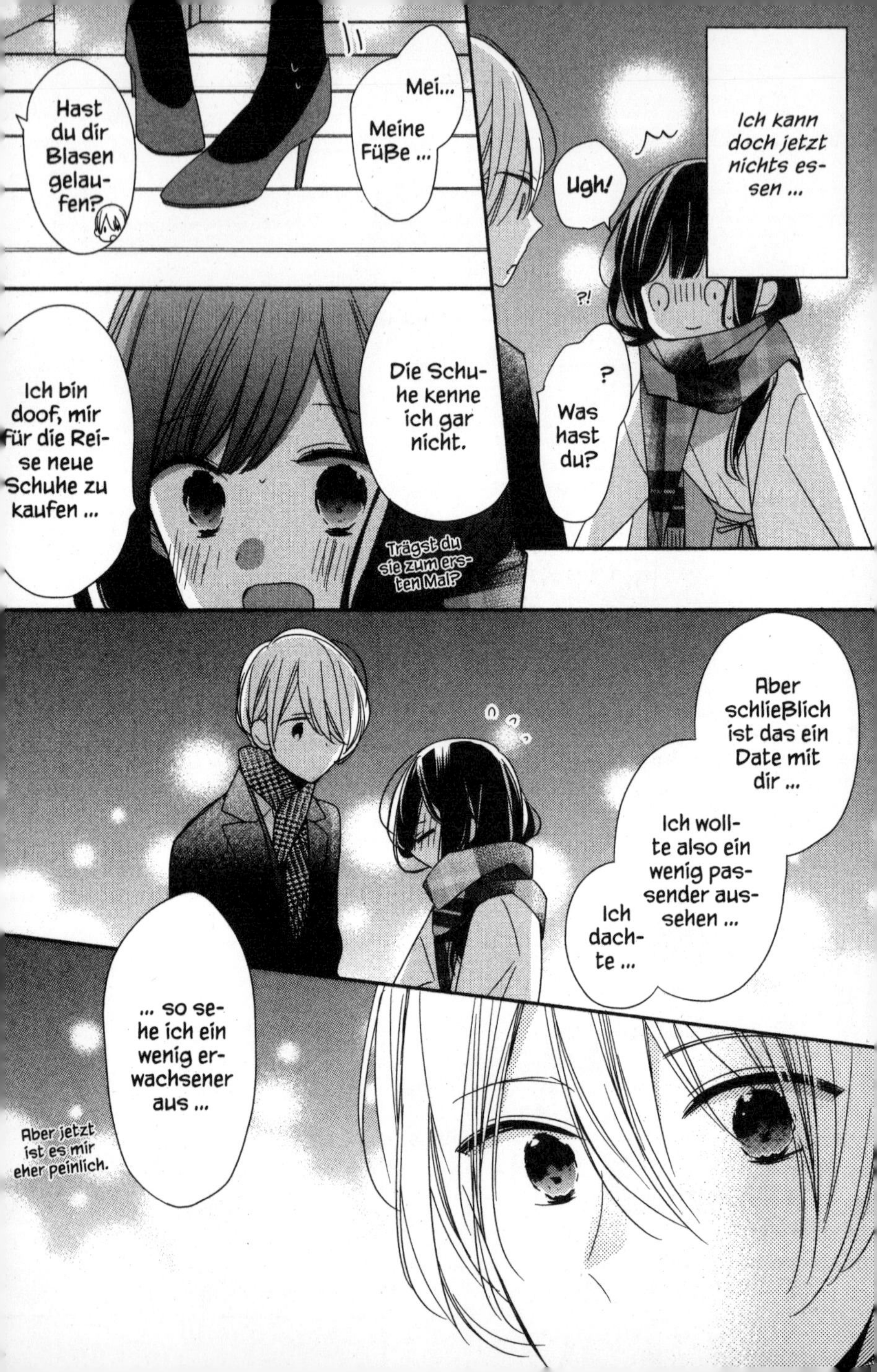
Ich kann doch jetzt nichts essen ...
Ugh!
Mei...
Meine Füße ...
Hast du dir Blasen gelaufen?
?!
?
Was hast du?
Die Schuhe kenne ich gar nicht.
Trägst du sie zum ersten Mal?
Ich bin doof, mir für die Reise neue Schuhe zu kaufen ...
Aber schließlich ist das ein Date mit dir ...
Ich wollte also ein wenig passender aussehen ...
Ich dachte ...
... so sehe ich ein wenig erwachsener aus ...
Aber jetzt ist es mir eher peinlich.

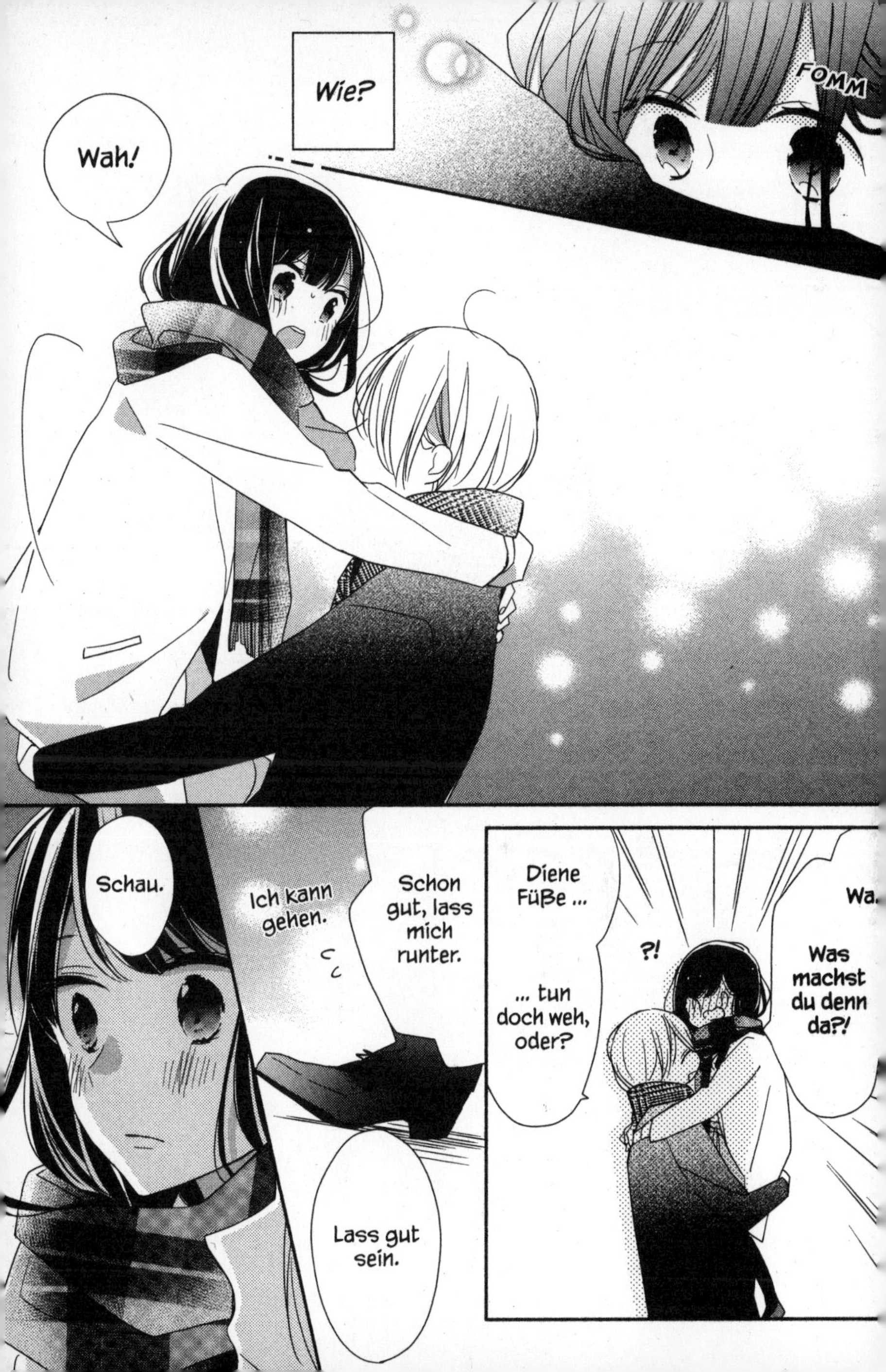
FOMM
Wie?
Wah!
Wa.
Was machst du denn da?!
?!
Diene Füße ...
... tun doch weh, oder?
Schon gut, lass mich runter.
Ich kann gehen.
Schau.
Lass gut sein.

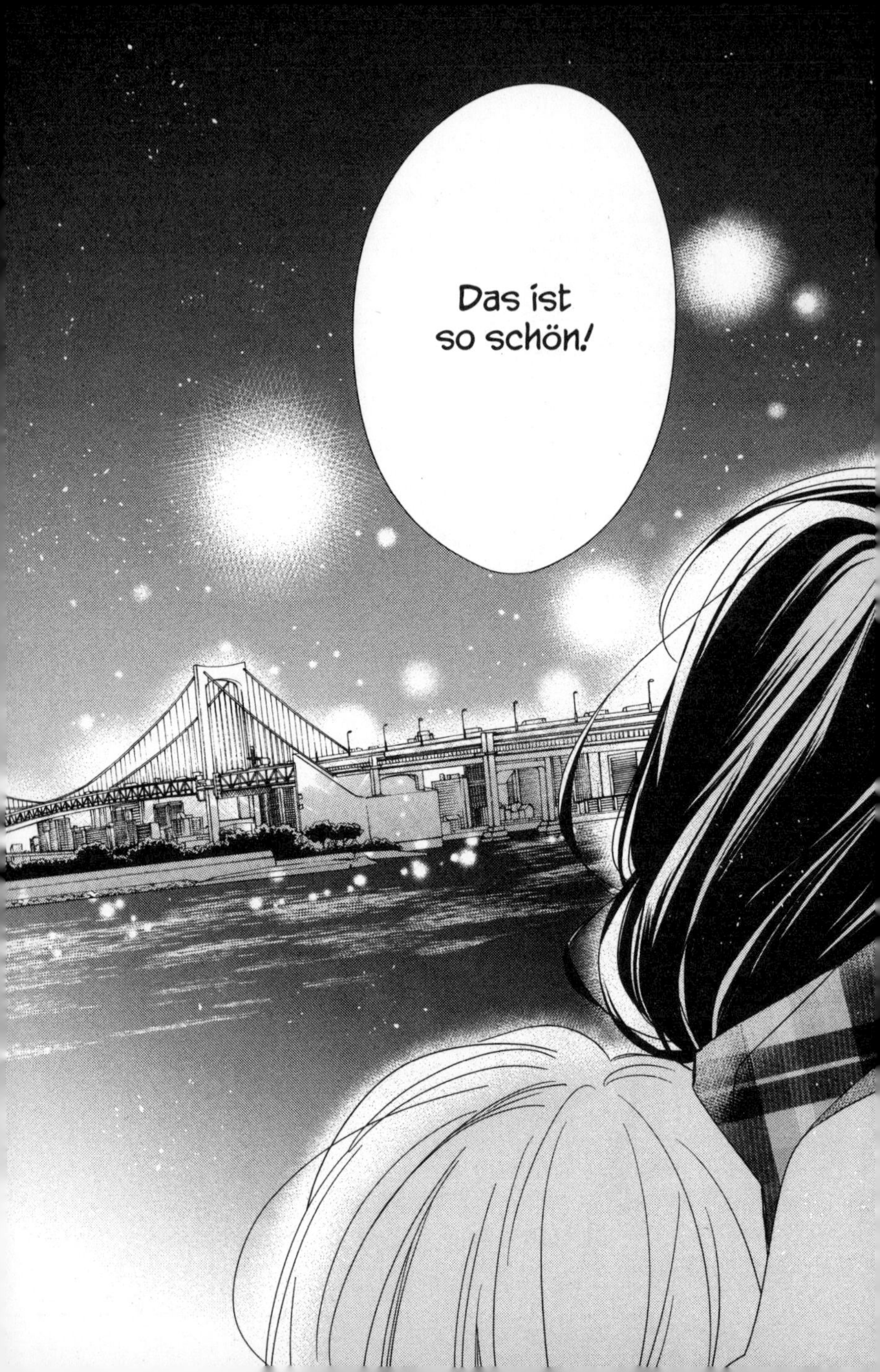
Das ist so schön!

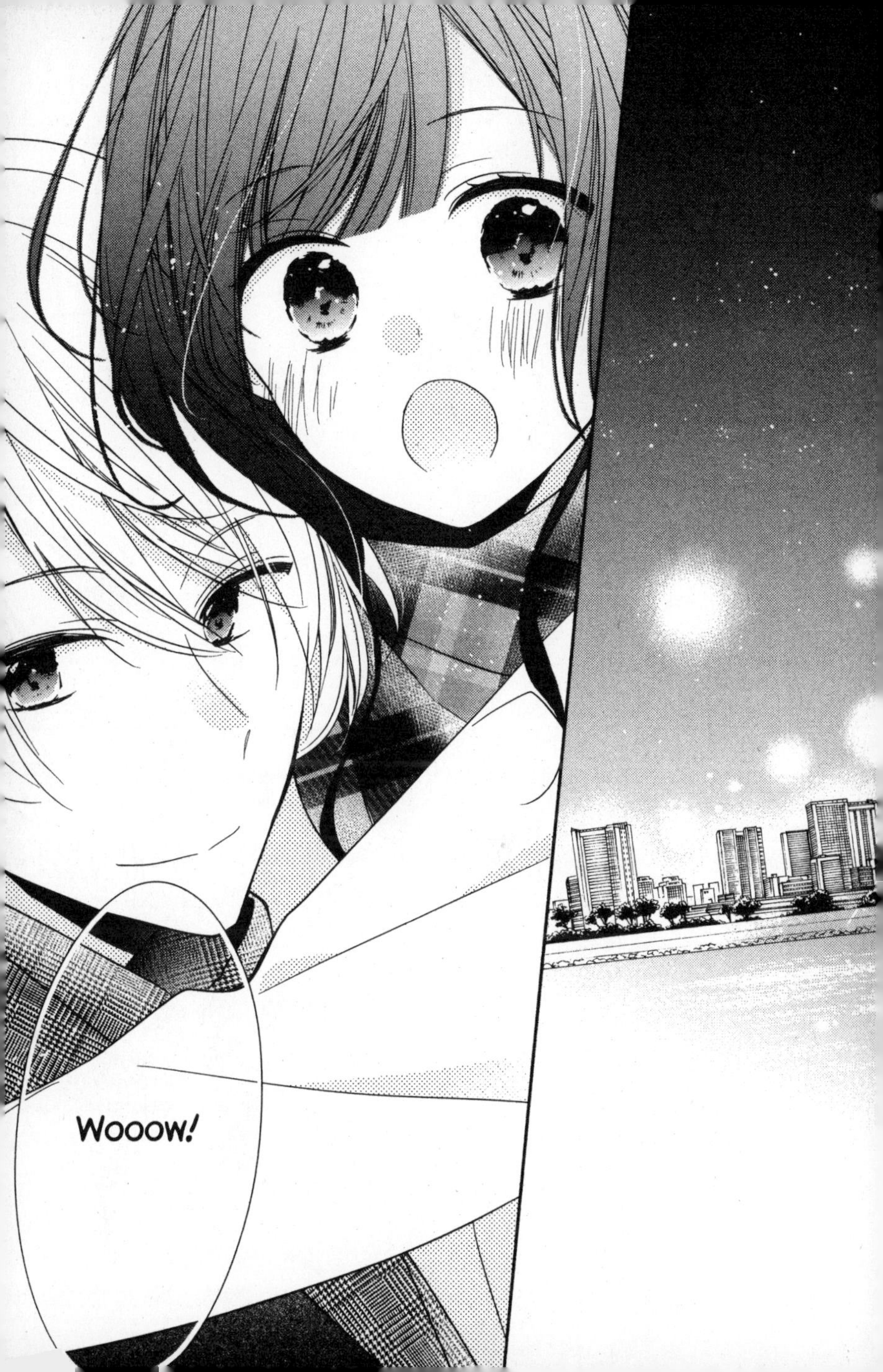
Wooow!

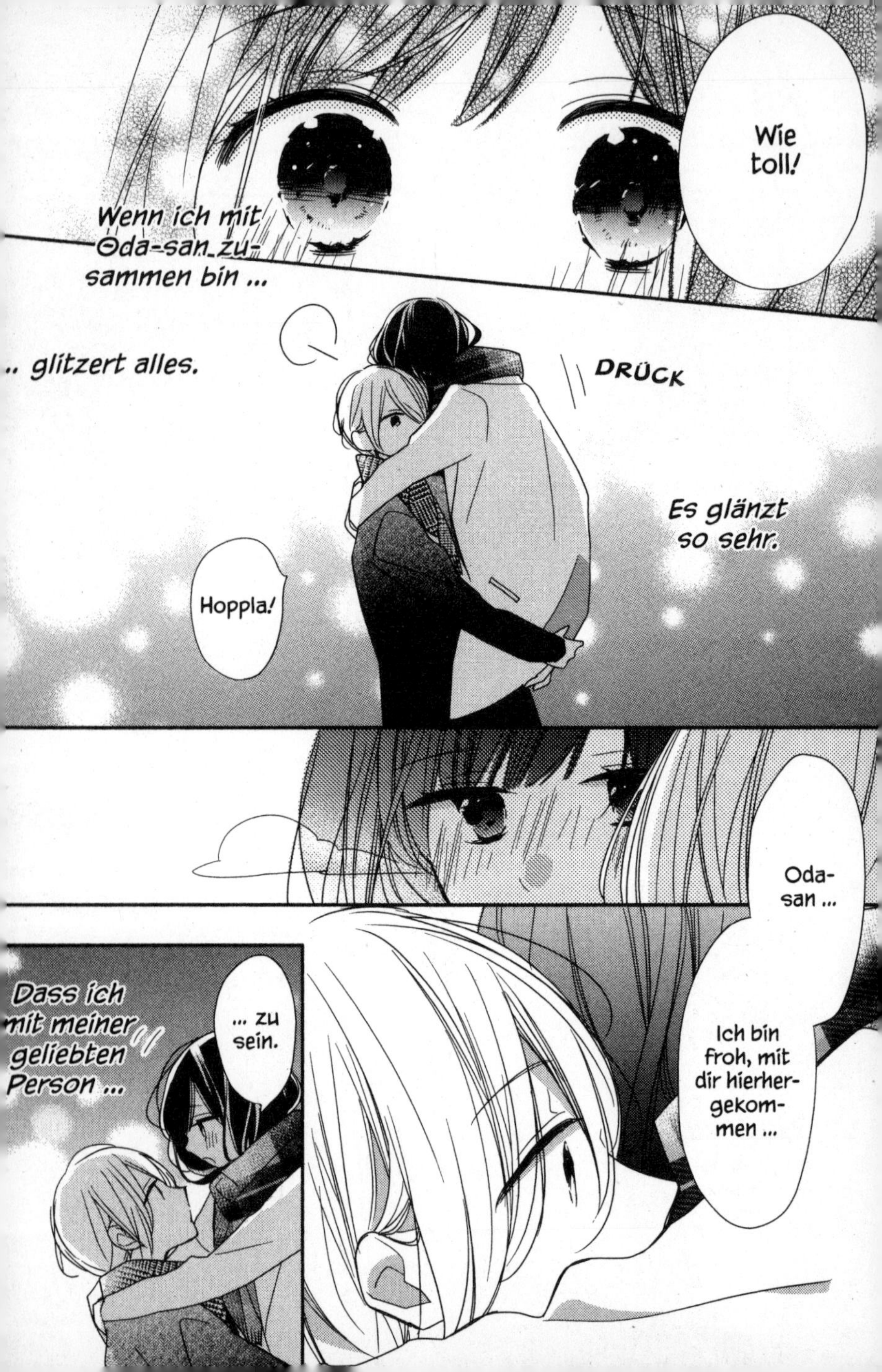
Wie toll!
Wenn ich mit Oda-san zusammen bin ...
DRÜCK
... glitzert alles.
Es glänzt so sehr.
Hoppla!
Oda-san ...
Ich bin froh, mit dir hierhergekommen ...
... zu sein.
Dass ich mit meiner geliebten Person ...

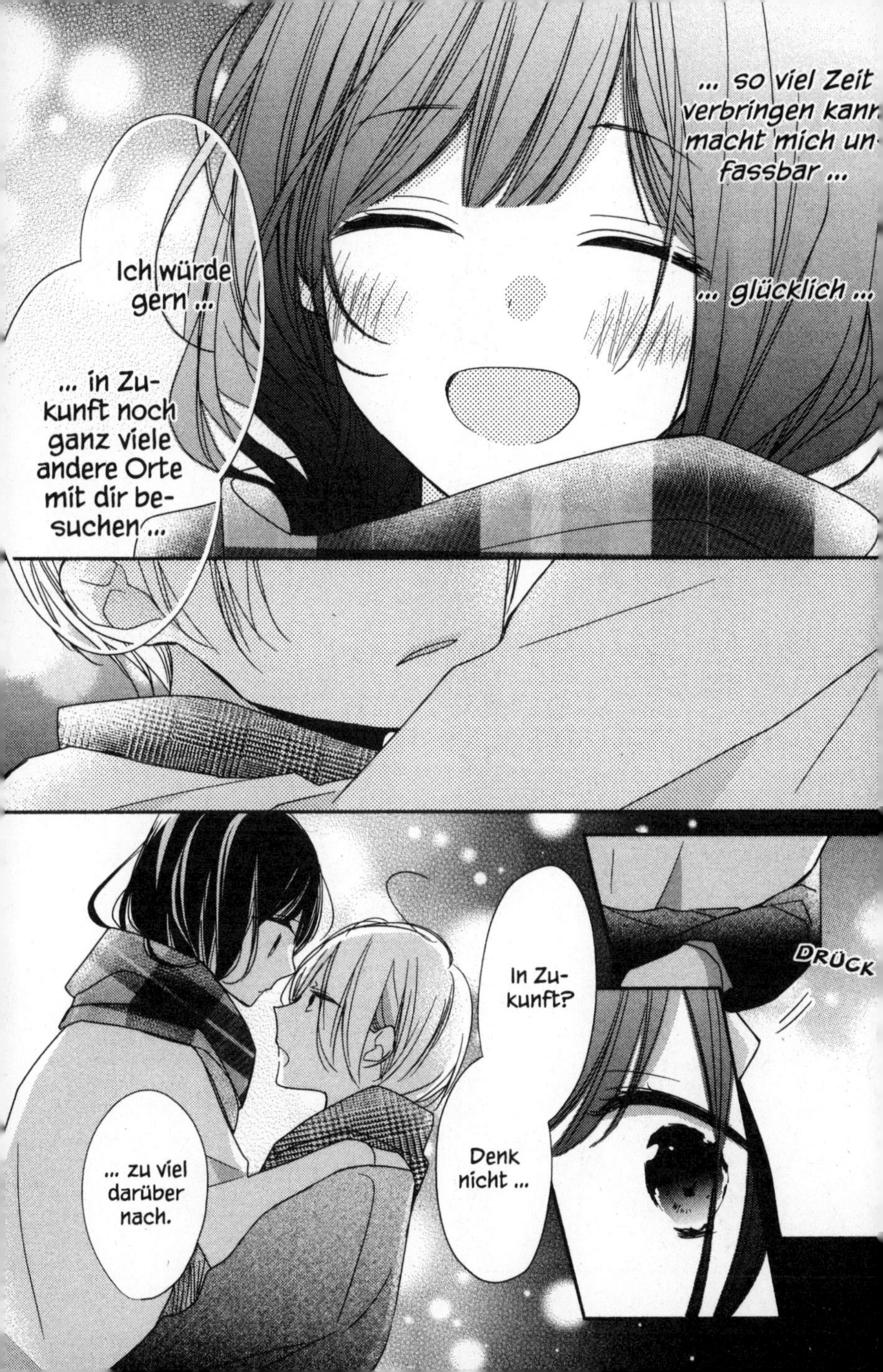
... so viel Zeit verbringen kann macht mich unfassbar ...
... glücklich ...
Ich würde gern ...
... in Zukunft noch ganz viele andere Orte mit dir besuchen ...
DRÜCK
In Zukunft?
Denk nicht ...
... zu viel darüber nach.

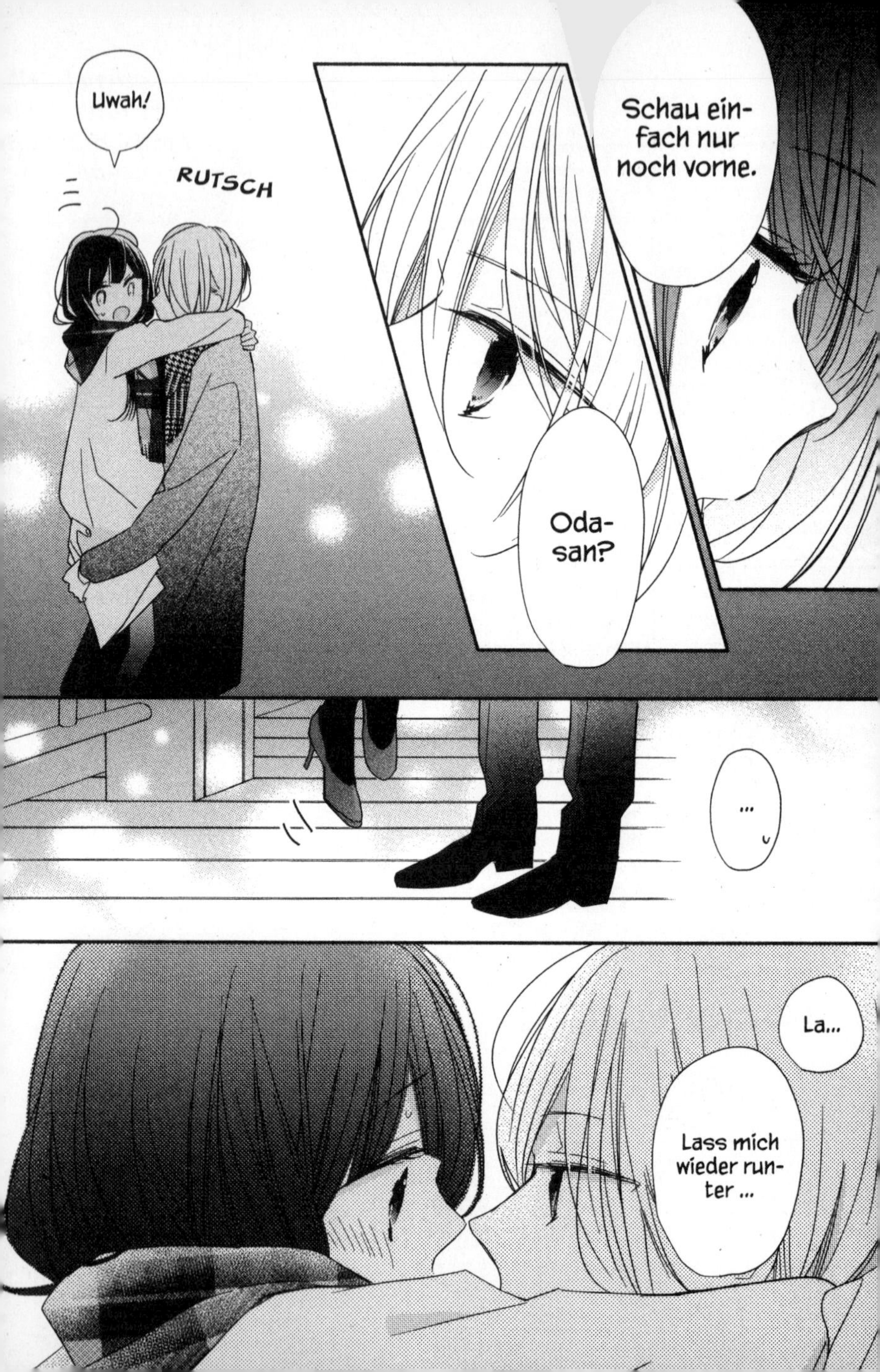
Schau einfach nur noch vorne.
Oda-san?
Uwah!
RUTSCH
...
La...
Lass mich wieder runter ...

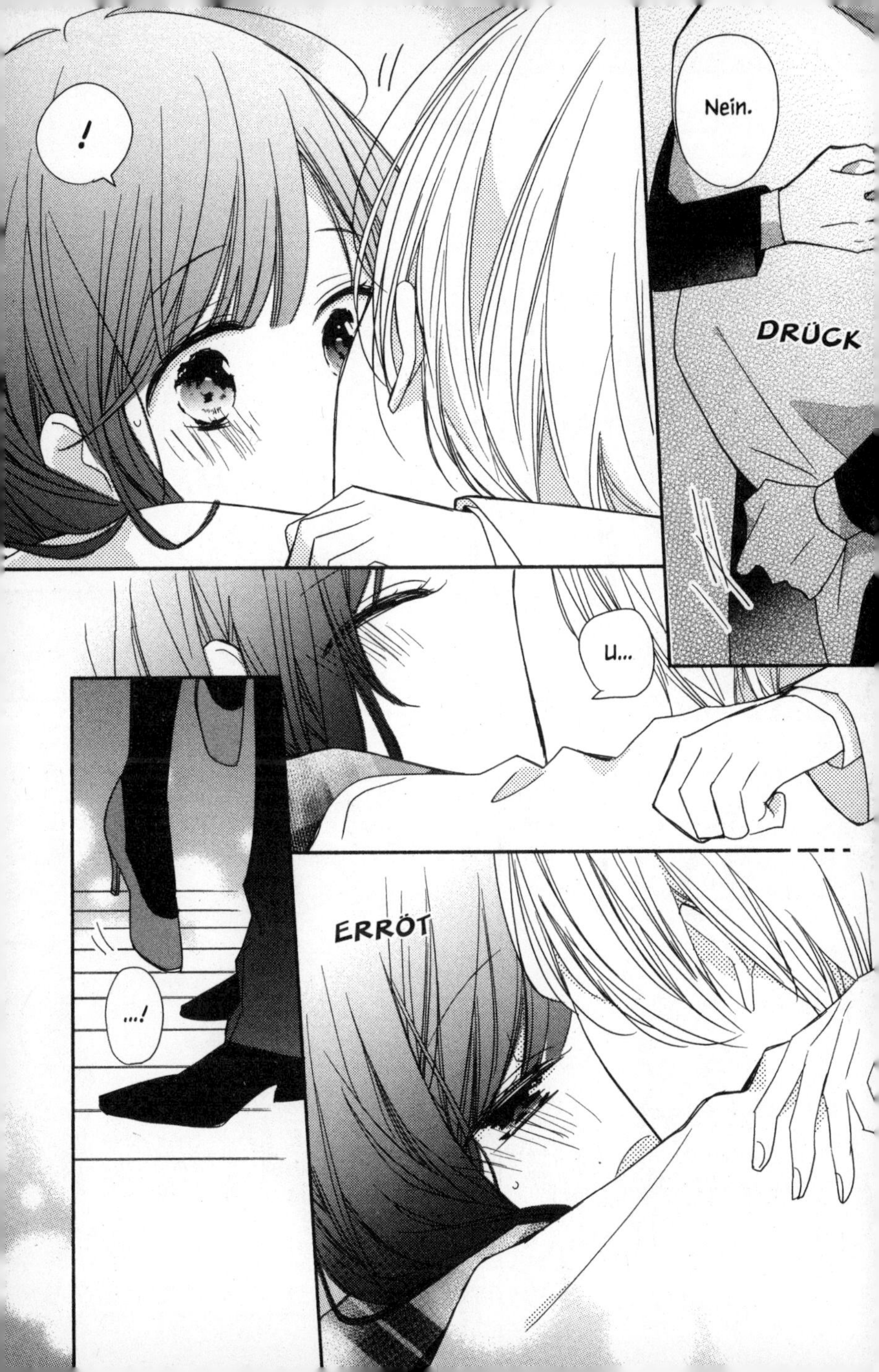
Nein.
DRÜCK
!
U...
ERRÖT
...!

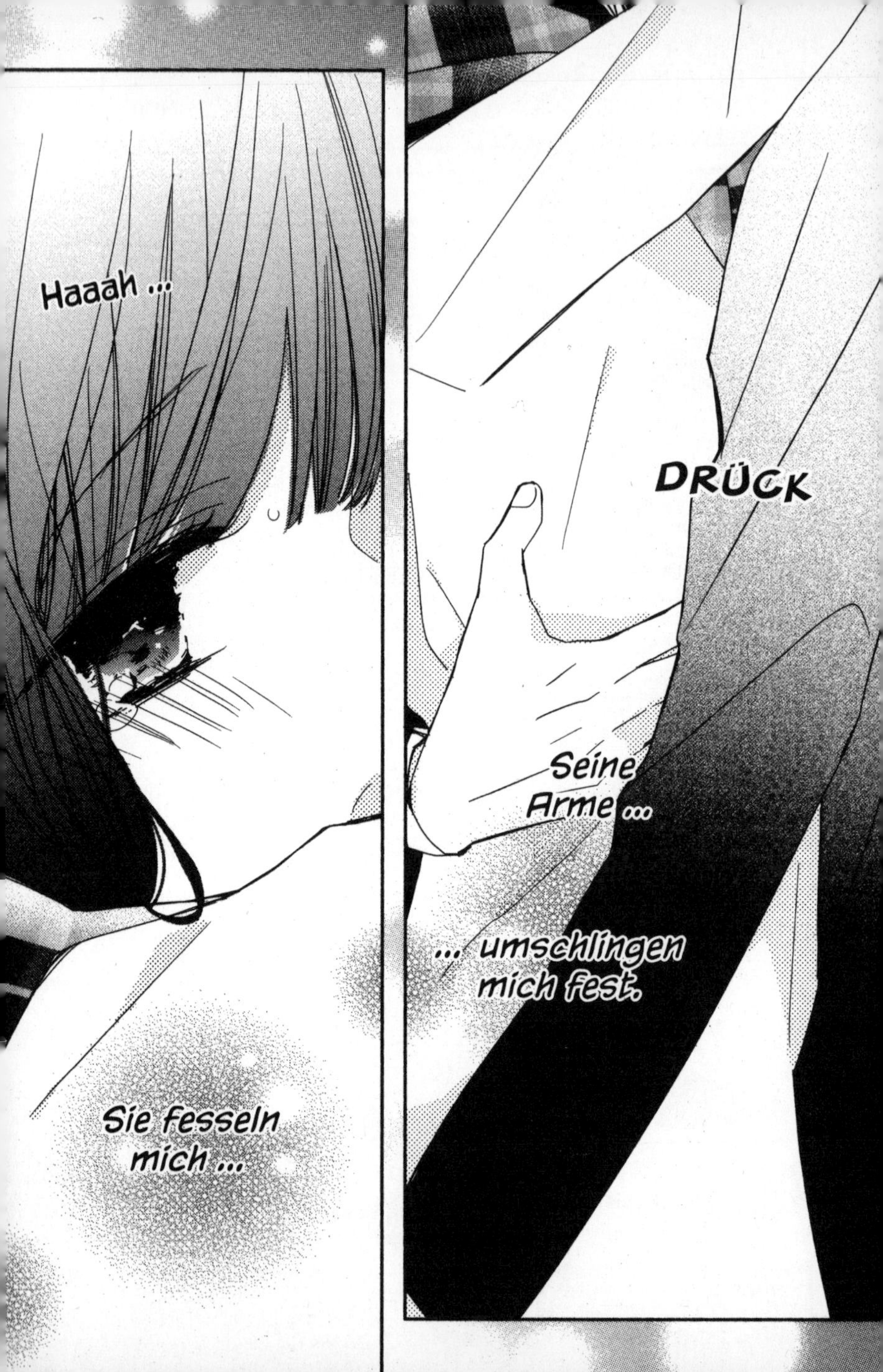
DRÜCK
Seine Arme ...
... umschlingen mich fest.
Haaah ...
Sie fesseln mich ...

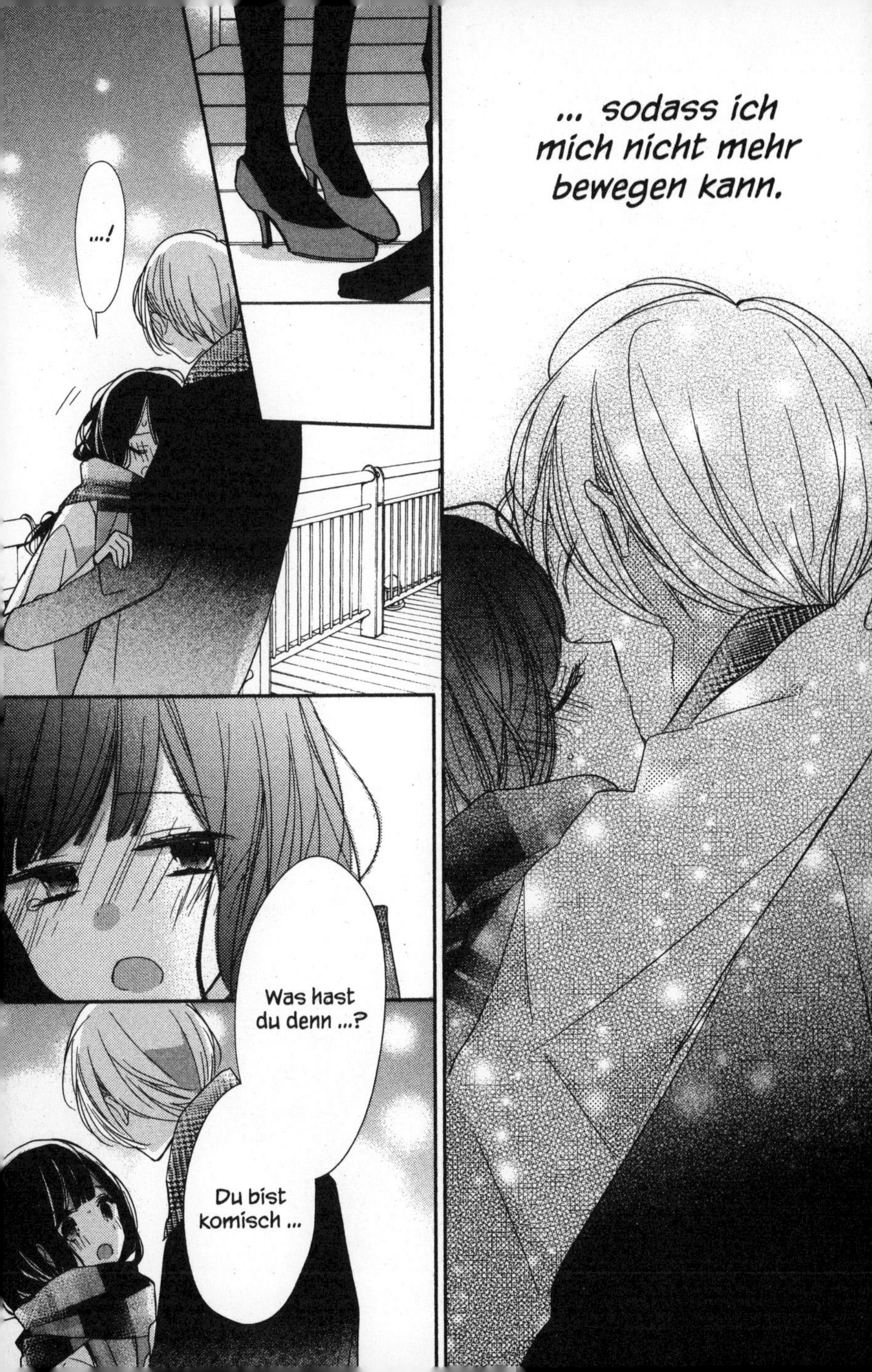
... sodass ich mich nicht mehr bewegen kann.
...!
Was hast du denn ...?
Du bist komisch ...

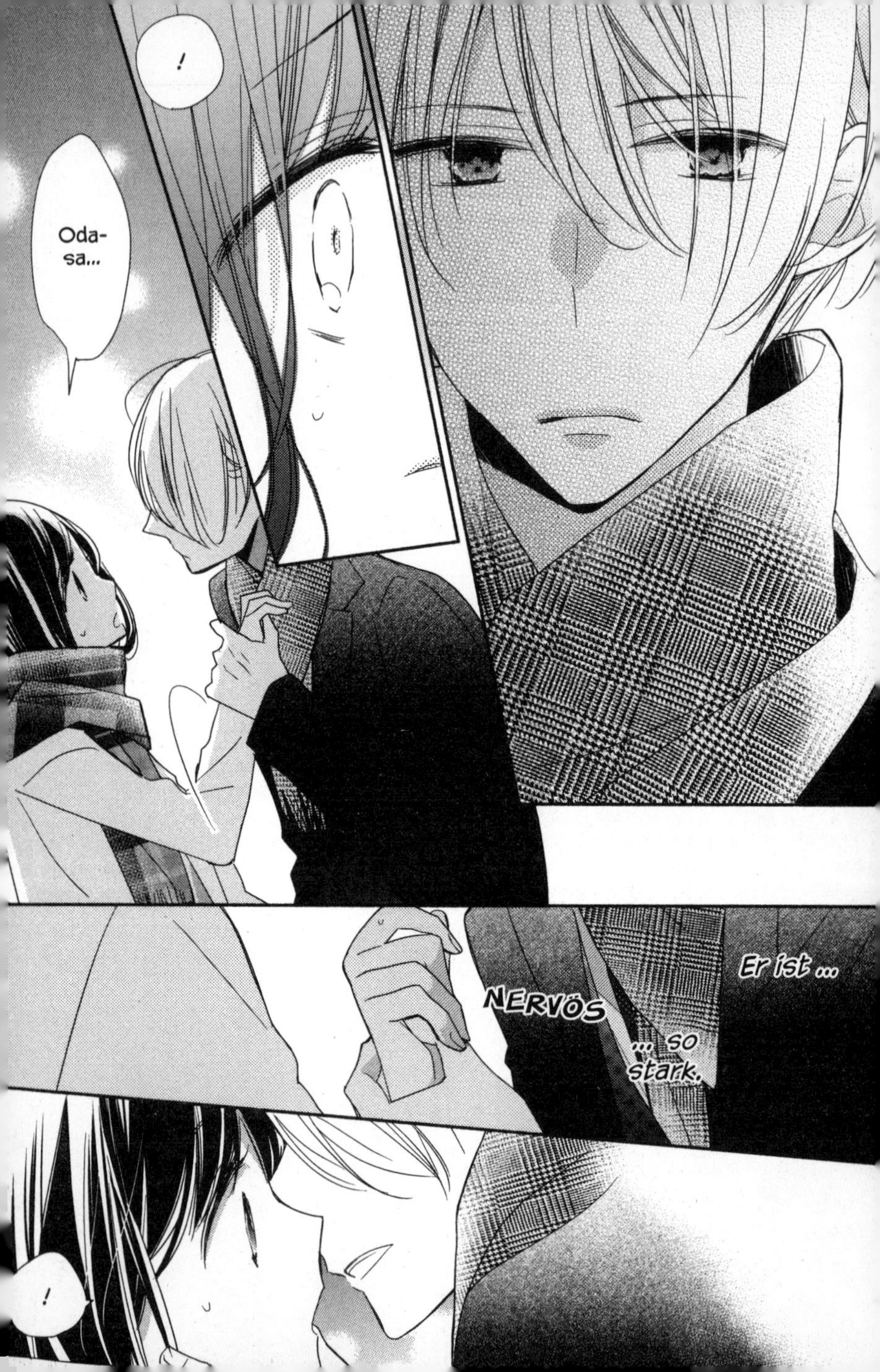
!
Oda-
sa...
Er ist ...
NERVÖS
... so
stark.
!

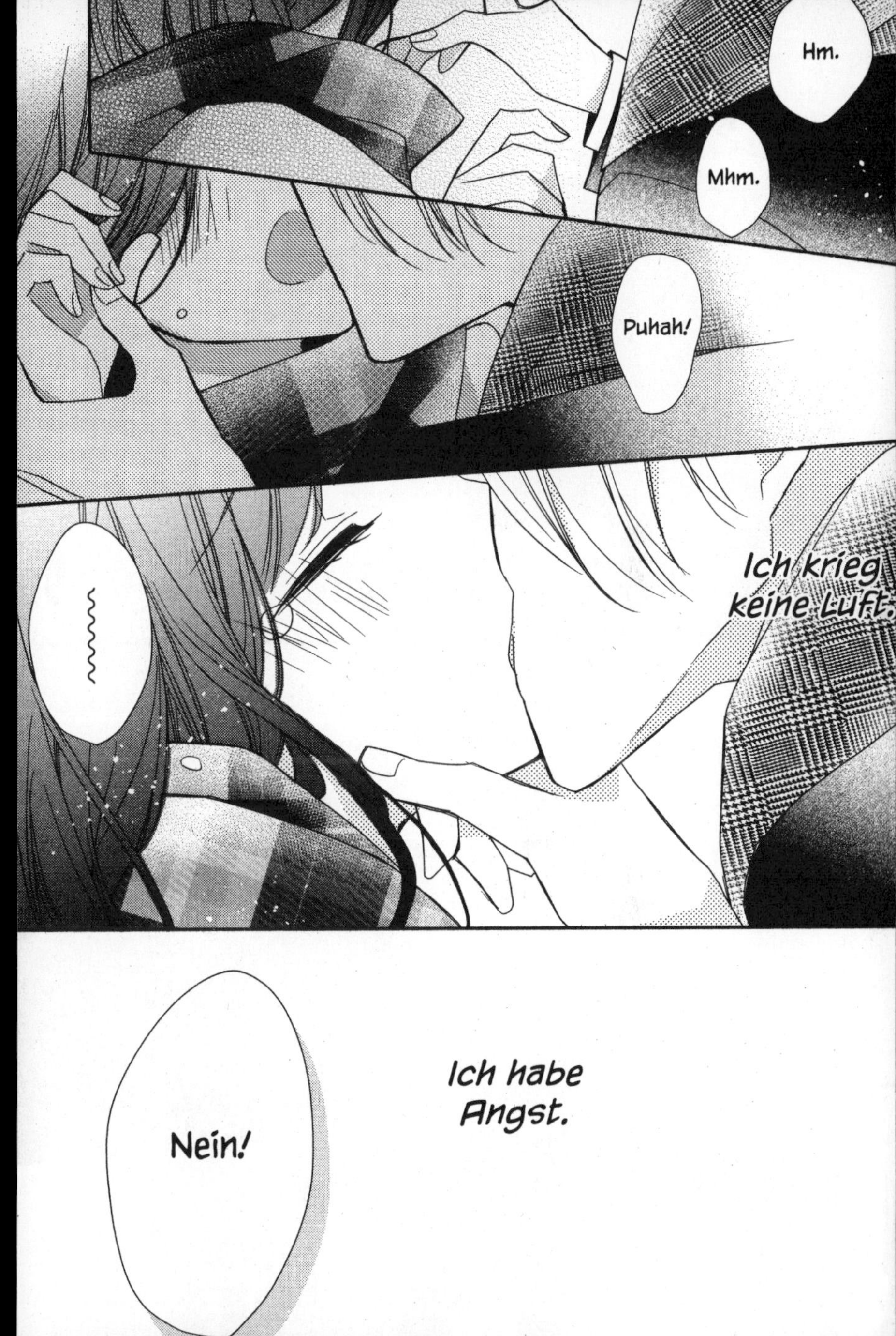
Hm.
Mhm.
Puhah!
Ich krieg keine Luft.
~~~~
Ich habe Angst.
Nein!
~~~~

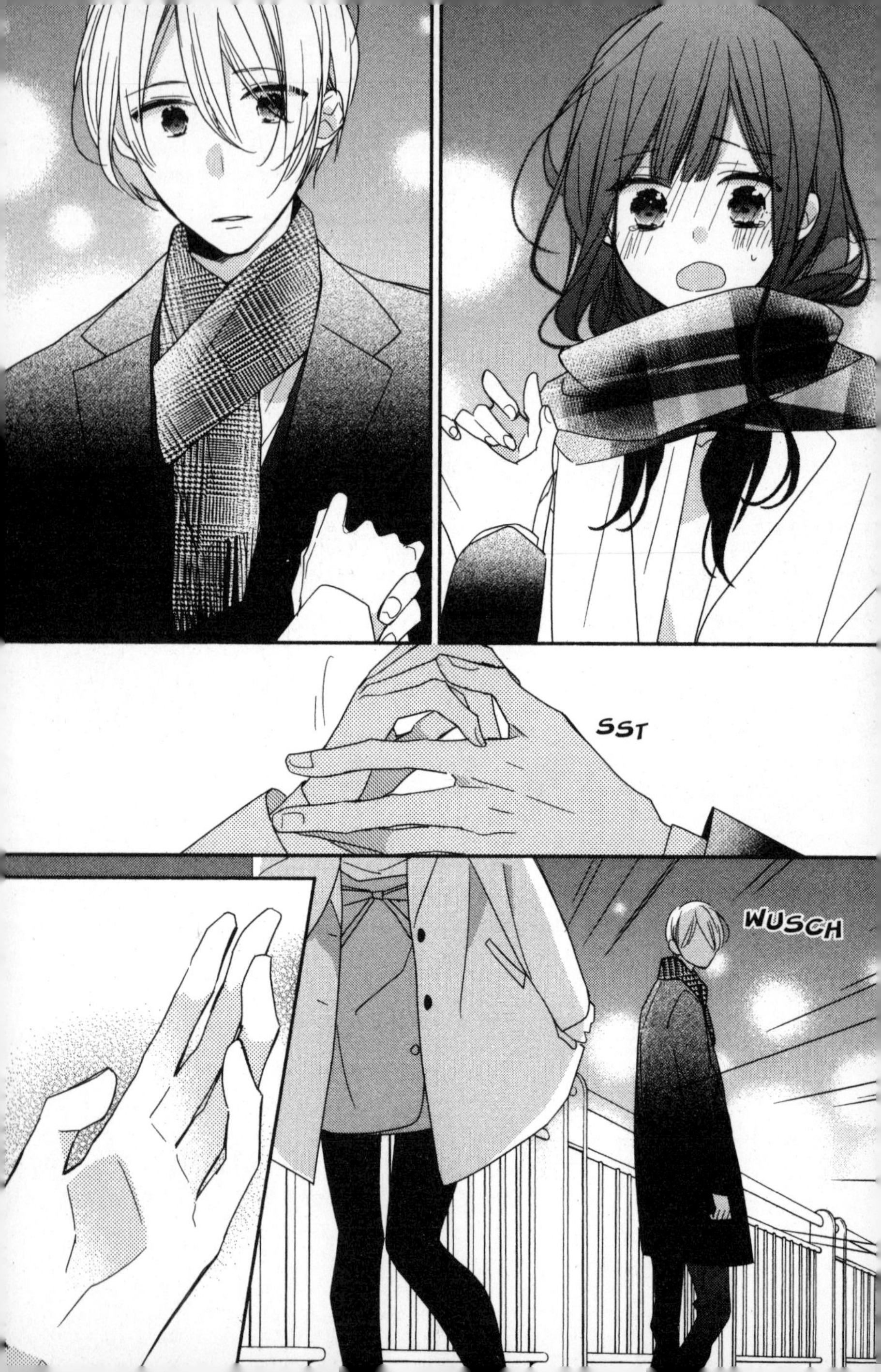
SST
WUSCH

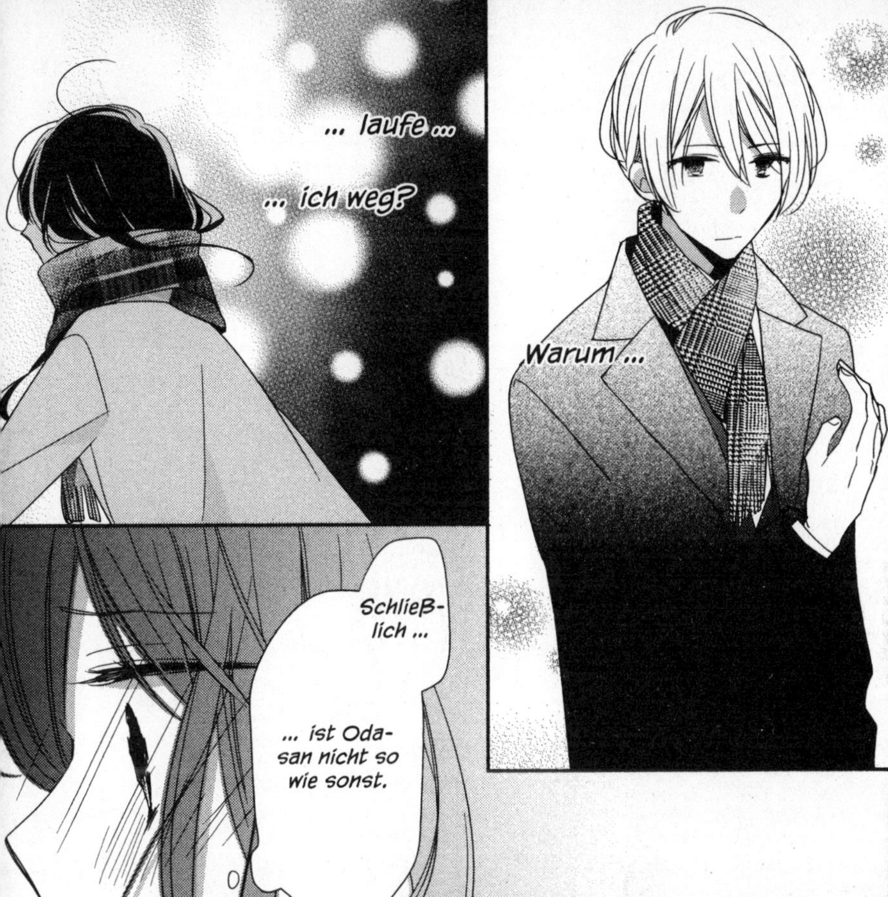

Normaler-
weise ...

... denkt er
oft an mich.

Aber ...

... eben ...

... war nichts
davon zu
spüren.

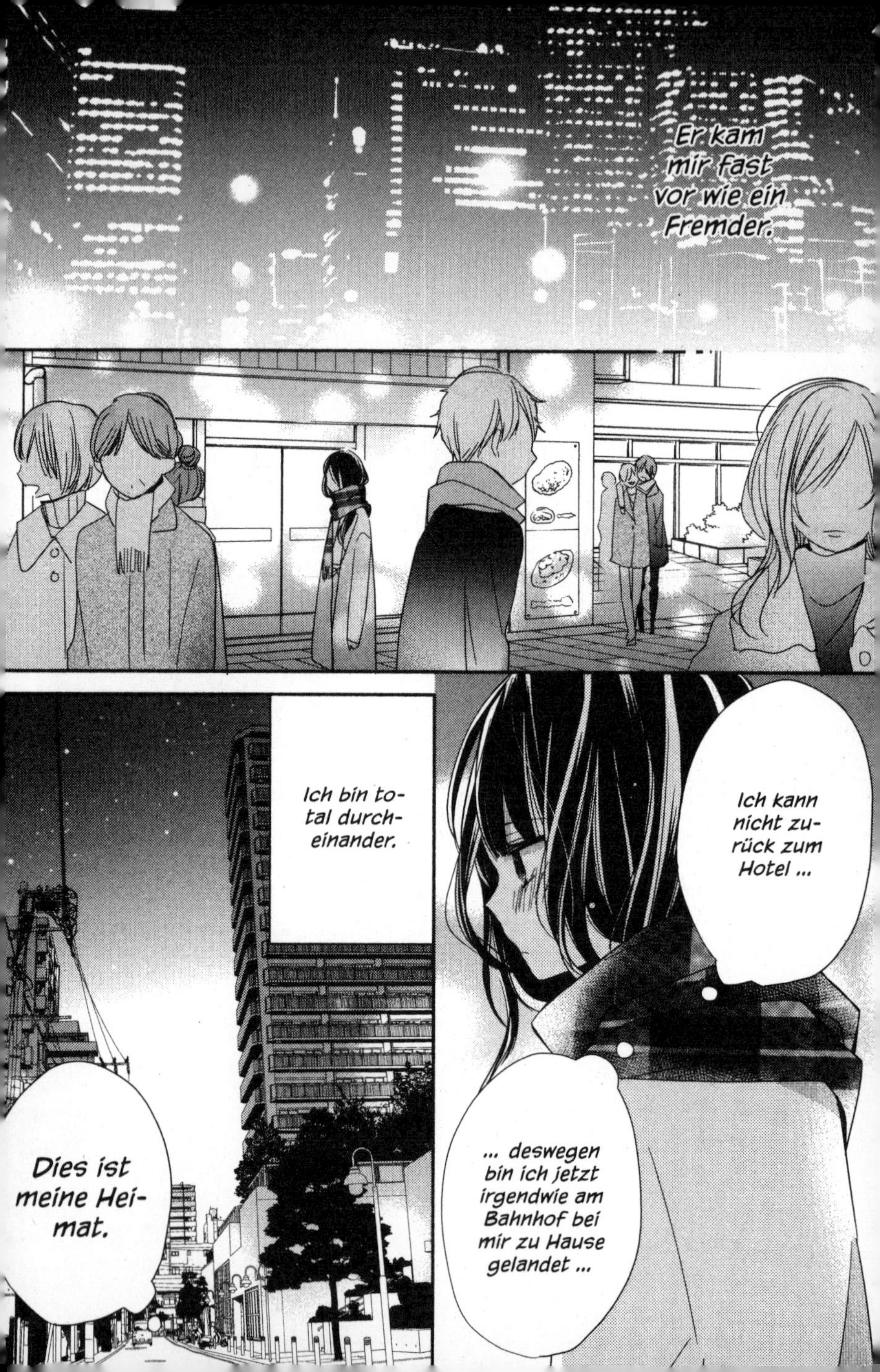
Er kam mir fast vor wie ein Fremder.
Ich kann nicht zurück zum Hotel ...
... deswegen bin ich jetzt irgendwie am Bahnhof bei mir zu Hause gelandet ...
Ich bin total durcheinander.
Dies ist meine Heimat.

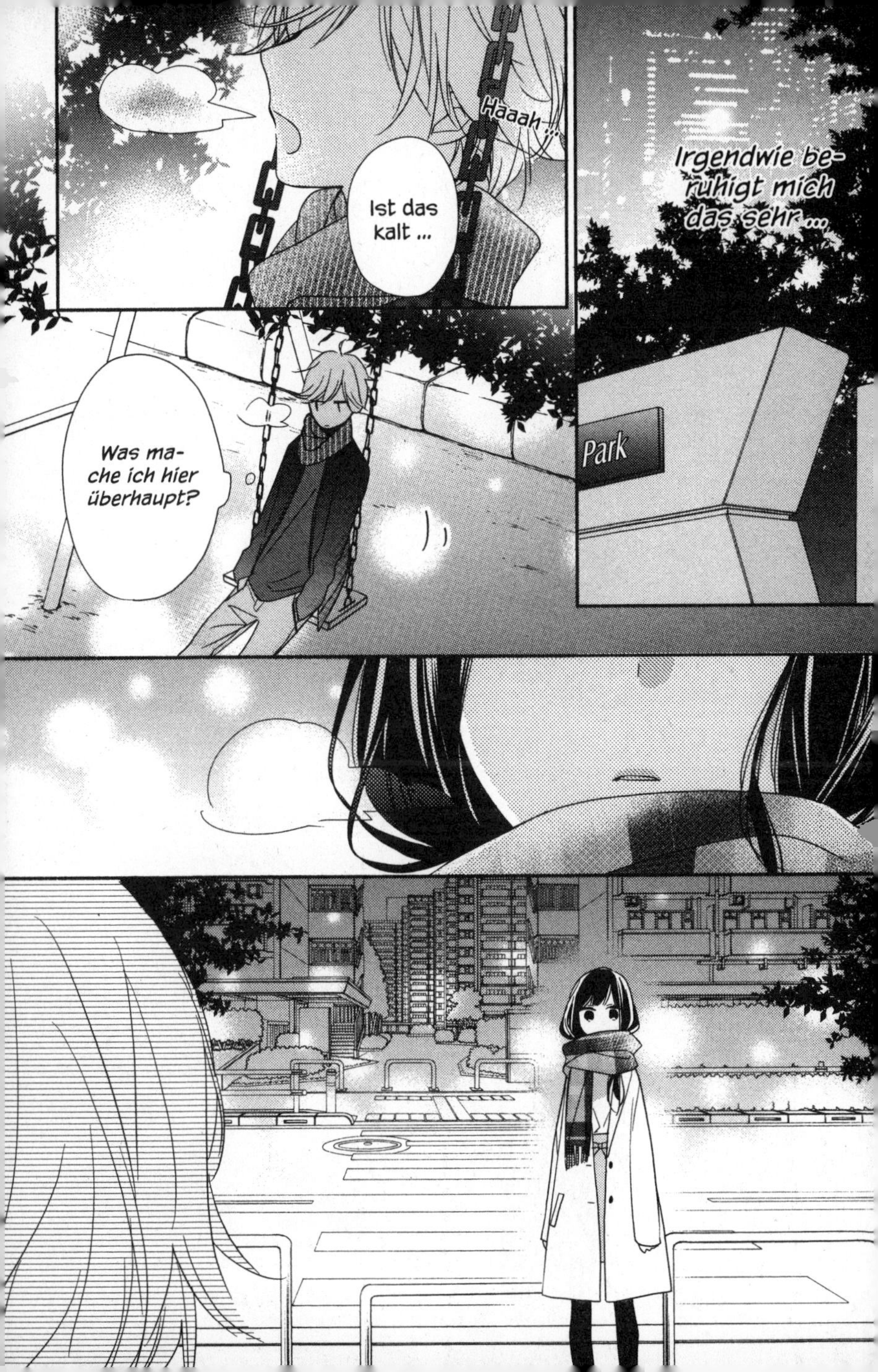
Irgendwie beruhigt mich das sehr ...
Hääah ...
Ist das kalt ...
Park
Was mache ich hier überhaupt?

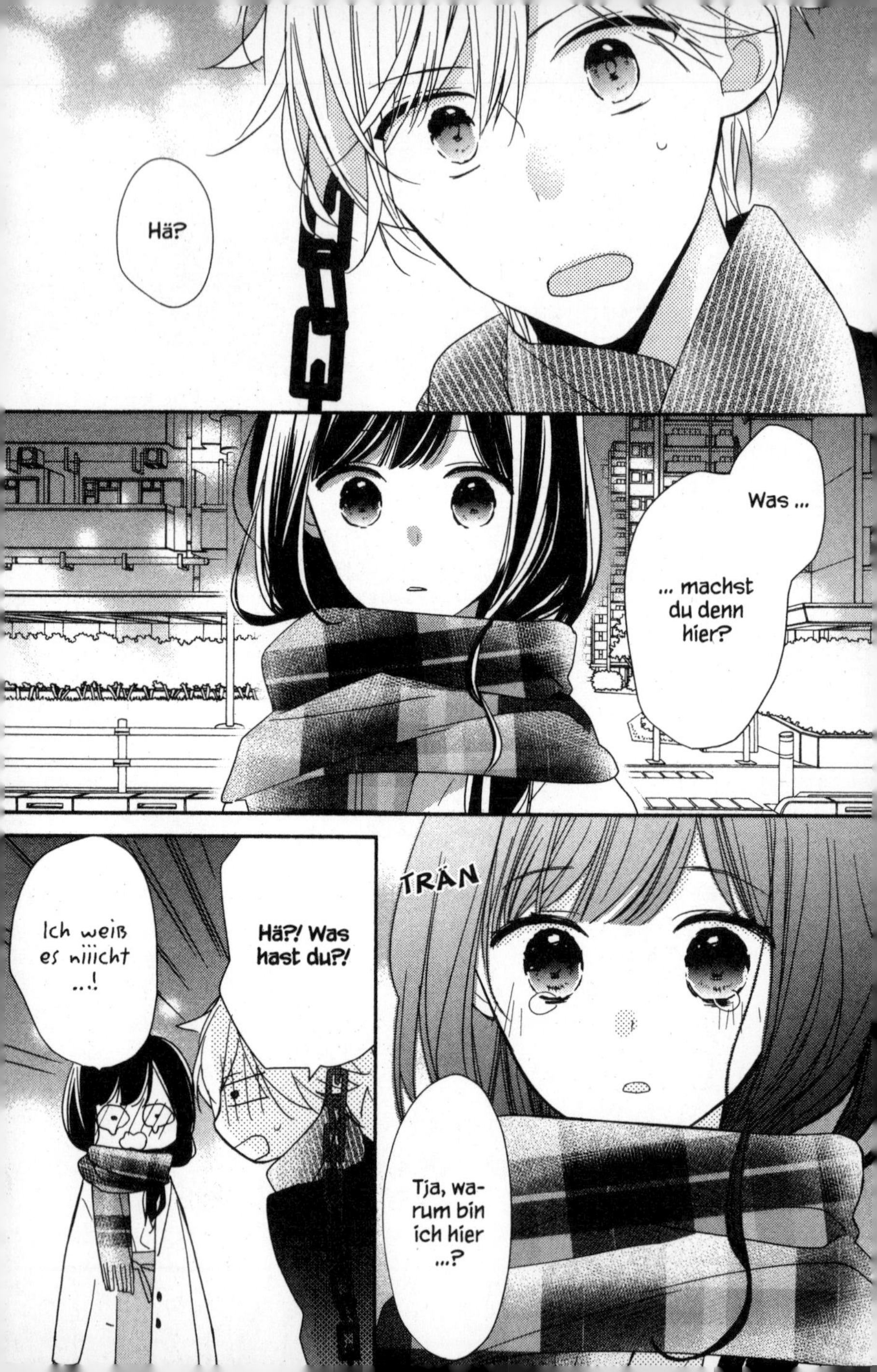
Hä?
Was ...
... machst du denn hier?
TRÄN
Tja, warum bin ich hier ...?
Hä?! Was hast du?!
Ich weiß es niiicht ...!

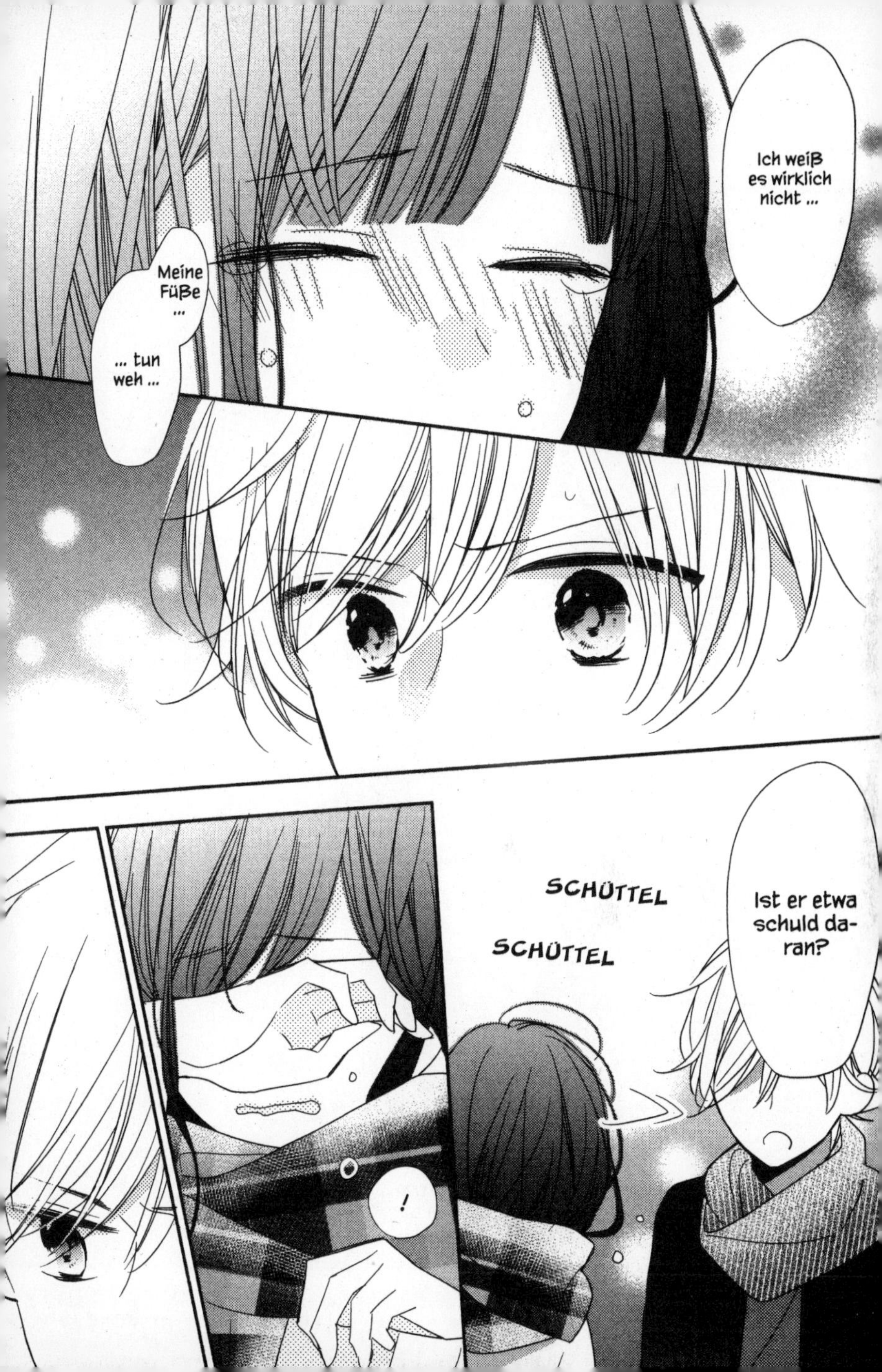
Ich weiß es wirklich nicht ...
Meine Füße ...
... tun weh ...
Ist er etwa schuld daran?
SCHÜTTEL
SCHÜTTEL
!

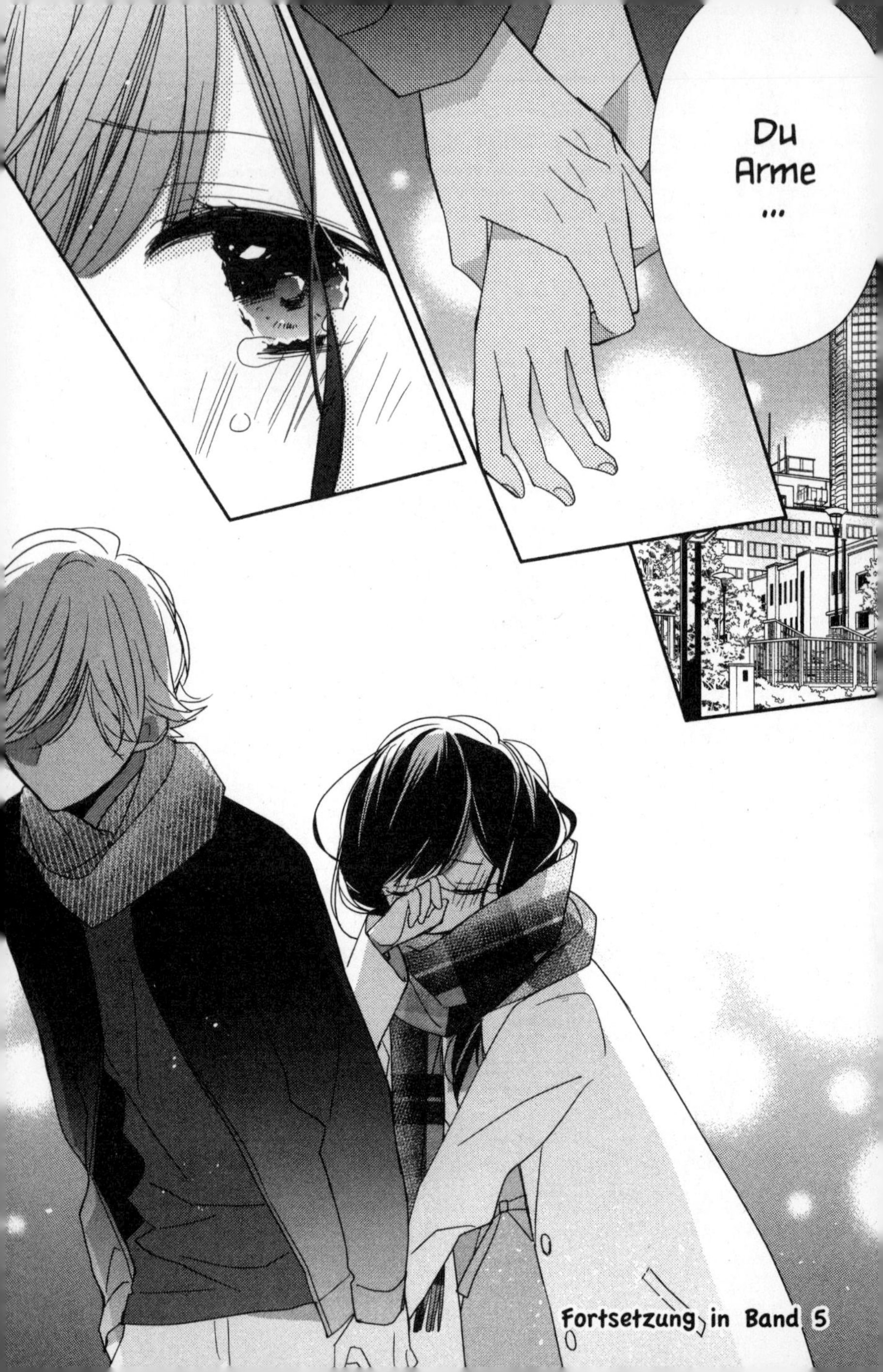
Du Arme …
Fortsetzung in Band 5

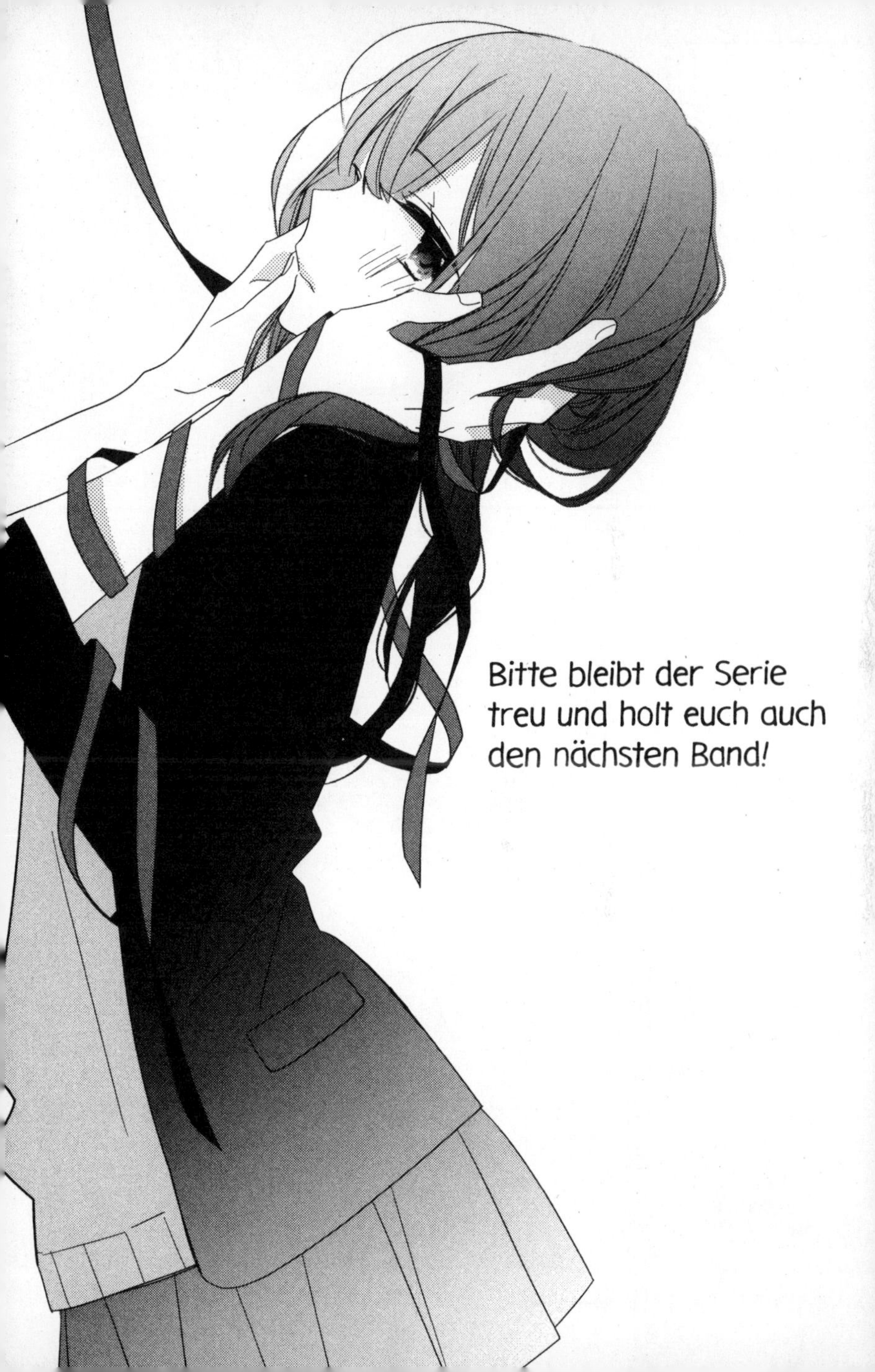
Bitte bleibt der Serie
treu und holt euch auch
den nächsten Band!

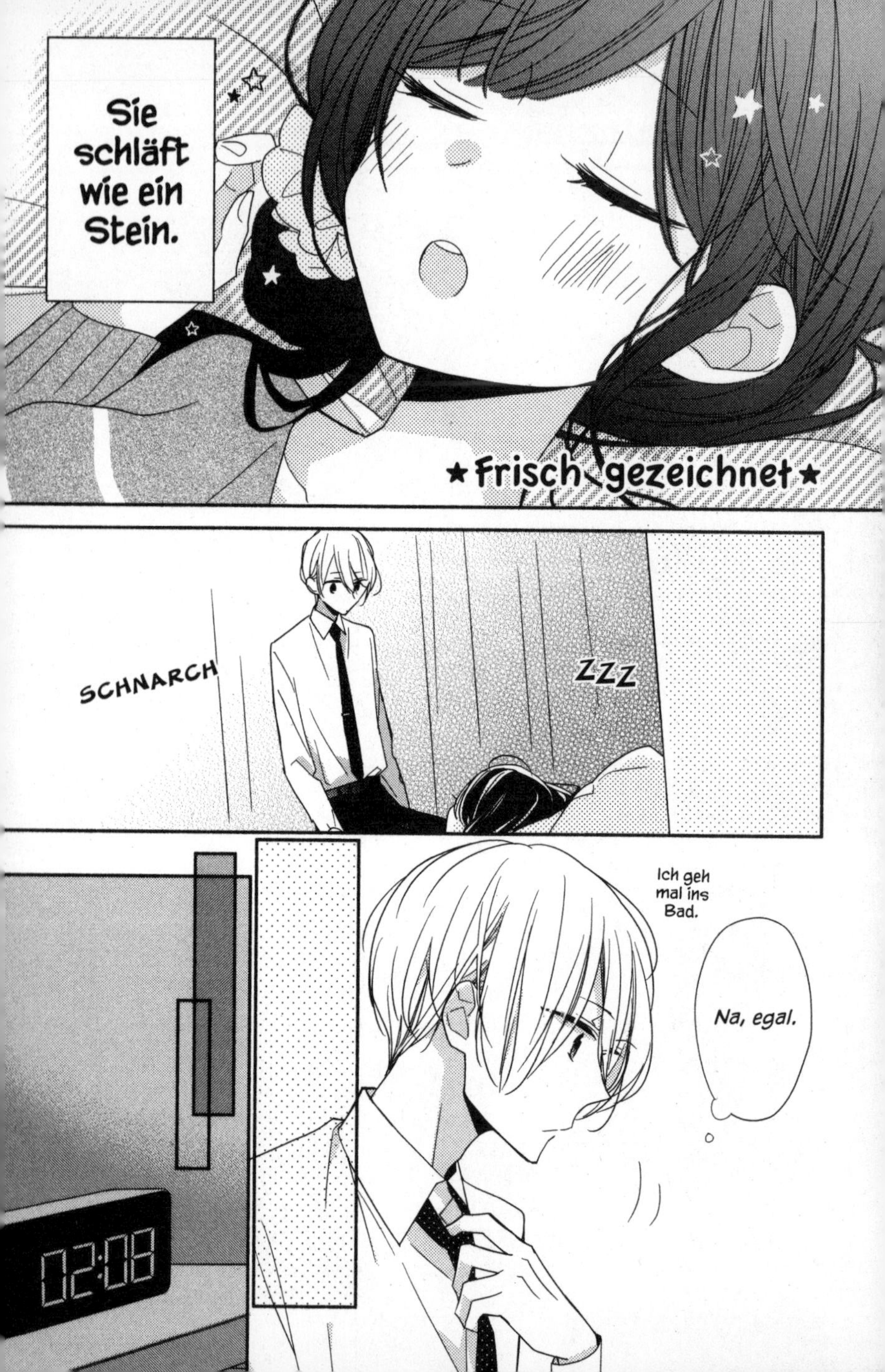
Sie schläft wie ein Stein.
★Frisch gezeichnet★
ZZZ
SCHNARCH
Ich geh mal ins Bad.
Na, egal.
02:08

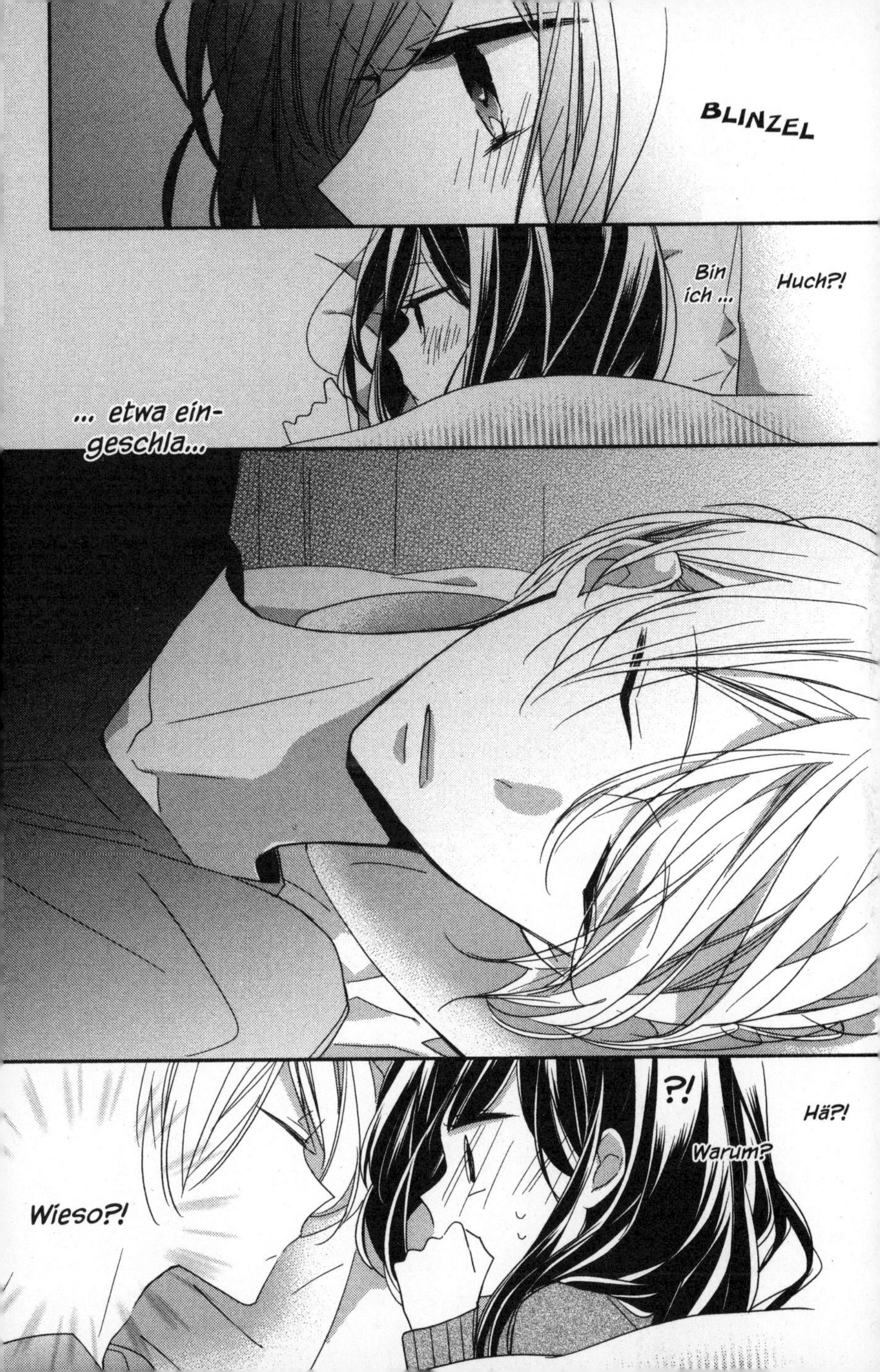
BLINZEL
Huch?!
Bin ich ...
... etwa ein-geschla...
?!
Hä?!
Warum?
Wieso?!

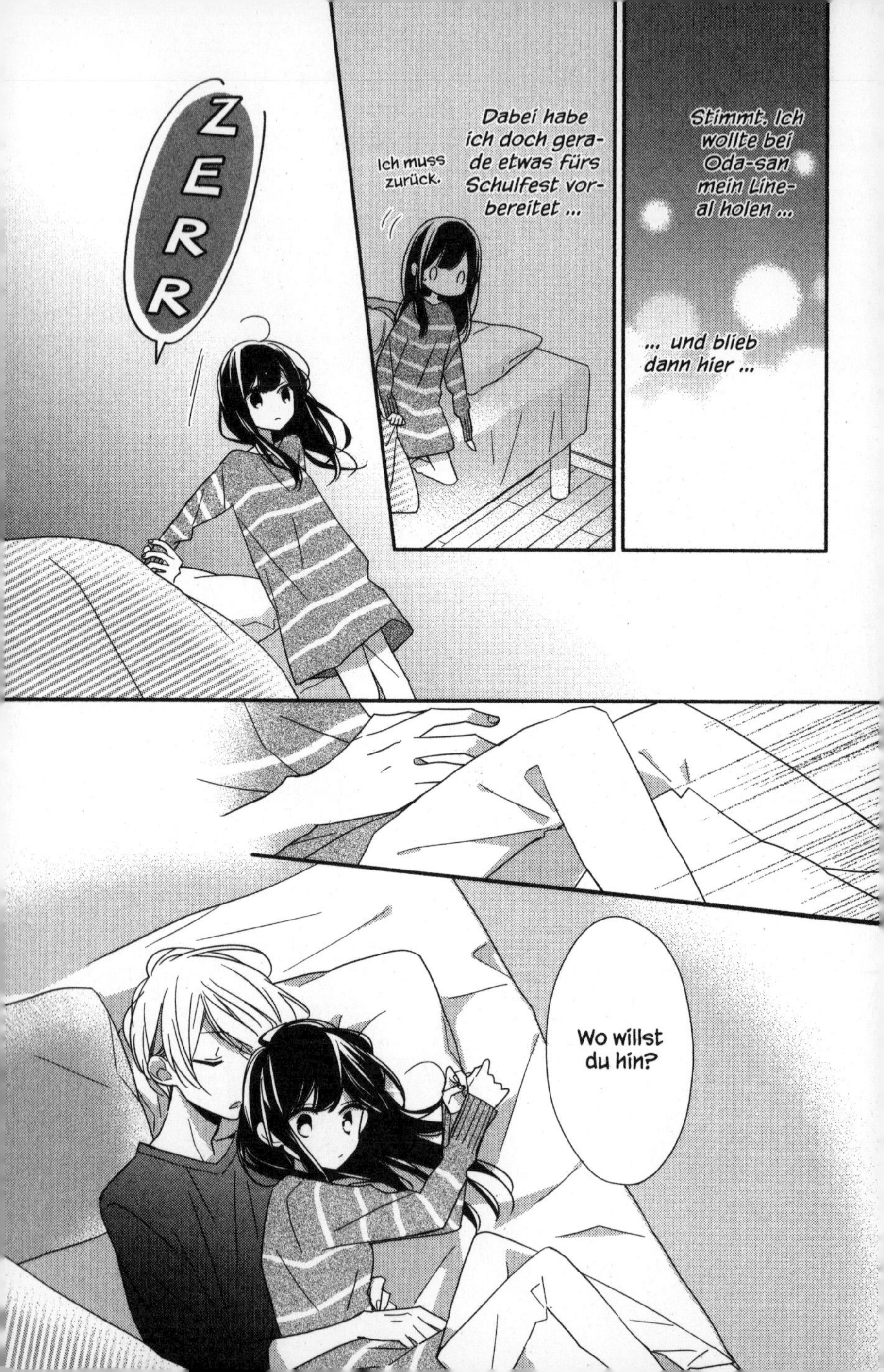
Stimmt. Ich wollte bei Oda-san mein Lineal holen ...
... und blieb dann hier ...
Dabei habe ich doch gerade etwas fürs Schulfest vorbereitet ...
Ich muss zurück.
ZERR
Wo willst du hin?

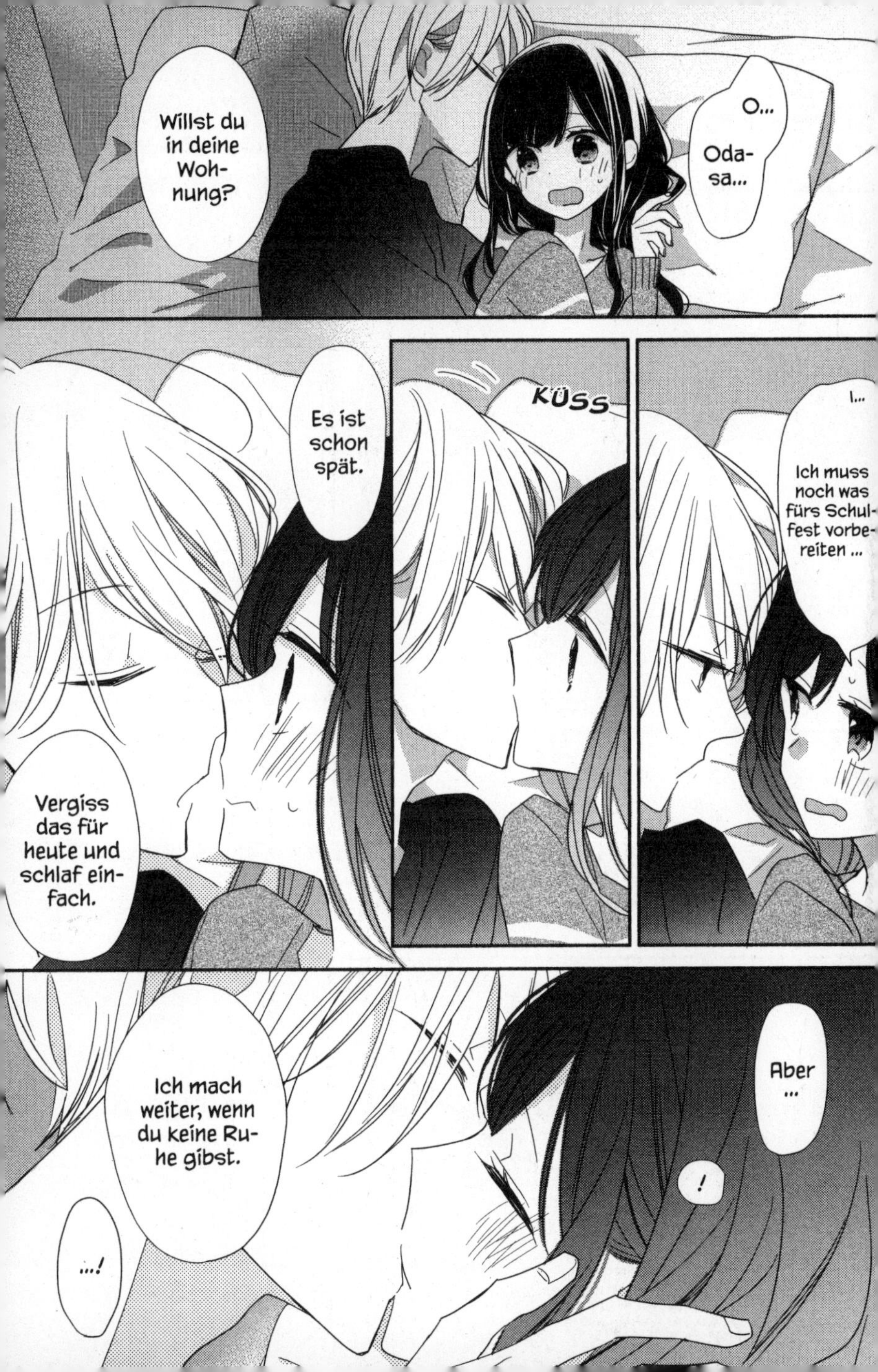
O...
Oda-
sa...
Willst du
in deine
Woh-
nung?
I...
Ich muss
noch was
fürs Schul-
fest vorbe-
reiten ...
KÜSS
Es ist
schon
spät.
Vergiss
das für
heute und
schlaf ein-
fach.
Aber
...
!
Ich mach
weiter, wenn
du keine Ru-
he gibst.
...!

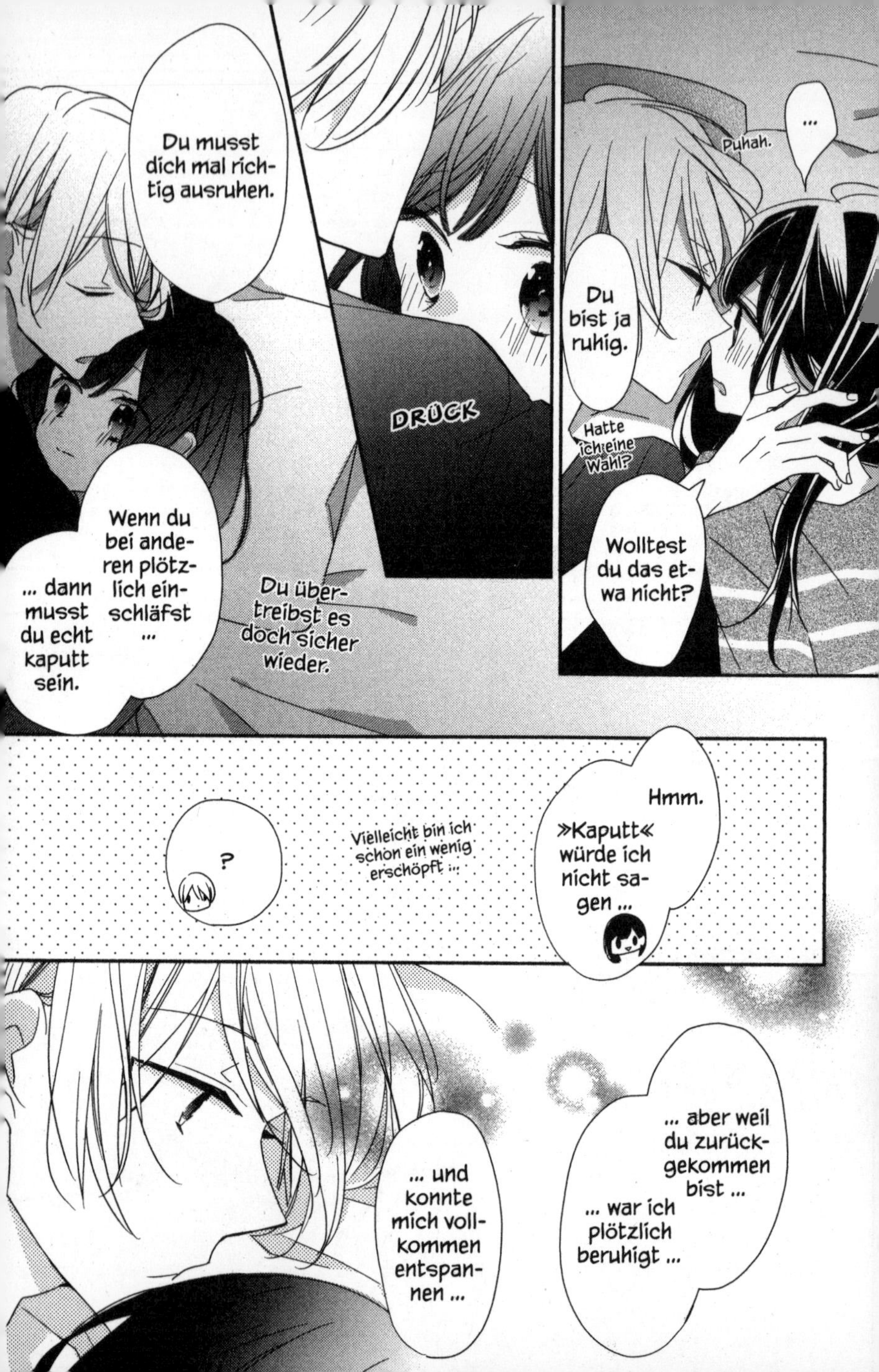

...
Puhah.
Du bist ja ruhig.
Hatte ich eine Wahl?
Wolltest du das etwa nicht?
DRÜCK
Du musst dich mal richtig ausruhen.
Du übertreibst es doch sicher wieder.
Wenn du bei anderen plötzlich einschläfst ...
... dann musst du echt kaputt sein.
Hmm.
»Kaputt« würde ich nicht sagen ...
Vielleicht bin ich schon ein wenig erschöpft ...
?
... aber weil du zurückgekommen bist ...
... war ich plötzlich beruhigt ...
... und konnte mich vollkommen entspannen ...

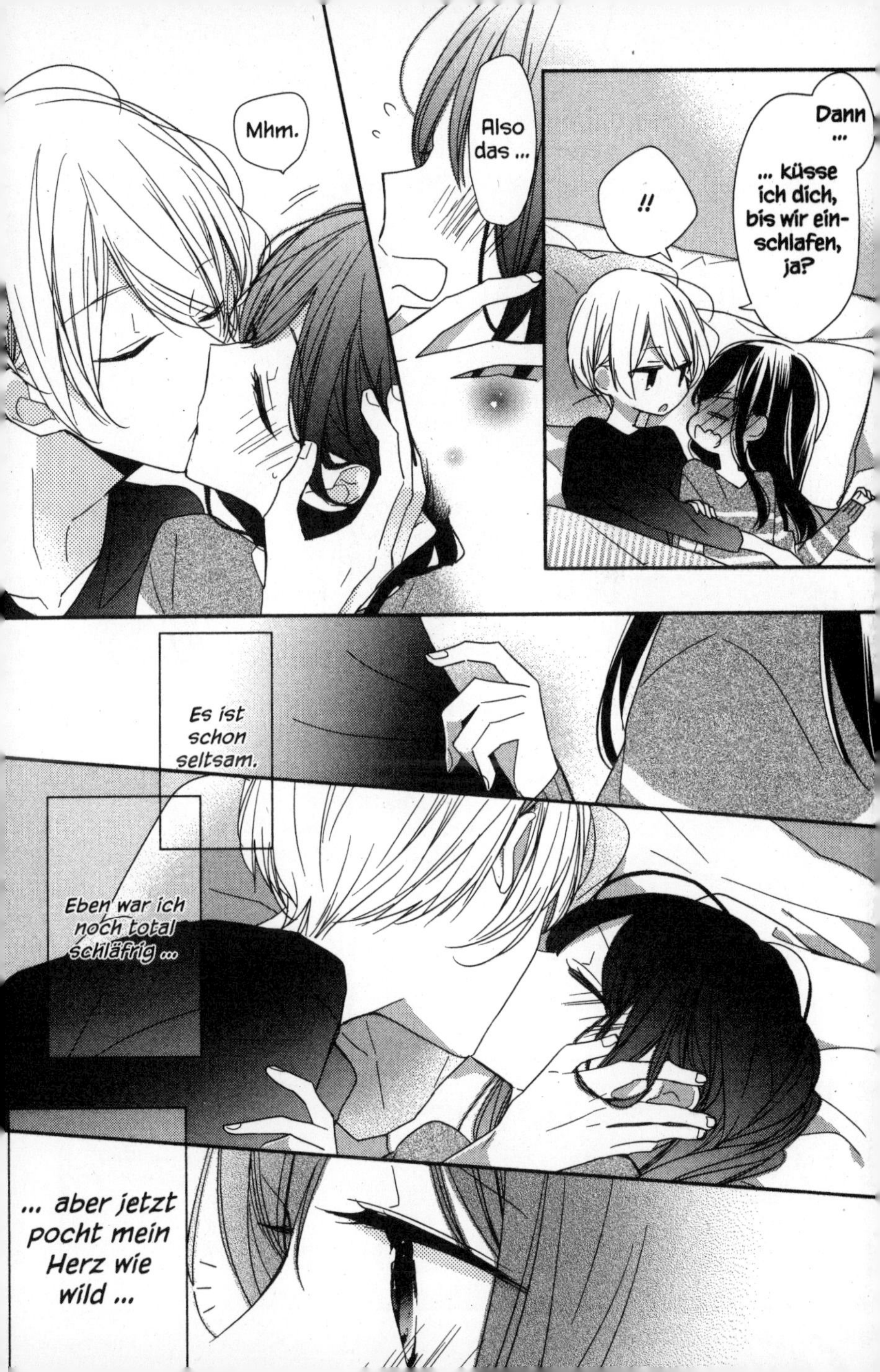
Dann ...
... küsse ich dich, bis wir einschlafen, ja?
!!
Also das ...
Mhm.
Es ist schon seltsam.
Eben war ich noch total schläfrig ...
... aber jetzt pocht mein Herz wie wild ...

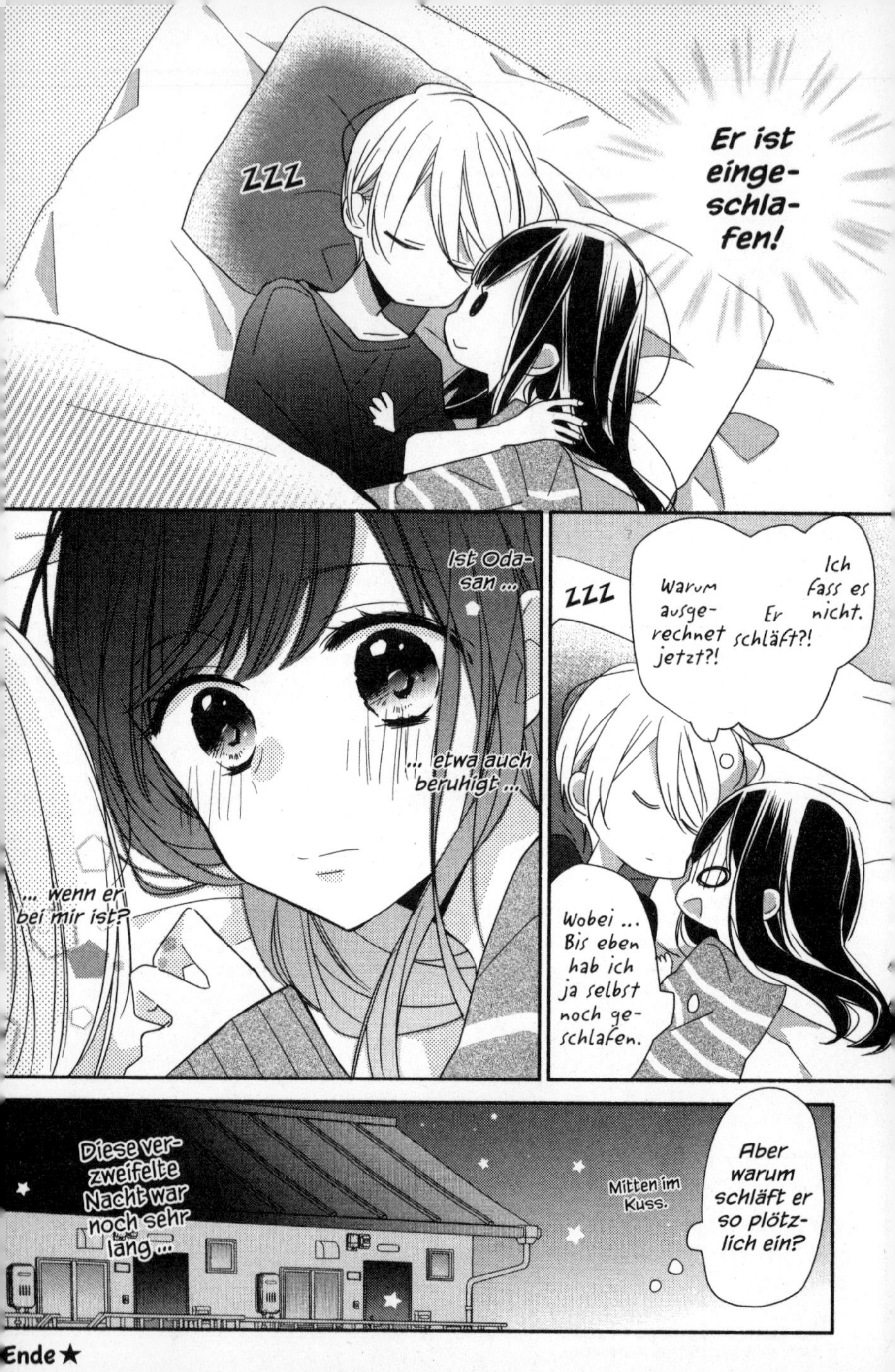

Er ist einge-
schla-
fen!

ZZZ

Ich fass es nicht.
Er schläft?!
Warum ausge-rechnet jetzt?!

ZZZ

Wobei ... Bis eben hab ich ja selbst noch ge-schlafen.

Ist Oda-san ...
... etwa auch beruhigt ...
... wenn er bei mir ist?

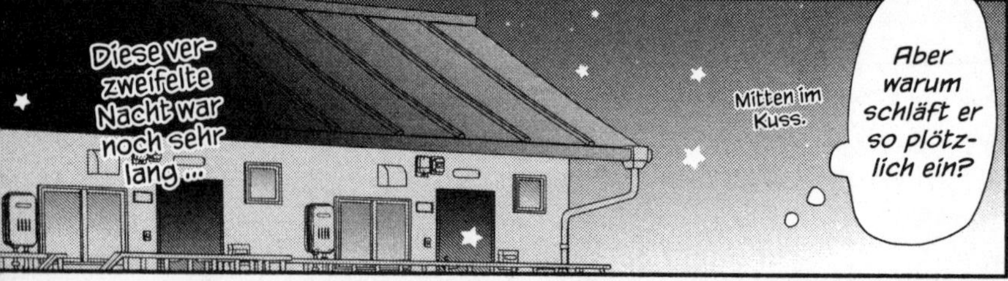

Ende★

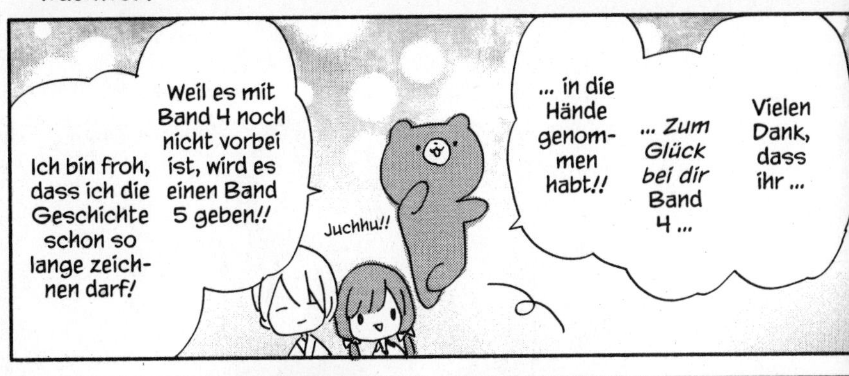

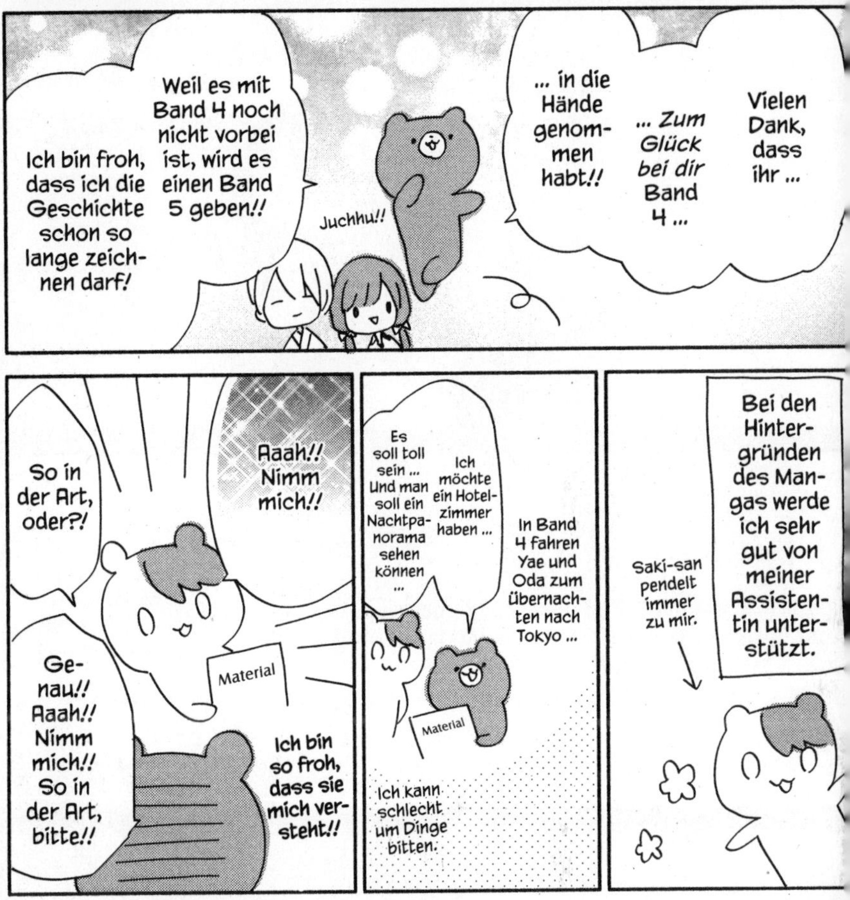

Besonderen Dank!

♡ An Maiko Saki-sama*
Vielen Dank für die Zeichnung der Rainbow Bridge und der Skyline!! Puh!

♡ An Yuki-chan & nao-chan
Meine lieben Kameraden, die meine Arbeit unterstützen, lasst uns jetzt was zusammen essen gehen ...

♡ An Haru Sakurakura-sama
Eine Gottheit, die mich trotz des chaotischen Zeitplans weiterhin begleitet ...

♡ An meinen Redakteur & an das Verlagsteam

♡ An den Designer

♡ An Hachiro Rereto-sama
Die Strichzeichnungen hatten so eine nonchalante Rücksicht, dass ich ganz bewegt war!!

Ich bedanke mich bei allen, die mit diesem Buch in Zusammenhang standen!

*sehr höfliche, geschlechtsunabhängige Anrede

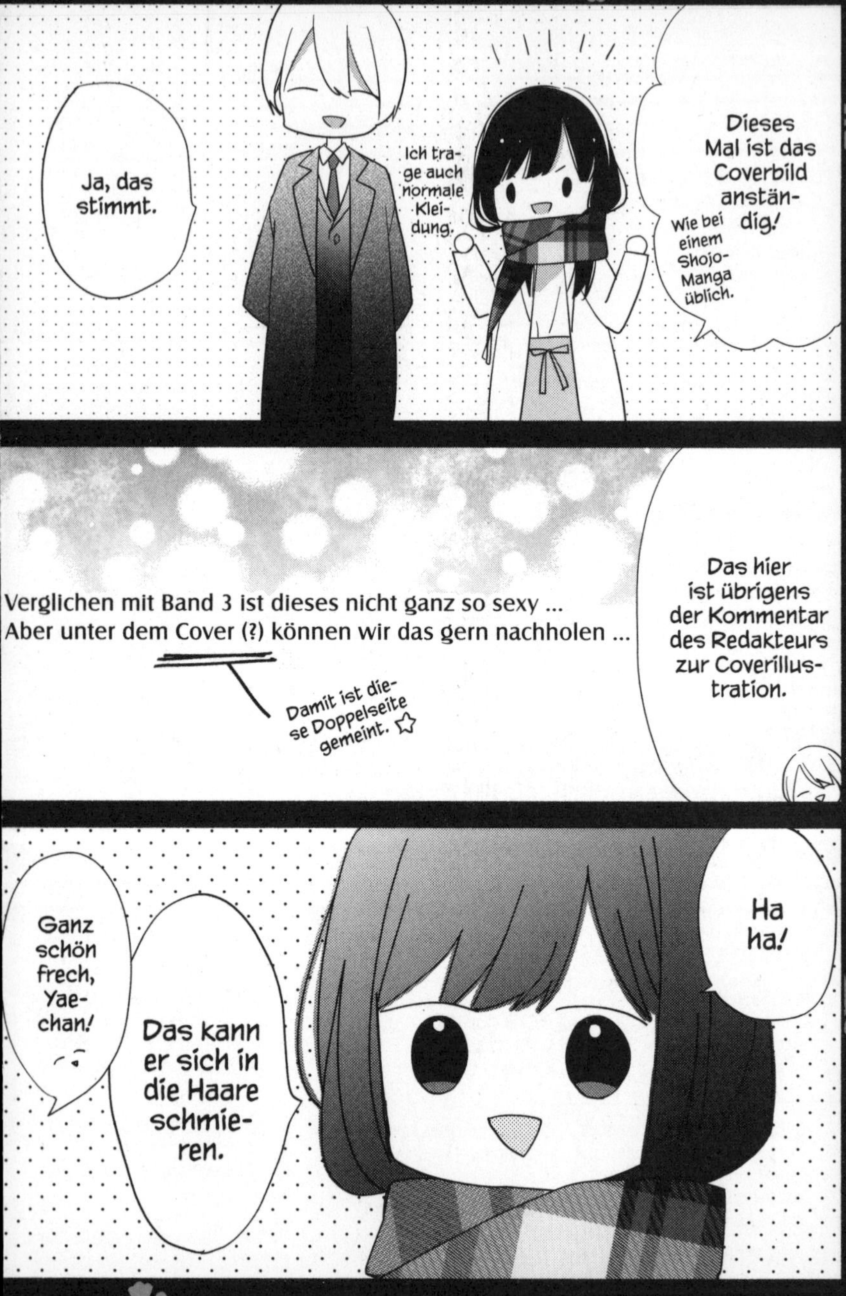

Dieses Mal ist das Coverbild anständig!

Wie bei einem Shojo-Manga üblich.

Ich trage auch normale Kleidung.

Ja, das stimmt.

Das hier ist übrigens der Kommentar des Redakteurs zur Coverillustration.

Verglichen mit Band 3 ist dieses nicht ganz so sexy ...
Aber unter dem Cover (?) können wir das gern nachholen ...

Damit ist diese Doppelseite gemeint. ☆

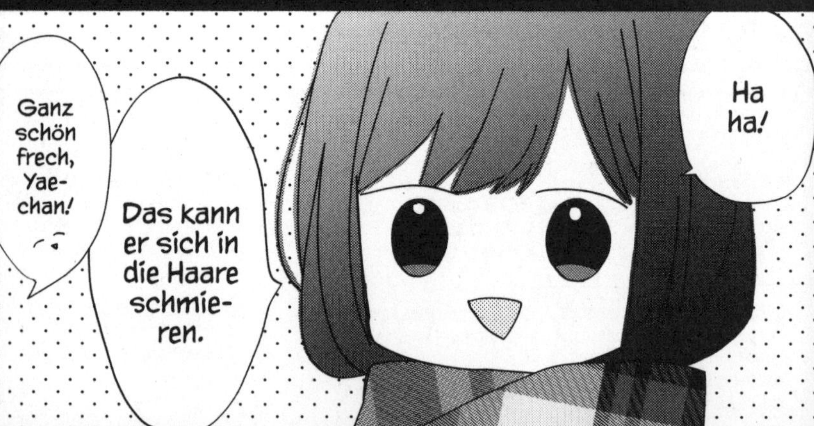

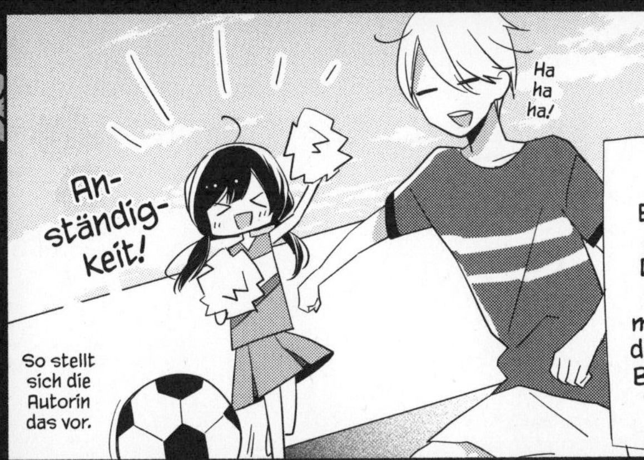

Das ist so erfrischend!!

SPLATSCH

Willst du mit mir ein Tête-à-Tête haben? (Wer benutzt das Wort heutzutage eigentlich noch?!)

Ein frischer und anständiger Manga kann es ruhig beim nächsten Mal werden, also lass mich jetzt bitte ran!

Nein, nein, nein!

Am Ende ist es doch so wie immer!

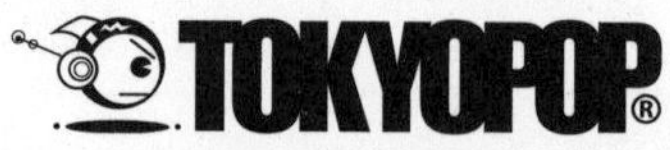

TOKYOPOP GmbH
Hamburg

TOKYOPOP
1. Auflage, 2021
Deutsche Ausgabe/German Edition

Aus dem Japanischen von Lasse Christiansen

TSUGI WA SASETENE 4

First published in Japan in 2018
by KADOKAWA CORPORATION, Tokyo.
German translation rights arranged
with KADOKAWA CORPORATION, Tokyo
through TUTTLE-MORI AGENCY, INC., Tokyo.

Redaktion: Benjamin Spinrath
Lettering: Vibrant Publishing Studio
Herstellung: Alina Kronenberg, Nils Bornemann
Druck und buchbinderische Verarbeitung:
CPI – Clausen & Bosse GmbH, Leck
Printed in Germany

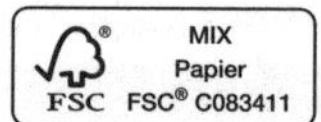

Wir achten auf die Umwelt.
Dieses Produkt besteht aus FSC®-zertifizierten
und anderen kontrollierten Materialien.

ISBN 978-3-8420-6688-5

www.tokyopop.de